金蝶 **ERP**实验课程指定教材

财务共享
应用实践教程

基于金蝶EAS管理软件平台

（第2版）

许　静　李　舟 /编著
刘　赟　陈　茜

清華大学出版社

内 容 简 介

本书以金蝶 EAS 在集团企业广泛应用的财务共享服务平台为基础，提取了典型企业的真实业务场景，内容涵盖财务共享概述、金蝶财务共享服务平台介绍、企业财务共享服务中心的建设等，并结合真实案例场景介绍了应收共享、应付共享、费用共享、固定资产共享、出纳总账报表共享等日常业务处理流程，最后介绍了企业财务共享服务中的运营管理方法，以及 RPA 在财务共享中的应用。书中的业务模块均配有相应教学视频，方便读者学习。本书适合作为高等院校财务管理、会计信息化、工商管理、信息管理等相关专业的教学用书，也可供企业财务和信息管理人员参考借鉴。

本书提供配套教学课件和教学视频，可扫描前言中的二维码获取。

图书在版编目(CIP)数据

财务共享应用实践教程：基于金蝶 EAS 管理软件平台/许静等编著. —2 版. —北京：清华大学出版社，2023.5 (2024.8重印)

金蝶 ERP 实验课程指定教材

ISBN 978-7-302-63568-0

I. ①财⋯ II. ①许⋯ III. ①企业管理—财务管理系统—教材 IV. ①F275-39

中国国家版本馆 CIP 数据核字(2023)第 088515 号

责任编辑：高 皛
封面设计：周晓亮
版式设计：孔祥峰
责任校对：马遥遥
责任印制：沈 露

出版发行：清华大学出版社
      网 址：https://www.tup.com.cn，https://www.wqxuetang.com
      地 址：北京清华大学学研大厦 A 座 邮 编：100084
      社 总 机：010-83470000 邮 购：010-62786544
      投稿与读者服务：010-62776969，c-service@tup.tsinghua.edu.cn
      质 量 反 馈：010-62772015，zhiliang@tup.tsinghua.edu.cn
印 装 者：三河市科茂嘉荣印务有限公司
经 销：全国新华书店
开 本：185mm×260mm 印 张：20.25 字 数：586 千字
版 次：2020 年 9 月第 1 版 2023 年 7 月第 2 版 印 次：2024 年 8 月第 4 次印刷
定 价：69.00 元

产品编号：097414-01

编写委员会

主　任

许　静　　李　舟

副主任

刘　赟　　陈　茜

编写成员

张保帅　　杨　兰　　郑　菁　　傅仕伟

在数字化经济时代，大数据、云计算、移动互联网等新技术不断推动着集团企业财务管理变革。财务共享服务是集团企业财务变革和数字化转型的必经之路。

财务共享服务是将分散于各业务单位、重复性高、易于标准化的财务业务进行流程再造与标准化，并集中到一个新的独立运营的业务单元(财务共享服务中心)下统一进行处理，最终达到节约成本、提高效率、降低财务风险、创造价值的目的。20 世纪 80 年代，美国福特公司在底特律创建了世界上第一家财务共享服务中心，财务共享服务的理念逐渐得到财务界的认同。经过数十年发展，财务共享的理念和技术越趋成熟，同时自动化、智能化技术的探索和场景应用，有效提升了财务共享服务中心的数据采集和计算能力，为财务共享服务和整个财务部门的数字化转型打下基础。未来，在以"大智移云物区"等技术应用为特征的新数字经济的推动下，财务共享服务中心将进一步突破职能边界、技术边界与数据边界。

财务共享服务的实施对集团企业的益处是显而易见的，通过流程再造与技术创新可以显著降低集团日常事务的处理成本，提高效率，有效支撑公司战略。财务共享服务的应用给企业财务管理带来的突出效益，使得越来越多的集团企业积极开展财务共享服务模式的研究和财务共享服务中心的建设。在这种趋势下，企业对财务共享服务中心的实施和运营管理人才提出了更高的要求。

金蝶作为国内知名的管理软件厂商，一直致力于帮助中国企业借助信息化提升管理水平和竞争力，并在技术创新和管理模式的融合上不断突破。目前，其在财务共享与智能财务领域已经处于国内领先地位。为推进产学研深度融合，实施科教兴国战略，强化现代化建设人才支撑，编者以金蝶的创新产品——金蝶 EAS 为蓝本，编写"互联网+"时代财务管理系统的相关案例教程，以满足创新型、应用型、技能型财务共享服务专业人才培养的需求。

第 2 版丰富了财务共享概述内容，包括财务共享发展历程、发展背景、企业应用案例等相关介绍；新增了部分场景的操作步骤，让读者对集团企业的财务共享的建设、流程、应用、运营管理有深入的了解。同时，第 2 版新增了第 5 篇财务共享 RPA 应用的相关内容，介绍了 RPA 在财务共享业务中的应用场景，让读者了解财务共享服务中心的智能化发展趋势，掌握智能财务前沿技术应用技能。

本书共分为 5 篇。第 1 篇财务共享基础，对财务共享服务的概念、起源、发展历程与发展背景、应用与价值，以及金蝶财务共享服务平台进行阐述；第 2 篇集团财务体系规划，以金蝶 EAS 软件为工具，介绍企业从财务管理系统上线实施到财务共享服务中心建立的应用过程；第 3 篇财务共享实践，结合企业真实案例场景介绍应收共享、应付共享、费用共享、固定资产共享、出纳总账报表共享模块的日常业务处理流程；第 4 篇财务运营管理，介绍企业财务共享服务中心的运营管理。第 5 篇财务共享 RPA 应用，介绍 RPA 概念、优势、价值、发展、应用，以及其在财务共享中的应用场景。

为便于学习，本书提供了教学课件和示例性教学视频，读者可扫描右侧二维码获取。读者还可登录金蝶云社区(https://vip.kingdee.com/)，切换到 EAS cloud，即可获取更多的学习资源，同时还有社区论坛可供学习、交流，便于读者自助解决学习中碰到的各种疑问。

教学课件

本书结合金蝶近年来参与的多家大型集团企业的财务共享建设案例，并融入编者所在团队的多年企业管理、教学经验，非常适合作为高等院校财务管理、会计信息化、工商管理、信息管理等相关专业的教学用书，对于学生了解财务共享与实际业务，以及如何借助财务共享服务平台提升企业财务管理水平非常有帮助。当然，对于企业的财务和信息管理人员，本书也是一本不错的参考书。

本书在编写过程中，参考了编者所在公司的一些工作成果，也借鉴、引用了一些企业管理和财务共享建设的相关书籍、文献、网上资料，在此一并表示深切的谢意！因为有了他们的辛勤劳动，才会凝结成本书的最终成果。

由于编者水平所限，书中难免存在不妥之处，希望读者予以谅解并指正。

编 者

2023 年 5 月

目录

第 1 篇

财务共享基础

第1章

财务共享概述

1.1 财务共享服务的概念

1. 国外企业和学者的认识

财务共享服务(FSSC)源于共享服务的理念。所谓共享的核心就是在提供服务时共享组织的成员和技术等资源，使得公司能从分散管理中取得竞争优势的一种新的管理理念。作为共享服务研究的主要奠基人，芭芭拉·奎因(Barbara E. Quinn)在《服务共享：公司的金矿》(*Shared Services: Mining for Corporate Gold*)一书中提到，共享服务是一项商业经营，其理念是"以顾客为中心+服务收费=商业"，这一理念准确地概括了共享服务的核心思想。哈佛教授布赖恩·伯杰伦(Bergeron Bryan)在《共享服务精要》中指出，共享服务作为一种创新理念和一个协助企业成长的平台，所涵盖的内容往往从最常见的财务服务领域延伸至信息技术、人力资源和采购等领域。在今天复杂的商业环境中，即使你没有使用共享服务，也可能正在服务于某个运用这种模式的公司或正在享受运用这种模式的公司所提供的服务。

从国外共享服务的研究发展看，在 1993 年之后的几年间，已经逐步明确了共享服务是作为一个独立的组织实体，通过整合或合并公司各项业务进行重新集中配置，从而为公司业务单元提供服务，依据正式或非正式的契约(即服务水平协议)收取费用的服务活动。

2. 基于国内实践的认识

我国学者关于共享服务的专门研究并不多见，主要成果集中在财务领域，并且起步较晚。其中，比较有代表性的观点包括以下几个。

张瑞君、陈虎等认为："共享服务是跨国企业集团一种新的管理模式，可以显著降低集团日常事务的处理成本，提高效率，并支持企业集团战略有效执行，因此共享服务模式得到了理论界和实务界的广泛关注。所谓财务共享服务，是在财务组织深度变革基础上所建立的管理模式。企业组织将独立核算的财务组织进行剥离或依托于法人单位的财务组织，使得分支公司的财务组织合并划归到共享服务中心，由财务共享服务中心承担全集团成员单位简单的、重复的、共同的、标准化的业务，从而实现财务集中管理和核算。"

张敏指出："财务共享服务是以信息技术发展为依托，以财务业务流程处理为基础，以优化组织结构、规范流程、提升流程效率、降低运营成本或创造价值为目的，以市场视角为内外部客户提供专业化生产服务的分布式创新管理模式。"

经过数十年发展，从企业实践成果的角度来说，财务共享服务可以概括为将企业分散在各个区域、各运营单元中大量重复，易于实现标准化、流程化的会计核算业务集中到一个独立运营的业务单元(财务共享服务中心)进行流程再造、标准化、集中处理，以实现优化组织结构、规范流程、提升业务处理效率、降低执行和控制成本、创造价值的目的，最终提升集团整体财务管理水平、推进财务转型的一种作业管理模式。企业通常通过建立企业财务共享服务中心来实现这种财务管理模式的变革。

1.2　财务共享服务的起源

财务共享的概念最早起源于 20 世纪 80 年代美国福特汽车公司在面临市场危机时推行的管理模式变革。20 世纪初，福特汽车公司通过流水线的作业方式提高了生产效率和产品标准化程度。经过几十年的沉淀，福特汽车公司占领了较大的市场规模，并成立了诸多组织和事业机构，整体架构逐渐臃肿，部门与部门之间、事业部与事业部之间、各个业务线之间各自管控，面临着行为方式和规则难以统一的管理难题。1978 年美国经济危机及 1979—1980 年的石油危机，造成国际油价飙涨，再次使西方国家经济遭受打击。而在此期间，福特汽车公司经营业绩也受到严重影响。

在这样的背景下，福特汽车公司开始摸索共享改革。刚开始建立财务共享服务中心时，主要考虑产品生产、开发上的共享。比如：以前各个事业部之间因为缺乏沟通及协同，做同款车时没有共享各自的设计理念与思路，导致组装时出现搭配不上等各种返工问题。后来福特汽车公司共享的概念从产品设计逐渐延伸到其他业务领域，包括财务领域。1981 年，福特汽车公司正式在底特律创建第一家财务共享服务中心，将各个事业部重复标准化的作业集中起来处理，这也成为近现代财务共享服务中心的鼻祖。

1.3　财务共享服务的发展历程

自福特汽车公司正式在底特律创建第一家财务共享服务中心后，越来越多的跨国公司认识到财务共享的优势，纷纷开始建立自己的财务共享服务中心，如 IBM、HP、壳牌等公司相继引入财务共享模式。1995 年后，电信垄断模式被市场打破，全球外包服务与共享中心选址成为可能，财务共享服务得到推广，越来越多跨国企业开始建设财务共享服务中心，并取得不错的成效。截至 20 世纪末，国外大多数集团公司已经建立财务共享服务中心。

随着经济全球化的发展，财务共享服务的理念逐渐传入中国。财务共享服务在中国的发展历程可大致划分为萌芽期、试点期、发展期、创新探索期、变革转型期 5 个阶段，如图 1-1 所示。

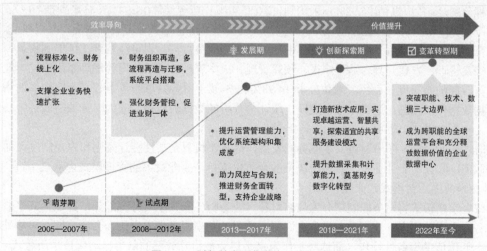

图 1-1　财务共享服务在中国的发展历程

1. 2005—2007 年：萌芽期

快速发展的中国企业面临业务扩张带来的组织效率低下、机构臃肿、成本攀高等问题，企业希望通过流程再造、财务在线的方式，实现作业流程的标准化，降低财务运行成本，快速复制财务管理能力，支撑全球业务的迅速发展。

2005 年中兴通讯建立起中国企业第一家财务共享服务中心。随后，太平洋保险、苏宁电器、金蝶集团等大型民营、合资企业也逐渐开始尝试建立财务共享服务中心或进行财务共享模式探索，以费用流程为最初阶段的主要共享内容，实现了国内财务共享服务从无到有的突破。但是，在此时期，对国内大多数企业来说，财务共享服务依然是新生事物。

2. 2008—2012 年：试点期

经过萌芽期的探索，财务共享服务成为企业高级管理者的关注重点，并被视为财务转型的重要工具。在此时期，集团企业更加关注以共享服务为基础推动财务组织和人员的转型，多流程再造与迁移，并重视信息系统平台的搭建，强化财务管控，促进业财一体化。这一时期实施财务共享的代表企业有中广核、中国电信、中国移动等。

3. 2013—2017 年：发展期

这一时期，国家先后出台了多项政策，以支持财务共享服务中心的建设。财政部、国务院国有资产监督管理委员会相继印发工作规范、指导意见，鼓励大型企业和企业集团充分利用专业化分工和信息技术优势，建立财务共享服务中心。中国财务共享服务中心进入蓬勃发展阶段，建设财务共享服务中心逐渐演变成企业战略转型的新浪潮。更多企业愈发重视运营管理能力，优化信息系统架构并改进系统间集成互联，进一步加强业财一体化的融合，在共享服务的基础上着力推进财务管理模式、组织、职能、人员的全面转型。在此阶段，财务共享服务中心在强化集团协同管理、风险防范与合规保障等方面发挥了强有力的支撑作用，同时有效提升了财务管理水平，深入推进了财务转型进程，有力支持了企业战略发展。这一时期实施财务共享的代表企业有中国石油、中国石化等。

4. 2018—2021 年：创新探索期

在创新探索期，财务共享服务的业务流程边界也发生了较大变化。根据 ACCA、厦门国家会计学院发布的《2022 年中国共享服务领域调研报告》显示，调研企业共享服务中心覆盖度最高的 5 项业务流程分别是：费用报销(96.92%)，采购到付款(85.46%)，资金结算(81.94%)，总账到报表(77.53%)，固定资产核算(74.89%)。上述流程均属于典型的交易处理事务，这类业务规则明确、流程环节清晰、易于规范，是财务共享服务中心发展过程中形成的典型业务。同时也可注意到，订单到收款、成本核算、档案管理、发票开具、纳税申报、预算管理、成本管理、员工信用管理等集团管控类业务流程也占据较高的覆盖度。而经营绩效分析(14.98%)通常属于财务共享服务中心复杂性较高的增值服务，根据数据可以预测，这类计算、建模、统计与分析的数据流程将会成为财务共享服务中心的重要业务之一，如图 1-2 所示。

同时，在此时期，随着财务共享服务的发展，财务不再只是关注会计规则和内控制度，而是提高服务职能，实现对企业业务、管控、决策的全方位支持。企业财务的管理模式也从传统金字塔模式转变为前中后台模式，如图 1-3 所示。

传统金字塔模式将财务职能划分为战略财务、业务财务和共享财务三部分，并认为共享财务是这个财务金字塔的底层。这种观念导致人们普遍将财务共享服务中心定位为会计工厂，只能处理高重复性、低价值的事务性操作，而这些工作未来必然会被日趋成熟的财务自动化技术所替代。

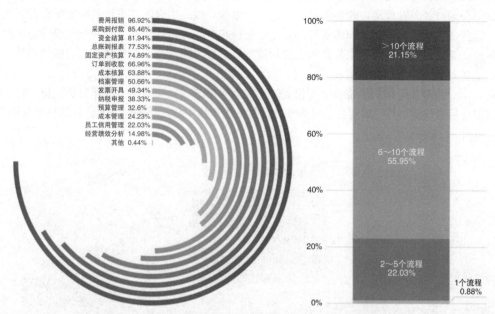

图 1-2　财务共享服务中心业务流程覆盖情况

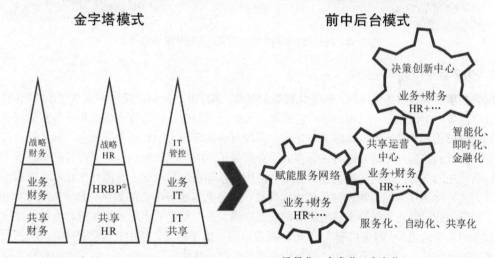

图 1-3　财务管理新思维：从金字塔模式到前中后台模式

　　但通过对财务共享服务中心本质的理解，我们可以知道财务共享服务中心的工作人员承担的不是财务职能中的底层工作，而是规则维护、例外管理、运营优化等高价值工作，同时，财务共享服务是去中心化、动态协同的生态型组织，兼具内控和合规性守门员、业务部门合作伙伴、业务中台和数据中台雏形及适当时候推动企业生态创新的功能。财税一体化的财务共享服务中心，在企业后台和前台之间形成了一个业务交易层——更灵活、更强大的业务支撑中台，能够连接前台和后台的大量交易处理和服务，实现对企业更广泛业务(从记账、算账到报账、采购、税务等)的数字化，大

———————————————————

① HRBP：人力资源业务合作伙伴，是企业派驻到各个业务或事业部的人力资源管理者，主要协助各业务单元高层及经理在员工发展、人才发掘、能力培养等方面的工作。

大提升运营效率，快速响应客户需求，实现财务、业务和税务的深度融合。比如，企业前台的财务方案规划师会为一线的管理层、业务人员出谋划策，赋能一线；中台的共享运营中心中会设置规则维护岗、运营优化岗、例外管理岗等支持所有交易处理和智能分析；企业后台决策创新中心的财务预测分析师、算法工程师、数据工程师等会支持管理层进行智能决策、智能预测、智能风控等，战略财务、业务财务、共享财务三者相互融合、相互支撑。

因此，企业的财务运作从传统金字塔模式转变为业务财务、共享财务、战略财务三位一体、协同发展的前中后台模式，并形成财务管理专业化、财务核算集中化、财务业务一体化的格局与趋势，如图 1-4 所示。

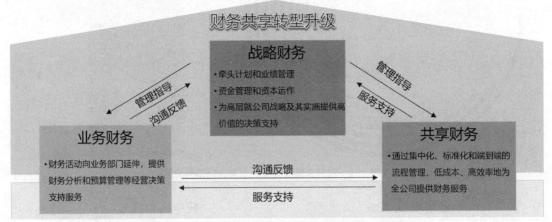

图 1-4 财务共享服务中心使财务运作模式全方位改变

5. 2022 至今：变革转型期

财务共享服务是财务数字化、智能化转型的基础，数字化、智能化是财务共享变革发展的方向。

共享服务在中国企业中已得到了广泛应用，越来越多的企业结合管理特点和业务需要探索适应自身的建设模式，卓越运营、智慧共享是这一阶段财务共享服务中心的主要课题。云计算、人工智能等新兴技术的成熟与落地为财务共享服务行业带来了新的挑战和机遇，许多财务共享服务中心在推动运营优化的同时，也更加重视新兴技术的应用，以期通过自动化、智能化的技术构建和谐的人机交互方式，实现技术能力和人的价值协同释放。财务共享服务中心的数字化技术应用，如图 1-5 所示。中国企业已经在积极探索智能财务的实践应用，并取得了突出的成绩。例如万科集团在财务共享服务中心引入 RPA 财务机器人、OCR 图像识别、电子档案、信用管理等技术，50%的业务单据可实现智能审核，实现减员增效。德邦快递通过业财一体化的系统平台，近 90%的业务单据可实现智能记账，60 秒生成报表，满足管理者对于报表时效的高要求。蒙牛集团的全球司库管理，99%的收付业务可进行智能处理，实现资金智能管理。

财务共享服务中心在自动化、智能化方面的技术探索和场景应用，有效拓展了其数据采集和计算能力，为财务共享服务和整个财务部门的数字化转型打下基础。未来，在以"大智移云物区"等技术应用为特征的新数字经济的推动下，必将实现智能财务的快速发展和实践应用，财务共享服务中心将进一步突破职能边界、技术边界与数据边界，基于云化基础设施，保障系统稳定和数据安全，利用作业标准化和数据集中化的优势，建立财务数据体系，通过数据赋能人人，利用数据建模和数据分析实现财务和业务创新，每个员工都可以获取自己的销售、费用、资产、绩效信息，实现"千人千面"实时洞察。通过专业中心，解决能力复用问题；通过财务引擎，解决规则灵活配置问题；通过基础应用，解决财务基础统一问题；通过财务共享服务中心的集约化、标准化、自动化、智能化，提高财务和业务的运营效率，进一步为企业经营分析、风险洞察、业务决策、战略转型提供强力支持，协助企业开启财务管控新世界。金蝶财务共享前中后台系统架构，如图 1-6 所示。

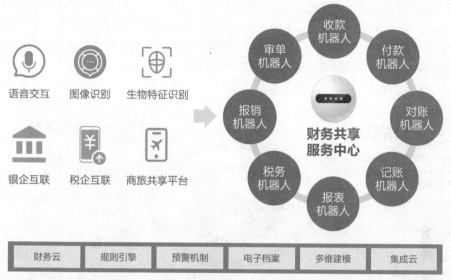

图 1-5　财务共享服务中心的数字化技术应用

图 1-6　金蝶财务共享前中后台系统架构

1.4　财务共享服务的发展背景

1. 企业内在转型需求

随着经济全球化的蓬勃发展，给企业带来扩张机遇的同时也带来前所未有的挑战。伴随着企业业务规模逐渐扩大、分支机构数量持续上升，企业不得不面临市场竞争加剧、收入增长缓慢、财务管理成本过高、组织机构臃肿、管理结构复杂、信息沟通困难、集团运营效率低等一系列经营管理难题，如图 1-7 所示。优化管理模式，积极变革转型，成为诸多企业迫在眉睫的内在需求和立足市场的关键。企业需要通过建立新的组织结构和运作方式以适应快速发展的企业模式，而作为企业重要的支撑部门，财务部更加应该主动去应对这种转变，持续地提高和深化企业的会计核算及监督控制作用。在这样的背景下，具有优化组织结构、业务流程再造、节约成本、提高效率属性的财务共享服务模式应运而生，并逐渐成为越来越多集团公司的选择。

战略支撑
- 财务人员忙于日常核算工作，无法全身心投入高附加值劳动，对企业战略支持作用有限

管控风险
- 不同公司的财务管理各自为政，难以控制标准执行效果
- 无法将业务流程的关键控制流程集中到一起来降低集团大量并购的管理风险

成本增长
- 管理难以复制，扩张成本大
- 工作闲忙不均，不能进行资源的共享（单张凭证成本）
- 管理级次深，管理成本高

人员布局
- 高端财务人员难招聘
- 财务专家培养困难
- 财务工作效率难以保障

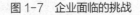

图 1-7　企业面临的挑战

2. 信息技术的发展

财务共享服务的搭建需要强大的信息技术作为支撑，移动互联网、大数据、人工智能、云计算等新一代信息技术的发展，为财务共享服务的运作提供了技术基础。随着"业财税银"一体化，银行、税务、商旅、供应商、客户、信用等平台互联互通，"大智移云物区"等数字化技术的实践应用，财务交易处理的自动化程度将进一步提高，企业管理控制和决策支持的智能化应用将成为财务共享的新方向。

3. 国家政策支持

2011 年，国务院国有资产监督管理委员会(简称国资委)在《关于加强中央企业财务信息化工作的通知》中对中央企业提出了建立财务共享中心的要求。

在 2013 年 12 月 6 日，财政部关于印发《企业会计信息化工作规范》的通知中，第三十四条规定，"分公司、子公司数量多、分布广的大型企业、企业集团应当探索利用信息技术促进会计工作的集中，逐步建立财务共享服务中心。"该制度为我国大型企业集团建立和实施财务共享服务提供了重要的政策依据。

2014 年印发的《财政部关于全面推进管理会计体系建设的指导意见》中，要求企业推进面向管理会计的信息系统建设，提出"鼓励大型企业和企业集团充分利用专业化分工和信息技术优势，建立财务共享服务中心，加快会计职能从重核算到重管理决策的拓展，促进管理会计工作的有效开展"。

2022 年 3 月 2 日，国资委印发的《关于中央企业加快建设世界一流财务管理体系的指导意见》中，提出了"1455"框架即围绕一个目标、推动四个变革、强化五项智能、完善五大体系，加快建设世界一流财务管理体系，促进数字技术与财务管理深度融合。

从国家政策看财务共享，如图 1-8 所示。

图 1-8　从国家政策看财务共享

1.5　财务共享企业应用案例

随着共享服务的持续发展，以及政府出台的政策支持，共享服务作为一种新兴的商业模式呈快速发展态势，并成为财务转型的主要组成部分，越来越多的大型集团企业已建立起自己的财务共享服务中心。

1. 万科集团：千亿房企的财务共享转型实践

1) 企业简介

万科企业股份有限公司成立于 1984 年，经过三十余年的发展，已成为国内领先的房地产公司。2016 年公司首次跻身《财富》"世界 500 强"，位列榜单第 356 位。万科在全国 60 个城市进行项目开发，销售总量超过 2000 亿元，员工人数超过 3 万人。

2) 业务挑战

作为国内房地产企业的龙头老大，具有传统房地产行业资金需求金额大、占用时间长、费用项目多、费用支付方式复杂、费用支付频繁等特点。如何有效防范风险，提升运作效率，支撑企业实现发展成为"万亿万科"的目标，将是集团财务转型的关键。

3) 财务共享建设成果

万科集团通过建立财务共享服务中心，为集团快速发展提供集约化财务保障。万科财务共享分3 期建设，一期以员工费用报销流程为共享服务切入点，二期将合同类的管理费用及所有营销费用纳入共享流程，三期将成本类、收入类业务流程纳入财务共享服务中心。截至 2021 年，万科集团已在武汉、沈阳建成两个财务共享服务中心，涵盖地产、物业、物流、公寓、教育、建筑、家装等 10多个业态，近 4000 家项目公司。

万科财务共享服务中心基于金蝶 EAS 财务共享服务平台，借助流程再造的理念再造财务流程，实现财务共享服务中心的业务和数据整合(见图 1-9)。在财务共享模式下，其实现了人员集中、流程集中及数据集中，统一进行管理，避免了财务人员受到当地机构负责人的影响，强化财务标准的执行。万科将费用报销、合同付款等 18 类业务流程的审批统一纳入财务共享服务中心，在集团范围内实现财务的集中管控。

　　通过引入 RPA 财务机器人、OCR 图像识别、电子档案、信用管理等智能化应用，财务交易处理的自动化程度将全面提升。如：在财务审单环节，基于信用管理和业务规则，实现 50% 业务单据的智能审核。在业务量不断增加的情况下，提高审单工作效率和质量的同时，也在不断降低人工成本，实现财务工作的减员增效。

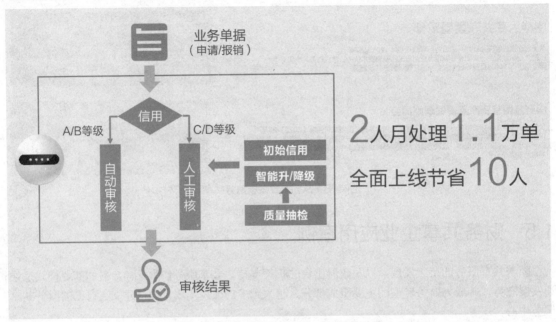

图 1-9　万科财务共享服务中心的智能审单

　　万科集团通过多年的数据积累，已初步构建以数据共享为核心的财务共享大数据中心，在大数据中心，能够对财务和业务单据采集后的结构化和非结构化的数据展开高效的分析。通过预先设立的模型，能够挖掘出有价值的信息，有效支撑集团决策分析。

2. 招商局：多共享中心成就数字化

1) 企业简介

　　招商局集团(简称"招商局")是中央直接管理的国有重要骨干企业，经营总部设于中国香港。截至 2021 年底，集团总资产超过 11 万亿元，净利润和资产规模均在央企中排名第一。集团下属的招商银行作为中国第一家股份制银行，近年来也取得了显著的成绩，在中国 2021 年《财富》全球 500 强榜单中，招商银行排名第 162 位。

2) 业务挑战

　　随着集团业态多元化拓展，业务不断做强做大，在"走出去"的号召下，各板块未来境内外兼并收购业务发展需要财务提供更多元化的决策支持和高效服务。但目前，集团总部和各板块的财务资源配备及职能分布受大量事务性和操作性基础工作制约，财务对经营战略和深入业务发展的支持缺乏力度，财务核心价值发挥不足，财务管理体系不能适应集团的战略要求和高速突变的市场格局。为此，财务共享服务中心是招商局快速完成从管控总部到平台总部的宏大转型的关键，只有建立财务共享服务中心，才能突破集团转型中的瓶颈。

3) 财务共享建设成果

　　招商局集团根据其多元化产业、多地域管理的现状制订了财务共享战略规划。本着充分发挥各板块的积极性，以财务共享建设为手段，按照业务领域建设多级共享中心，在统一的财务共享平台上，各板块建立统一的财务核算体系，统一的资金债务业务流程，使集团统一会计制度政策得到执行，加强集团资金债务监控，实现会计核算规范化、标准化、精细化，推动财务转型升级。目前，通过两年的共享建设，以招商蛇口为共享中心建设试点单位，实现了招商蛇口财务共享中心、招商航筹办财务共享中心的共享上线运营，同时招商港口、物流板块等其他板块共享中心也在分步骤地推进财务共享服务中心的建设。通过建立财务共享服务中心，逐步统一了会计科目和核算项目近2380 项，统一财务政策、制度近 53 项，统一了前端多个业务系统，实现了财务管理的前移，不仅只管理财务的核算，更通过 EAS 共享平台规范了港口的合同管理、计费规则、应收账款管理、商务管理、操作成本管理、码头操作计费系统，使财务共享服务中心成为企业财务业务一体化管理的抓手。此外，通过财务共享转型，提高管理会计比重，提高会计部门在集团中的地位，形成价值创造型财务。

1.6 财务共享服务中心的价值

财务共享服务中心的建立对企业集团具有重要的实践意义，尤其是随着我国"一带一路"倡议的实施，越来越多的企业集团走出国门，经营结构和业务范围日益复杂，其财务管理的水平将会直接影响企业战略目标的实现。财务共享服务中心可以将企业集团大量重复、易于实现标准化或流程化的会计核算，进行流程再造、标准化、集中处理，既提高了会计核算的效率，又创造了各种价值。

1. 管理价值

1) 有力支撑公司战略

传统企业在决定业务扩张时，都需要建立业务支持部门来辅助新增业务，这造成企业人力资源成本巨大，招聘和培养周期的不确定性又会成为阻碍扩张的绊脚石。但是，当企业集团拥有自己的财务共享服务时，每次扩展新业务都有经验丰富的专业支持人员在后方提供强有力的配套服务，可以根据以往进入新领域的经验提出更有针对性的建议，没有必要重新招聘、抽调人员组建没磨合适应的团队，重建团队的磨合时间、投入的成本都可以用来开拓市场，组织扩张。例如在 2010 年至2011 年的两年间，金蝶公司在国内快速复制了 30 多家分、子公司，但财务人员增长极其有限，基本财务服务通过财务共享服务中心延伸到业务一线，业务人员不用担心资金问题、费用问题等，只需全力面对市场，做好业务即可，有效保证和支持了公司战略的执行。财务共享模式搭建战略财务、业务财务和共享财务的财务管理架构，助力财务人员从繁重的基础核算工作中脱离出来，从事更有价值的管理会计工作，推动集团财务管理向决策支持、价值创造转型。

2) 加强集团整体管控力度

财务共享以先服务后管控，融服务于管控的方式，通过即时的数据收集与整理、定期的报告与反馈，变事后检查与稽核为事前参与和事中控制，加强了对下属机构的管控力度，降低了企业在规模扩张和经营中存在的风险，为集团战略方针的执行提供有效保障。

3) 促进财务人员由"账房先生"向"军师参谋"转型

共享财务将分、子公司财务人员从日常业务中解放出来，他们更多地参与到分、子公司的经营活动中去，例如项目损益管理、最小责任单位利润管理等，成为财务中最懂业务、业务中最懂财务的人，通过参与业务全生命周期管理，成为业务信赖的财务伙伴，相信他们对公司业务的发展必将产生积极作用。

4) 统一标准及规章制度

在传统企业管理方式下，企业集团中不同地区的财务部门和支持部门工作方式是分散的，提供服务的规章制度和习惯也不相同，存在着或大或小的差异。建立财务共享服务系统必然要先统一企业集团分、子公司的规章制度，统一各种数据的录入及处理流程，统一各项工作开展时的审批标准，从而实现集中化处理服务。这些工作使得企业集团可以减少各分、子公司的执行偏差，统一服务标准，高品质、高效率、高强度地完成工作。通过建立财务共享服务中心，企业集团能够实现内部资金管理统一、资金监管统一、会计核算统一。

2. 效率价值

财务共享服务中心提高了财务处理效率和财务服务满意度。财务共享服务以其标准化、专业化的服务向内、外部用户提供品质高、效率快的财务业务核算及决策咨询等支持服务。经过流程改造和组织架构调整，企业集团下辖的所有分、子公司业务都统一在财务共享服务中心作业，达到规模效益，把业务处理拆解得更加详细，并分配专业人才负责，服务品质和效率得到大幅提升。例如金蝶的费用报销，以前员工报销从提起流程到报销款最终到账，一般需要 7 天以上，有的甚至半个月，通过财务共享服务中心处理，3 天时间可以完成上述流程，员工对财务服务满意度也由以前的 60% 左右提升到 80% 以上。

3. 成本价值

财务共享服务中心可降低人工成本。实行财务共享服务之前，各个分、子公司都需要配备建制完整的会计人员，并配置对应的业务支持人员，这样就会带来各个岗位重复并分散设置。当财务共享服务建立后，各分、子公司中的财务、支持人员得到整合，只需要较少人力资源投入就能对该管辖区域内的所有业务进行集中处理，从而降低了人工成本，同时获得规模效益。例如金蝶公司建成财务共享服务中心之前，公司总部和分、子公司的财务人员接近 300 人，现在减少了 37%，为 180 人左右，每年节约人工费用 2000 多万元。

财务共享服务中心还可降低运营成本。当企业集团建立财务共享服务后，通过对业务流程进一步细致的整合，将与之配套的支持服务也进行相应的流程再造和作业分工，使得企业集团内部分工更加细化，内部组织管理方式得到优化，重复的工作流程被简化，企业业务处理的标准化流程也将被建立，员工的绩效考核标准将被重新定义，成本费用的管理将会更有可预见性。

图 2-2 财务共享服务中心功能模块

1. 财务共享服务中心管理员工作台

管理员与操作员通过首页(工作台)功能，可以了解相关任务、业务概貌，方便、快速地处理任务，如图 2-3 所示。

图 2-3 财务共享服务中心管理员工作台

2. 任务池

系统按设定规则、预置频率将任务推送给共享财务人员，并通过一定的奖励机制，鼓励共享财务人员高效、保质地完成财务共享服务中心各项任务与工作，推动财务工作"计件工资制"的实现。任务池如图 2-4 所示。

图 2-4 任务池

3. 实时的绩效统计报表

按期间、业务员、任务类型等统计任务量、任务耗时、任务完成及时率，展现任务进度统计表、个人任务统计表及个人任务排名报表，实现任务实时监控，促进绩效改善，如图 2-5 所示。

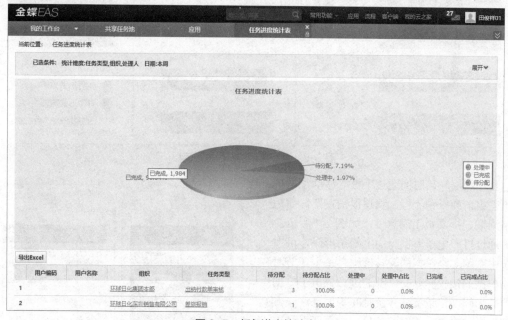

图 2-5 任务进度统计表

4. 灵活的员工自助服务门户

系统预置 20 多类费用报销、人力资源等服务，金蝶 EAS 根据不同的角色权限，在流程管控中心可以不区分组织，综合查询待处理的业务流程，并且工作流的配置可以灵活定义，支持不同财务审批流程的应用。

2.2.2 共享平台与金蝶 EAS、影像系统的关系

共享平台与金蝶 EAS、影像系统之间的通信，属于跨系统之间的调用，通过远程访问的方式，使用 WebService 接口进行交互。

金蝶 EAS 财务共享服务在费用共享、应收/应付共享、出纳共享、固定资产共享、核算共享、报表共享等财务共享的解决方案包括以下几个。

1. 费用共享解决方案

金蝶 EAS 财务共享服务系统通过集成影像系统、完成影像系统与费用报销的接口，报账流程由影像单据传递代替现有纸面单据传递。实物单据扫描后，影像系统自动识别条形码，并根据条形码对影像进行自动分组，系统根据预先设定的规则上传至服务器。财务审核环节通过查看影像和报销单据，实现审核与核算的无纸化流程，如图 2-6 所示。

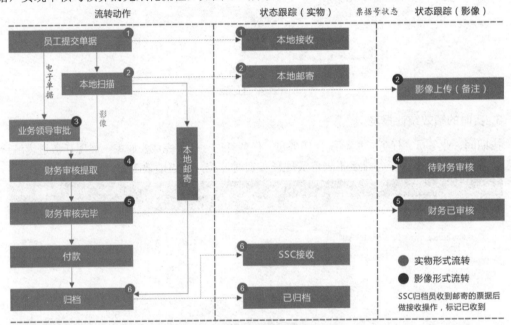

图 2-6　基于影像的费用报销流程

员工利用琐碎时间通过手机等移动终端提交出差申请或报销流程，整理报销发票，缩短报销周期，提高员工满意度，如图 2-7 所示。

通过打印电子单据封面上的条形码，可在系统中跟踪实物单据的流转过程。每个环节对实物单据的接收和移交，都通过扫描电子单据上的条形码，记录责任人及时间等信息。一方面便于对实物单据的跟踪，另一方面便于员工自助进行实物单据位置查询。

2. 应收/应付共享解决方案

基于光学字符识别(OCR)和工作流技术，实现从发票生成、多维度往来结算、记账、期

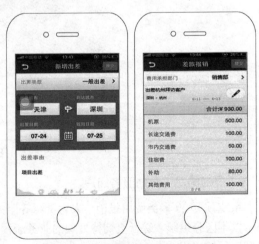

图 2-7　易用的移动差旅和报销服务

末往来对账业务的跨组织批量处理。往来会计基于应收单/应付单和发票影像内容进行审批，各扫描点定期将纸制发票快递给财务共享服务中心往来会计，往来会计确认发票的完整性和正确性后进行归档，具体流程如图 2-8 所示。共享模式下的应收、应付账款管理，缩短了收付款的周期，保障应收、应付账款的及时性和准确性。

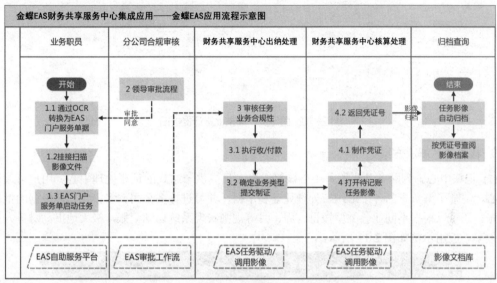

图 2-8 基于影像的供应链销售收款/采购收款

3. 出纳共享解决方案

通过财务共享服务的出纳工作平台，集中处理多家公司的多笔收付款业务，批量审批，批量提交银企互联，跨组织处理多家公司资金日记账、银行对账单、余额调节表，有效解决分散经营模式下的资金集中管理难题。在资金流动过程中，还可以实时监控大额资金的支出，既防范了资金管理风险，也提升了资金集中管控的能力，为资金集中管理搭建服务平台，如图 2-9 所示。

图 2-9 出纳工作台

4. 固定资产共享解决方案

在财务共享服务中心，负责固定资产业务处理的共享财务人员，可以集中处理多家组织的固定资产业务(如：按事先设置的对账方案，核对集团多家公司的固定资产实物账与财务账；期末批量计提固定资产折旧；期末批量对账等)，打破组织界限，提高固定资产业务处理效率。应用示例如图 2-10 所示。

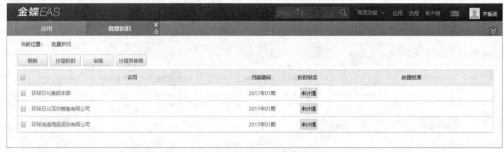

图 2-10　固定资产期末批量计提折旧

5. 核算共享解决方案

(1) 记账中心。 为财务共享服务中心核算专岗人员提供一站式的记账处理中心。用户可通过记账中心，清晰了解负责的各个组织待处理凭证和单据，并可进行多公司、多模块、多单据的批量自动记账。还可以根据不同业务类型按日、周、月等规则实现系统自动记账，极大地提高财务人员的工作效率。应用示例如图 2-11 所示。

图 2-11　凭证批量处理

(2) 对账中心。 财务人员可通过对账平台进行多公司、多模块的一次性对账，整个过程一键操作，后台自动执行，如图 2-12 所示。根据对账的结果，可以联查对账明细和差异明细，帮助财务人员轻松找到问题，快速完成对账工作，提高财务核算的准确性。

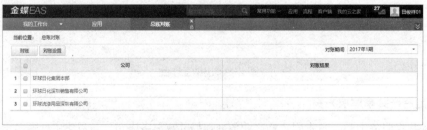

图 2-12　对账中心

(3) 结账中心。 期末，共享财务人员通过结账中心集中检查集团所有组织、所有业务系统的结账进度和明细情况，如图 2-13 所示；还可以定期对结账情况进行分析，找出瓶颈环节，加以改善，提高结账工作效率，规范结账流程，管控财务风险。

图 2-13 结账中心

6. 报表共享解决方案

财务共享模式下，一个财务人员每月负责集团多家公司报表的编制、审批、上报工作，通过金蝶 EAS 报表平台，不需要频繁切换财务组织、报表周期，可实现多组织报表的集中批量处理，随时监控各家公司报表编制进度。对于固定模板的报表，还可以实现自动批量编报，大大提高了报表编制的及时性和准确性，实时监控各成员单位的财务状况和经营成果。

2.3 金蝶财务共享服务中心实践教学

金蝶 EAS 财务共享实践教学从费用共享、应收共享、应付共享、出纳共享、固定资产共享、核算共享、报表共享，以及与影像扫描系统的集成等角度进行教学和实训，如图 2-14 所示，让学生学会影像扫描、多组织单据批量审核、多组织凭证批量处理、个人任务处理效率随时查询等业务操作，体验集团财务"全面共享"的管理模式，具备财务共享服务中心规划、建设和运营的能力。

图 2-14 财务共享服务中心实践教学整体解决方案

1. 掌握财务共享服务平台的管理模式

财务共享服务平台用于接收财务共享服务各业务领域产生的任务，根据任务分配规则自动推送给业务人员处理，并提供服务监控，方便管理人员了解任务处理分布状况、业务人员的任务处理质量和及时率，如图2-15所示。财务共享服务平台为财务共享服务提供了管理平台，是财务共享服务的核心管理工具。

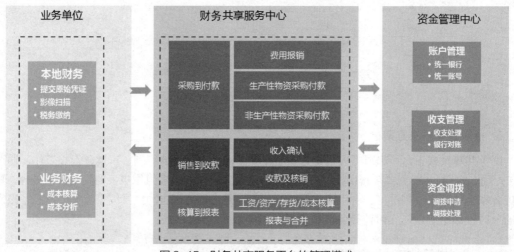

图2-15　财务共享服务平台的管理模式

2. 掌握集团费用共享的管理模式

财务共享服务中心的基于影像的费用报销，包括个人报销平台、一站式的费用审核工作台、费用共享任务处理中心、费用审核岗任务进度分析、费用审核岗任务量统计等业务处理，如图2-16所示。

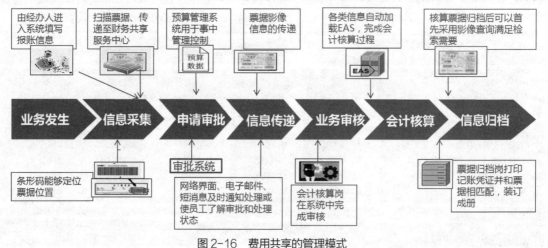

图2-16　费用共享的管理模式

3. 掌握集团应收/应付共享的管理模式

应收/应付共享包括应收/应付会计工作台、任务中心、发票中心、结算中心、期末处理、对账等模块，可以进行应收/应付单据新增与维护、应收/应付记账与结账、总账对账等功能，如图2-17所示。

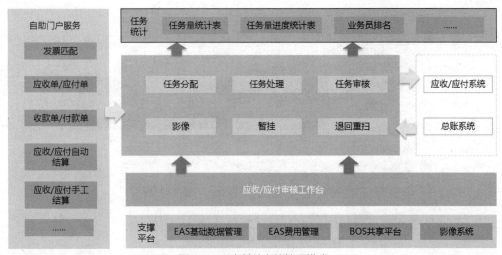

图 2-17 应付共享的管理模式

4. 掌握集团出纳共享的管理模式

财务共享服务中心的出纳共享模块支持影像集成，集中保存影像，并且扫描件直接与单据关联，调用查阅便捷；支持任务推送，在共享模式下全自动分配任务，自定义收付业务分配规则；提供角色工作台，可以实现一站式任务处理，并提供个人、团队绩效分析；待付款业务处理中心可以进行集中待付款业务数据、配置及调度自动付款规则、自动推成付款单；银企支付中心可以进行银企处理集成工作台、异常数据预警跟踪及日常支付业务处理统计，如图 2-18 所示。

图 2-18 出纳共享的管理模式

5. 掌握集团固定资产共享的管理模式

财务共享服务中心的资产共享模块可以清晰地展示出固定资产管理人员关注的单据处理情况、资产的折旧情况和科目信息等，如图 2-19 所示。

6. 掌握集团核算共享的管理模式

在财务共享模式下，财务人员会负责多家公司、多种凭证的处理工作，记账中心提供一站式凭证处理，用户可以在记账中心一目了然地掌握所有待处理凭证，快速找到单据进行多组织批量处理，如图 2-20 所示。

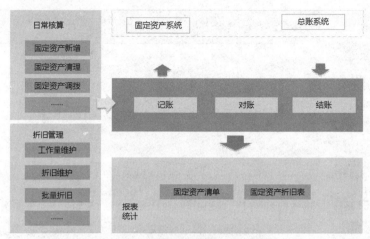

图 2-19 固定资产共享的管理模式

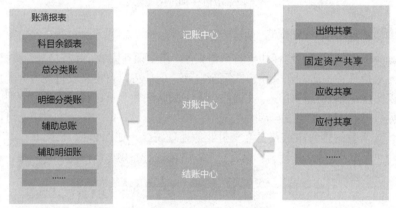

图 2-20 核算共享的管理模式

7. 掌握集团报表共享的管理模式

在财务共享模式下，一个财务人员每月负责集团多家公司报表的编制、审批、上报工作，通过金蝶 EAS 报表平台，不需要频繁切换财务组织、报表周期，可实现多组织报表的集中批量处理，随时监控各家公司报表编制进度。对于固定模板的报表，还可以实现自动批量编报，大大提高报表编制的及时性和准确性，实时监控各成员单位的财务状况和经营成果，如图 2-21 所示。

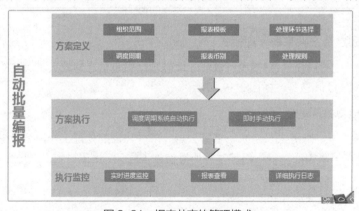

图 2-21 报表共享的管理模式

第 2 篇

集团财务体系规划

第3章

企业财务共享服务中心的建设

本教材模拟一家制造企业——环球日化集团，详细介绍财务管理系统从上线实施到财务共享服务实践的全过程。

环球日化集团创始于 1993 年，是中国日用消费品公司的巨头之一。公司性质是股份制，总部位于广东省深圳市，员工总数近 80 000 人。环球日化在日用化学品市场上知名度相当高，其卓越管理、科学创新、体贴服务和优良业绩闻名业界，其产品包括洗发、护发、护肤用品、化妆品、婴儿护理产品、妇女卫生用品、织物、家居护理、个人清洁用品等。

随着 IT 技术的快速发展，环球日化集团面临的竞争环境日趋激烈。在这种形势下，企业管理必须转变，从部门管理向企业级协同管理转变，财务工作的思路也应当与时俱进。环球日化集团决定采用统一的 ERP 系统来管理企业的财务业务数据。经考察、评估后，集团购买了金蝶 EAS 系统，并于 20××年 1 月正式启用。

按照软件供应商的要求，上线前要先行整理集团的一些资料，如组织架构、人员等。环球日化集团下设环球日化集团本部、环球洗涤用品深圳有限公司和环球日化深圳销售有限公司三个法人组织。环球日化集团本部负责处理集团所有相关业务，下设集团总经办和日化研发中心两个部门；环球洗涤用品深圳有限公司主要负责原材料采购和产品生产，下设采购部、生产部、计划部；环球日化深圳销售有限公司作为公司主要的直销渠道，负责销售业务，下设营销中心、人事部、行政部。该集团的组织架构，如图 3-1 所示。

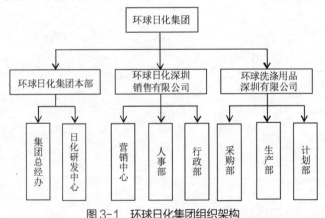

图 3-1　环球日化集团组织架构

随着环球日化集团的高速成长，如何降低财务成本和规避财务风险成为企业集团关注的重要问题。根据世界 500 强的成功经验，财务共享服务中心的构建可以帮助企业通过提高财务运作效率，降低财务成本，优化、细化财务流程，实时监控分、子公司的财务状况和经营成本，最终支持企业集团扩张战略的实现。因此，环球日化集团在学习世界 500 强企业先进管理理论和经验的基础上，决定开启财务共享服务模式。

3.1 建立集团

案例一　搭建组织

↗ 应用场景

为了处理环球日化集团和各个下属公司的业务,已在金蝶 EAS 系统中创建了环球日化集团子管理单元,并在环球日化集团下搭建了组织单元及部门架构。使用信息管理员康路达(kld+学号)登录金蝶 EAS,完善组织单元类型及属性。

↗ 实验步骤

❑ 维护组织单元类型及属性

↗ 实验前准备

❑ 使用教师提供的数据中心

↗ 实验数据

环球日化集团相关组织单元信息,如表 3-1～表 3-4 所示。

表 3-1　环球日化集团组织单元信息

环球日化集团 编码:h01.学号 名称:环球日化集团+学号	行政组织	上级行政组织:环球集团 组织层次类型:集团 独立核算:勾选
	财务组织	上级财务组织:环球集团 基本核算汇率表:基本核算汇率表 会计期间类型:大陆会计期间类型 本位币:人民币
	采购组织	上级采购组织:环球集团
	销售组织	上级销售组织:环球集团
	库存组织	上级库存组织:环球集团
	成本中心	上级成本中心:环球集团
	利润中心	上级利润中心:环球集团

表 3-2　环球日化集团本部组织单元信息

环球日化集团本部 编码:h0101.学号 名称:环球日化集团本部+学号	行政组织	上级行政组织:环球日化集团+学号 组织层次类型:公司 独立核算:勾选
	财务组织	财务实体组织:勾选 上级财务组织:环球日化集团+学号 基本核算汇率表:基本核算汇率表 会计期间类型:大陆会计期间类型 本位币:人民币
	成本中心	上级成本中心:环球日化集团+学号
	利润中心	上级利润中心:环球日化集团+学号

(续表)

集团总经办 编码：h0101.01.学号 名称：集团总经办+学号	行政组织	上级行政组织：环球日化集团本部+学号 组织层次类型：部门 记账委托财务组织：环球日化集团本部+学号
	成本中心	成本中心实体组织：勾选 上级成本中心：环球日化集团本部+学号
日化研发中心 编码：h0101.02.学号 名称：日化研发中心+学号	行政组织	上级行政组织：环球日化集团本部+学号 组织层次类型：部门 记账委托财务组织：环球日化集团本部+学号
	成本中心	成本中心实体组织：勾选 上级成本中心：环球日化集团本部+学号

表 3-3　环球日化深圳销售有限公司组织单元信息

环球日化深圳销售有限公司 编码：h0102.学号 名称：环球日化深圳销售有限公司+学号	行政组织	上级行政组织：环球日化集团+学号 组织层次类型：公司 独立核算：勾选
	财务组织	财务实体组织：勾选 上级财务组织：环球日化集团+学号 基本核算汇率表：基本核算汇率表 会计期间类型：大陆会计期间类型 本位币：人民币
	采购组织	上级采购组织：环球日化集团+学号
	销售组织	上级销售组织：环球日化集团+学号
	库存组织	上级库存组织：环球日化集团+学号
	成本中心	上级成本中心：环球日化集团+学号
	利润中心	上级利润中心：环球日化集团+学号
营销中心 编码：h0102.01.学号 名称：营销中心+学号	行政组织	上级行政组织：环球日化深圳销售有限公司+学号 组织层次类型：部门 记账委托财务组织：环球日化深圳销售有限公司+学号
	销售组织	销售实体组织：勾选 上级销售组织：环球日化深圳销售有限公司+学号 记账委托财务组织：环球日化深圳销售有限公司+学号
	成本中心	成本中心实体组织：勾选 上级成本中心：环球日化深圳销售有限公司+学号
	利润中心	上级利润中心：环球日化深圳销售有限公司+学号
人事部 编码：h0102.02.学号 名称：人事部+学号	行政组织	上级行政组织：环球日化深圳销售有限公司+学号 组织层次类型：部门 记账委托财务组织：环球日化深圳销售有限公司+学号
	成本中心	成本中心实体组织：勾选 上级成本中心：环球日化深圳销售有限公司+学号
行政部 编码：h0102.03.学号 名称：行政部+学号	行政组织	上级行政组织：环球日化深圳销售有限公司+学号 组织层次类型：部门 记账委托财务组织：环球日化深圳销售有限公司+学号
	成本中心	成本中心实体组织：勾选 上级成本中心：环球日化深圳销售有限公司+学号

表 3-4 环球洗涤用品深圳有限公司组织单元信息

组织单元	类型	信息
环球洗涤用品深圳有限公司 编码：h0103.学号 名称：环球洗涤用品深圳有限公司+学号	行政组织	上级行政组织：环球日化集团+学号 组织层次类型：公司 独立核算：勾选
	财务组织	财务实体组织：勾选 上级财务组织：环球日化集团+学号 基本核算汇率表：基本核算汇率表 会计期间类型：大陆会计期间类型 本位币：人民币
	采购组织	上级采购组织：环球日化集团+学号
	销售组织	上级销售组织：环球日化集团+学号
	库存组织	上级库存组织：环球日化集团+学号
	成本中心	上级成本中心：环球日化集团+学号
	利润中心	上级利润中心：环球日化集团+学号
采购部 编码：h0103.01.学号 名称：采购部+学号	行政组织	上级行政组织：环球洗涤用品深圳有限公司+学号 组织层次类型：部门 记账委托财务组织：环球洗涤用品深圳有限公司+学号
	采购组织	采购实体组织：勾选 上级采购组织：环球洗涤用品深圳有限公司+学号
	成本中心	成本中心实体组织：勾选 上级成本中心：环球洗涤用品深圳有限公司+学号
生产部 编码：h0103.02.学号 名称：生产部+学号	行政组织	上级行政组织：环球洗涤用品深圳有限公司+学号 组织层次类型：部门 记账委托财务组织：环球洗涤用品深圳有限公司+学号
	库存组织	库存实体组织：勾选 上级库存组织：环球洗涤用品深圳有限公司+学号
	成本中心	成本中心实体组织：勾选 上级成本中心：环球洗涤用品深圳有限公司+学号
计划部 编码：h0103.03.学号 名称：计划部+学号	行政组织	上级行政组织：环球洗涤用品深圳有限公司+学号 组织层次类型：部门 记账委托财务组织：环球洗涤用品深圳有限公司+学号
	成本中心	成本中心实体组织：勾选 上级成本中心：环球洗涤用品深圳有限公司+学号

↗ 操作指导

双击安装后生成的桌面快捷图标"金蝶 EAS 客户端"，打开金蝶 EAS 系统登录界面(见图 3-2)，切换语言至"简体中文"，选择数据中心(由老师提供，实训平台练习任务可查看数据中心)，以信息管理员康路达身份登录，用户名为"kld+学号"，密码为空，单击【登录】按钮，进入金蝶 EAS 系统管理界面。本案例以学号为 2001 的学生为例进行操作。练习时请替换图片中的数据中心和学号。

搭建组织

依次单击【应用中心】—【企业建模】—【组织架构】—【组织单元】—【组织单元】选项，进入组织单元界面，如图 3-3 所示。

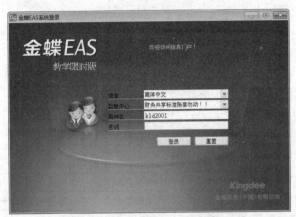

图 3-2　金蝶 EAS 系统登录

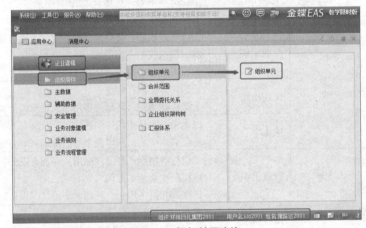

图 3-3　组织单元查询

进入组织单元后，可以看到已搭建的环球日化集团的部分组织架构，组织层次为：集团、公司、部门。其中，环球日化集团为管理单元，下属环球日化集团本部、环球日化深圳销售有限公司、环球洗涤用品深圳有限公司及下级部门为组织单元，如图 3-4 所示。

图 3-4　组织单元架构

在本案例中，已将环球日化集团、环球日化集团本部、环球日化深圳销售有限公司、环球洗涤用品深圳有限公司的组织单元类型及属性设置完成。请参照组织单元信息表 3-2 的内容，依次完善环球日化集团本部下级部门"集团总经办""日化研发中心"的组织类型及属性。

以"集团总经办"为例，在列表中选中"集团总经办+学号"，单击工具栏中的【修改】按钮，进入组织单元修改界面，如图 3-5 所示。

图 3-5　组织单元修改

根据表 3-2，组织类型依次勾选"行政组织""成本中心"，并依次单击各个类型页签，完善属性设置。"集团总经办"的【行政组织—基本信息】页签设置完成后如图 3-6 所示。

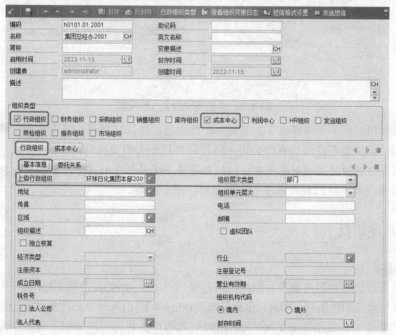

图 3-6　【行政组织—基本信息】页签设置

"集团总经办"的【行政组织—委托关系】页签设置完成后如图 3-7 所示，注意记账委托财务组织为上级组织"环球日化集团本部"。

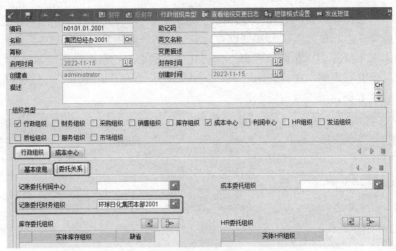

图 3-7 　【行政组织—委托关系】页签设置

"集团总经办"的【成本中心】页签设置完成后如图 3-8 所示，注意勾选"成本中心实体组织"。

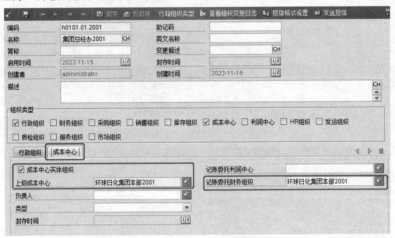

图 3-8 　【成本中心】页签设置

【任务】参照组织单元信息表 3-2 至表 3-4 的内容，依次完善日化研发中心、环球日化深圳销售有限公司和环球洗涤用品深圳有限公司下级部门的组织类型及属性。

注：组织属性维护时必须先选中对应组织后再单击工具栏中的【修改】按钮，同时注意勾选部分组织的记账委托财务组织和成本中心实体组织，进行维护。

案例二　新建职员

↗ 应用场景

王中军在环球日化集团任董事长职位，信息管理员(kld+学号)在金蝶 EAS 系统中新增职位、职员，并将职员与对应职位关联。同时，信息管理员(kld+学号)引入环球日化集团其他职位与职员。职位与职员维护完成后，集团管理员(学号)新增或引入用户，并为用户分配所属组织的角色权限。

↗ 实验步骤

❏　新增职位

❏　新增职员

- ❑ 新增用户并分配角色
- ❑ 引入用户并分配角色

↗ 实验前准备
- ❑ 案例一中新建完成的组织架构

↗ 实验数据
环球日化集团的职位信息，如表 3-5 所示。

表 3-5　职位信息

职位编码	职位名称	行政组织
h01.学号	董事长+学号	环球日化集团+学号

环球日化集团的职员信息，如表 3-6 所示。

表 3-6　职员信息

人员编码	人员名称	所属部门	所属职位
wzj+学号	王中军+学号	环球日化集团+学号	董事长

环球日化集团的用户信息，如表 3-7 所示。

表 3-7　用户信息

用户账号	用户类型	用户实名	所属管理单元	所属角色
wzj+学号	职员	王中军+学号	环球日化集团+学号	全功能角色

↗ 操作指导

1. 新增职位

维护完企业的行政组织后，便需要在相应的行政组织上增加职位。有了职位，才可以在职位下设置职员。本案例以学号为 2001 的学生为例进行操作。练习时请替换图片中的学号。

新建职员

信息管理员(kld+学号)登录金蝶 EAS 客户端，依次单击【企业建模】—【组织架构】—【汇报体系】—【职位管理】选项，进入职位管理界面，如图 3-9 所示。

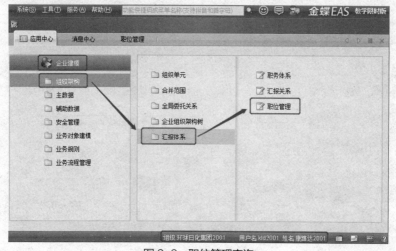

图 3-9　职位管理查询

选中行政组织"环球日化集团+学号"后,单击工具栏中的【新增】按钮,进入职位新增界面。根据表 3-5 填写董事长职位信息,职位编码为"h01.学号",职位名称为"董事长+学号",上级职位为"big boss",行政组织为"环球日化集团+学号",录入完成后,单击【保存】按钮完成操作,如图 3-10 所示。

注:选择行政组织"环球日化集团+学号"后,再去新增董事长职位。

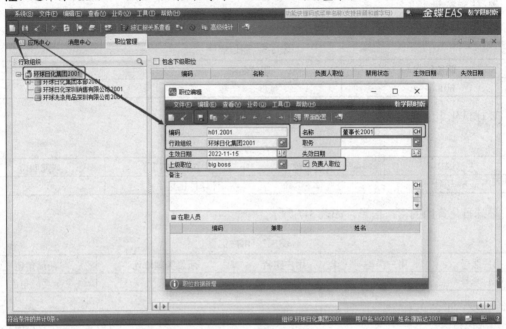

图 3-10　职位新增

职位除了单个新增,也可使用菜单栏中的【文件】—【导入】命令,批量导入职位。下载"职位"表格,将表格中的学号替换为自己的学号后保存表格,以学号为 2001 的学生为例,替换过程如图 3-11 所示。

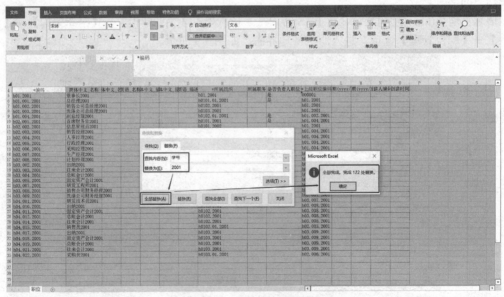

图 3-11　职位表格学号替换

然后返回职位管理界面，先选中"环球日化集团+学号"，然后单击菜单栏中的【文件】—【导入】命令，文件选择上述替换学号后的职位表格，页签默认为"职位"，数据出错处理建议选择"跳过错误执行完毕才停止"，引入方式建议选择"更新引入"，然后单击【引入】按钮，如图 3-12 所示。

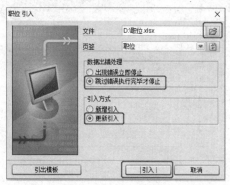

图 3-12 职位引入

职位引入界面中，各选项的含义如下。

❑ 页签：引入的文件类型。

❑ 数据出错处理："出现错误立即停止"表示从引入文件的第一行开始引入，出现错误即停止，但是不会撤回已经引入的数据；"跳过错误执行完毕才停止"表示发现有数据无法引入时跳过错误，引入下一行数据，直至全部数据执行完毕。

❑ 引入方式："新增引入"为直接新增；"更新引入"为更新已经导入的数据，并新增未导入的数据。

2. 新增职员

当维护完职位后，便可以在新增的职位上增加对应的职员。信息管理员康路达(kld+学号)登录金蝶 EAS 客户端，依次单击【企业建模】—【辅助数据】—【员工信息】—【员工】选项，进入员工查询页面，如图 3-13 所示。

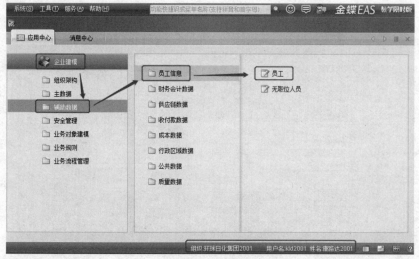

图 3-13 员工查询

选中环球日化集团+学号组织下的"董事长+学号"职位后，再单击工具栏中的【新增】按钮。职员编码为"wzj+学号"，职员名称为"王中军+学号"。录入完成后单击工具栏中的【保存】按钮,如图 3-14 所示。

注:选择"董事长+学号"职位后,再去新增职员。

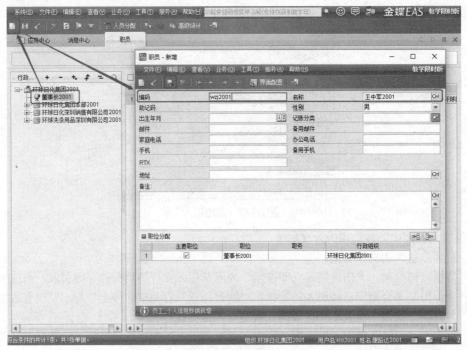

图 3-14 职员新增

职员除了单个新增外,也可使用菜单栏中的【文件】—【引入职员】命令,批量引入职员。下载"职员"表格,将表格中的学号替换为自己的学号后保存表格,以学号为 2001 的学生为例,替换过程如图 3-15 所示。

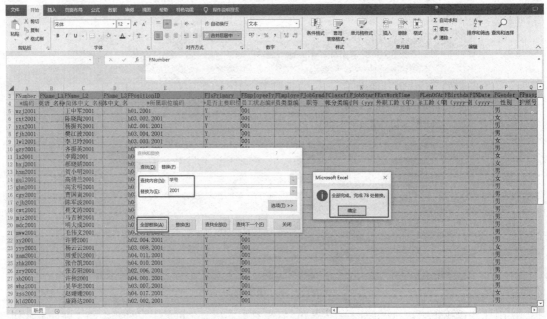

图 3-15 职员表格学号替换

然后返回职员界面，依次单击菜单栏中的【文件】—【导入】选项，文件选择上述替换学号后的职员表格，页签默认为"职员"，数据出错处理建议选择"跳过错误执行完毕才停止"，引入方式建议选择"更新引入"，然后单击【引入】按钮，如图 3-16 所示。

图 3-16 职员引入

3. 新增用户

用户主要为进行系统操作维护而设立，用户被授予组织范围和功能权限后，便可登录金蝶 EAS 系统。

以集团管理员身份登录金蝶 EAS 客户端，切换语言至"简体中文"，选择数据中心(老师提供，实训平台练习任务可查看数据中心)，集团管理员用户名为学号，密码为空，单击【登录】按钮，进入 EAS 系统管理界面，如图 3-17 所示。本案例以学号为 2001 的学生为例进行操作。

练习时请替换图片中的数据中心和学号。

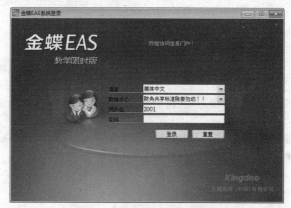

图 3-17 金蝶 EAS 系统登录

依次单击【企业建模】—【安全管理】—【权限管理】—【用户管理】选项，进入用户管理界面，如图 3-18 所示。

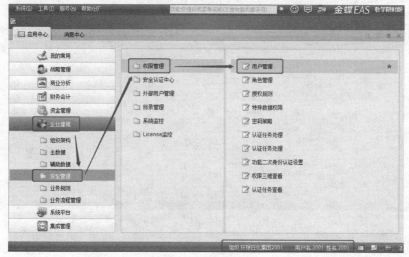

图 3-18 用户管理查询

单击工具栏中的【新增】按钮,进入用户新增界面,根据表 3-7 的用户信息,新增用户"王中军"。用户账号为"wzj+学号",用户类型为"职员",用户实名选择"王中军+学号",所属管理单元为"环球日化集团+学号",录入完成后单击【保存】按钮,如图 3-19 所示。

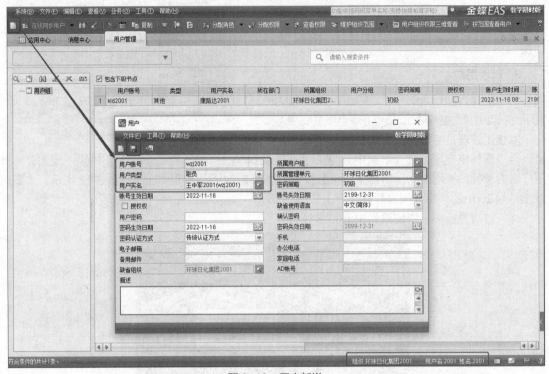

图 3-19 用户新增

在用户管理界面,选中用户"王中军+学号",单击工具栏中的【维护组织范围】按钮,为该用户添加业务组织,如图 3-20 所示。

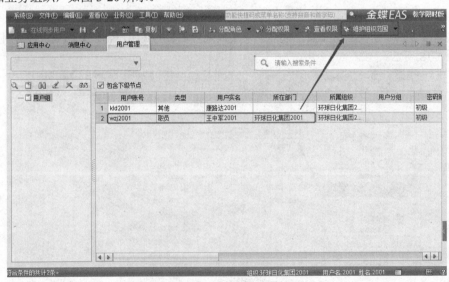

图 3-20 用户组织范围维护 1

在组织范围维护界面,选择组织范围类型为"业务组织",单击【增加组织】按钮。在组织单元选择界面,选择"环球日化集团+学号",单击【全加】按钮,将环球日化集团+学号下所有组织添加到已选列表，单击【确定】按钮，如图 3-21 所示。

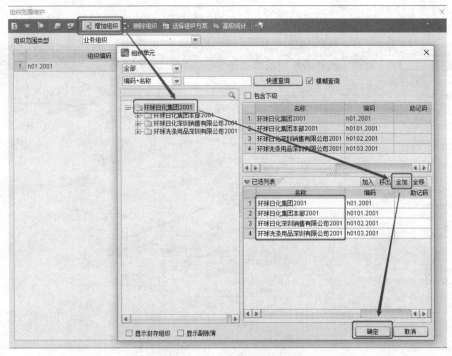

图 3-21 用户组织范围维护 2

4. 用户业务组织范围维护分配角色

角色管理是为用户授权的一个中间环节，也是一个快捷的批量授权的功能，对用户比较多、角色职责分明的公司特别有帮助。系统已内置后续所有角色，可选择角色分配给用户，或者选择用户分配角色，对用户进行角色授权，赋予功能权限。本案例选择用户授权角色。

选择用"wzj+学号"，依次单击工具栏中的【分配角色】—【批量分配角色】选项，进入批量分配角色界面，如图 3-22 所示。

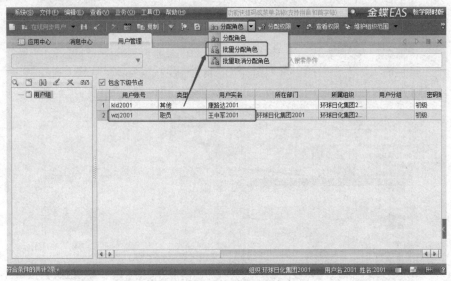

图 3-22 用户批量分配角色

在批量分配角色界面单击【选择组织】选项后,在组织单元选择界面选中"环球日化集团+姓名",单击【全加】按钮,将环球日化集团+学号下所有组织添加到已选列表,单击【确定】按钮,如图 3-23 所示。

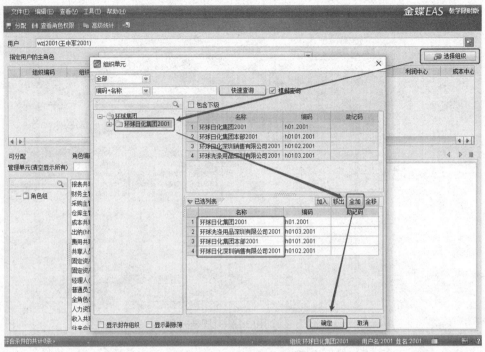

图 3-23　用户组织范围维护

在管理单元(清空显示所有)栏内,敲击键盘 Enter 键,即可显示系统内置的所有角色。双击【全功能角色】选项,或者选中【全功能角色】选项,单击向右箭头,将角色添加到已分配角色中,如图 3-24 所示。确认无误后单击【分配】按钮。

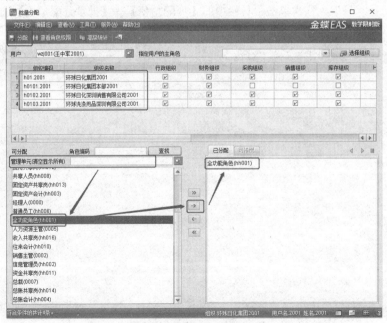

图 3-24　用户分配角色

第 2 章

金蝶财务共享服务中心介绍

2.1 金蝶 EAS 财务共享服务中心的发展

金蝶 EAS 财务共享服务中心的发展经历了 EAS 财务共享 1.0 会计核算中心、EAS 财务共享 2.0 流程管控中心、EAS 财务共享 3.0 数据服务中心和 EAS 财务共享 4.0 智能财务服务中心 4 个阶段，如图 2-1 所示。

金蝶 EAS 财务共享解决方案是业界领先的软件品牌。EAS 财务共享 1.0 是会计核算中心，主要是关注会计核算和财务报告的制定。EAS 财务共享 2.0 是流程管控中心，主要关注流程优化和风险控制。EAS 财务共享 3.0 是数据服务中心，主要关注提供决策支持和有效的财务分析。而我们所倡导的财务共享 4.0，利用财务共享服务中心标准化的大数据，结合各种新技术，赋能个体，建立高效且智能的服务决策层，形成集团企业的智能财务中心，推进企业数字化转型。

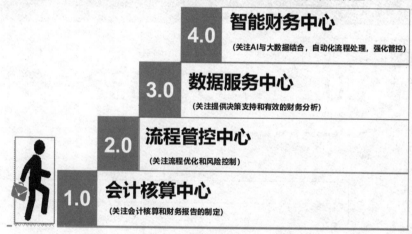

图 2-1　金蝶 EAS 财务共享服务中心发展的 4 个阶段

2.2 金蝶 EAS 系统功能

2.2.1 财务共享服务平台

金蝶 EAS 共享服务平台提供任务规则设置、任务池等功能。其支持任务自动推送，打破传统 ERP 软件的工作流引擎机制，可以根据业务需求对相关任务进行分类，并根据任务类别按优先级顺序将任务分别推送给不同的岗位人员处理。财务共享服务中心功能模块如图 2-2 所示。

5. 引入用户并分配角色

用户除了单个新增外，也可使用菜单栏中的【文件】—【引入】—【用户引入】命令，批量引入用户。下载"用户"表格，将表格中的学号替换为自己的学号，以学号为2001的学生为例，替换过程如图3-25所示。

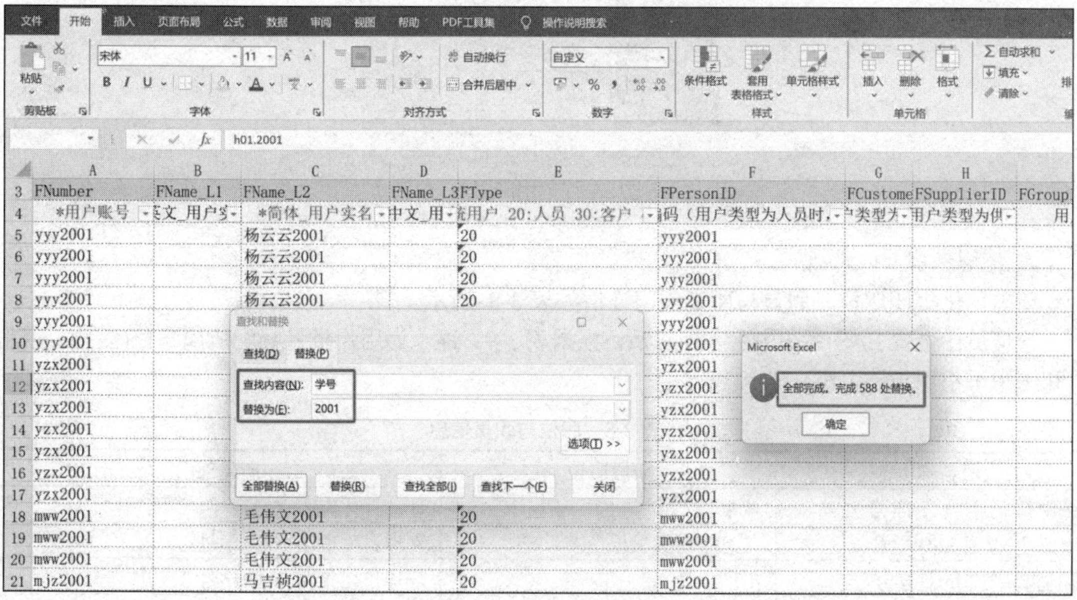

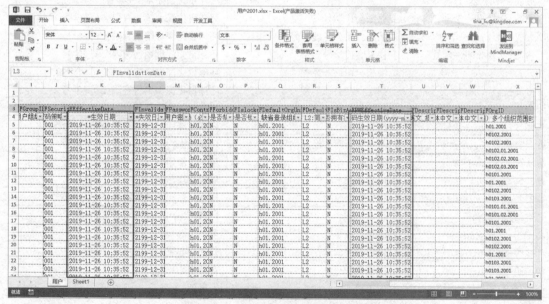

图3-25 用户表格学号替换

替换学号后，还需将用户生效日期和密码生效日期的年月日修改为系统的当前日期，修改完成后保存用户表格，如图3-26所示。

图3-26 用户导入文件生效日期修改

然后返回金蝶EAS系统，依次单击工具栏中的【文件】—【引入】—【用户引入】选项，文件选择上述替换学号后的用户表格，页签默认为"用户"，数据出错处理建议选择"跳过错误执行完毕才停止",引入方式建议选择"更新引入",然后单击【引入】按钮,如图 3-27 所示。

图 3-27 用户引入

↗ 拓展任务

环球日化集团职位、职员与所属部门详情如表 3-8 所示。

管理员在金蝶 EAS 系统中引入用户后,根据表 3-9,逐一为用户批量分配所属角色(注意:康路达和王中军不用再次分配)。

表 3-8 职位与职员信息

人员名称/编码	所属职位	所属部门
王中军+学号/wzj+学号	董事长学号	环球日化集团+学号
康路达+学号/kld+学号	信息管理员学号	环球日化集团本部+学号
陈晓陶+学号/cxt+学号	出纳学号	环球日化集团本部+学号
樊江波+学号/fjb+学号	总账会计学号	环球日化集团本部+学号
李卫玲+学号/lwl+学号	往来会计学号	环球日化集团本部+学号
齐振英+学号/qzy+学号	固定资产会计学号	环球日化集团本部+学号
杨振兴+学号/yzx+学号	首席财务官学号	环球日化集团本部+学号
陈军波+学号/cjb+学号	总账会计学号	环球日化深圳销售有限公司+学号
明大成+学号/mdc+学号	销售公司总经理学号	环球日化深圳销售有限公司+学号
毛伟文+学号/mww+学号	往来会计学号	环球日化深圳销售有限公司+学号
杨云云+学号/yyy+学号	销售公司财务经理学号	环球日化深圳销售有限公司+学号
周爱民+学号/zam+学号	固定资产会计学号	环球日化深圳销售有限公司+学号
张合凯+学号/zhk+学号	出纳学号	环球日化深圳销售有限公司+学号
李耀华+学号/lyh+学号	洗涤公司总经理学号	环球洗涤用品深圳有限公司+学号
曹国寅+学号/cgy+学号	洗涤公司财务经理学号	环球洗涤用品深圳有限公司+学号
崔文涛+学号/cwt+学号	固定资产会计学号	环球洗涤用品深圳有限公司+学号
赵姗姗+学号/zss+学号	出纳学号	环球洗涤用品深圳有限公司+学号
高倩兰+学号/gql+学号	往来会计学号	环球洗涤用品深圳有限公司+学号
马吉祯+学号/mjz+学号	总账会计学号	环球洗涤用品深圳有限公司+学号
高宏明+学号/ghm+学号	副总经理学号	营销中心+学号
郝晓娇+学号/hxj+学号	销售经理学号	营销中心+学号
贺小明+学号/hxm+学号	销售员学号	营销中心+学号
许赟+学号/xy+学号	人事经理学号	人事部+学号
李霞+学号/lx+学号	采购员学号	采购部+学号
张若阳+学号/zry+学号	采购经理学号	采购部+学号
吴华忠+学号/whz+学号	研发工程师学号	日化研发中心+学号
许彬+学号/xb+学号	研发技术员学号	日化研发中心+学号

表 3-9 用户与角色信息

用户名称/编码	所属角色	业务组织范围
曹国寅+学号/cgy+学号	财务经理	环球日化集团+学号、环球洗涤用品深圳有限公司+学号
陈军波+学号/cjb+学号	总账会计	环球日化集团+学号、环球日化深圳销售有限公司+学号
崔文涛+学号/cwt+学号	固定资产会计	环球日化集团+学号、环球洗涤用品深圳有限公司+学号
陈晓陶+学号/cxt+学号	出纳	环球日化集团+学号、环球日化集团本部+学号
樊江波+学号/fjb+学号	总账会计	环球日化集团+学号、环球日化集团本部+学号、环球日化深圳销售有限公司+学号、环球洗涤用品深圳有限公司+学号
高宏明+学号/ghm+学号	经理人	环球日化集团+学号、环球日化深圳销售有限公司+学号
高倩兰+学号/gql+学号	往来会计	环球日化集团+学号、环球洗涤用品深圳有限公司+学号、环球日化深圳销售有限公司+学号
郝晓娇+学号/hxj+学号	经理人	环球日化集团+学号、环球日化深圳销售有限公司+学号
贺小明+学号/hxm+学号	普通员工	环球日化集团+学号、环球日化深圳销售有限公司+学号
康路达+学号/kld+学号	信息管理员	环球日化集团+学号、环球日化集团本部+学号、环球日化深圳销售有限公司+学号、环球洗涤用品深圳有限公司+学号
李卫玲+学号/lwl+学号	往来会计	环球日化集团+学号、环球日化集团本部+学号
李霞+学号/lx+学号	普通员工	环球日化集团+学号、环球洗涤用品深圳有限公司+学号
李耀华+学号/lyh+学号	经理人	环球日化集团+学号、环球洗涤用品深圳有限公司+学号
明大成+学号/mdc+学号	经理人	环球日化集团+学号、环球日化深圳销售有限公司+学号
马吉祯+学号/mjz+学号	总账会计	环球日化集团+学号、环球洗涤用品深圳有限公司+学号
毛伟文+学号/mww+学号	往来会计	环球日化集团+学号、环球日化深圳销售有限公司+学号
齐振英+学号/qzy+学号	固定资产会计	环球日化集团+学号、环球日化集团本部+学号、环球日化深圳销售有限公司+学号、环球洗涤用品深圳有限公司+学号
吴华忠+学号/whz+学号	普通员工	环球日化集团+学号、环球日化集团本部+学号
王中军+学号/wzj+学号	全功能角色	环球日化集团+学号、环球日化集团本部+学号、环球日化深圳销售有限公司+学号、环球洗涤用品深圳有限公司+学号
许彬+学号/xb+学号	普通员工	环球日化集团+学号、环球日化集团本部+学号
许赟+学号/xy+学号	经理人	环球日化集团+学号、环球日化深圳销售有限公司+学号
杨云云+学号/yyy+学号	财务经理	环球日化集团+学号、环球日化深圳销售有限公司+学号
杨振兴+学号/yzx+学号	全功能角色	环球日化集团+学号、环球日化集团本部+学号、环球日化深圳销售有限公司+学号、环球洗涤用品深圳有限公司+学号
周爱民+学号/zam+学号	固定资产会计	环球日化集团+学号、环球日化深圳销售有限公司+学号
张合凯+学号/zhk+学号	出纳	环球日化集团+学号、环球日化深圳销售有限公司+学号
张若阳+学号/zry+学号	经理人	环球日化集团+学号、环球洗涤用品深圳有限公司+学号
赵姗姗+学号/zss+学号	出纳	环球日化集团+学号、环球洗涤用品深圳有限公司+学号

思考：

(1) 职位与组织、职员与用户、职位与职员、用户与角色之间有什么关联？

(2) 如何批量维护用户组织范围？

(3) 探讨角色设置的作用。

(4) 用户个人如何查看自己的权限？

案例三 分配会计科目

↗ 应用场景

信息管理员康路达(kld+学号)将集团下的所有会计科目分配给环球日化集团本部、环球日化深圳销售有限公司和环球洗涤用品深圳有限公司使用。

↗ 实验步骤

☐ 会计科目分配

↗ 实验前准备

完成前序案例

↗ 实验数据

环球日化集团的会计科目分配信息，如表 3-10 所示。

表 3-10　会计科目分配信息

财务组织	会计科目分配组织
环球日化集团+学号	环球日化集团本部+学号 环球日化深圳销售有限公司+学号 环球洗涤用品深圳有限公司+学号

↗ 操作指导

信息管理员康路达(kld+学号)登录金蝶 EAS 客户端，依次单击【企业建模】—【辅助数据】—【财务会计数据】—【会计科目】选项，进入会计科目界面，如图 3-28 所示。

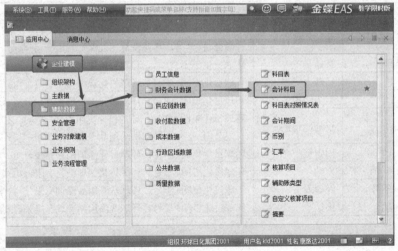

图 3-28　会计科目查询

在会计科目界面，单击工具栏中的【分配】按钮，进入科目分配界面，待分配的财务组织选择"环球日化集团本部+学号"，选择"显示未分配科目"，单击【全选】按钮后单击【分配】按钮，如图 3-29 所示。"环球日化集团本部+学号"分配完成后，逐一为"环球日化深圳销售有限公司+学号""环球洗涤用品深圳有限公司+学号"进行分配。

注：不能同时选择多个组织一起分配，一定要逐一选择财务组织进行分配。

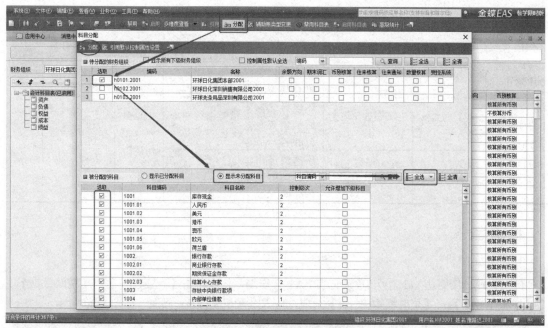

图 3-29　会计科目分配财务组织

案例四　新建银行账户

↗ 应用场景

环球日化集团在招商银行各支行开立多个收支账户，信息管理员康路达(kld+学号)负责在金蝶 EAS 客户端中新增银行机构信息，并逐个维护各组织对应银行机构的银行账户信息。

↗ 实验步骤

- ☐ 建立金融机构(银行)
- ☐ 新建银行账户

↗ 实验前准备

完成前序案例

↗ 实验数据

环球日化集团的金融机构信息，如表 3-11 所示。

表 3-11　环球日化集团金融机构信息

开户单位	编码	名称	上级机构
环球日化集团本部	02.01.008.学号	招商银行高新园支行+学号	广东_招商银行
环球日化深圳销售有限公司	02.01.009.学号	招商银行龙华支行+学号	广东_招商银行
环球洗涤用品深圳有限公司	02.01.010.学号	招商银行时代广场支行+学号	广东_招商银行

环球日化集团各组织的银行账户信息，如表 3-12 所示。

表 3-12 环球日化集团各组织银行账户信息

编码	银行账号	名称	开户单位	金融机构	科目	币别	用途	收支属性
001.学号	621483666666+学号	招商银行高新园支行+学号	环球日化集团本部+学号	招商银行高新园支行+学号				
002.学号	621483777777+学号	招商银行龙华支行+学号	环球日化深圳销售有限公司+学号	招商银行龙华支行+学号	1002.01商业银行存款	单一币别人民币	活期	收支户
003.学号	621483888888+学号	招商银行时代广场支行+学号	环球洗涤用品深圳有限公司+学号	招商银行时代广场支行+学号				

➔ **操作指导**

1. 新建金融机构

信息管理员康路达(kld+学号)登录金蝶 EAS 客户端,依次单击【企业建模】—【辅助数据】—【财务会计数据】—【金融机构(银行)】选项,进入金融机构(银行)界面,如图 3-30 所示。

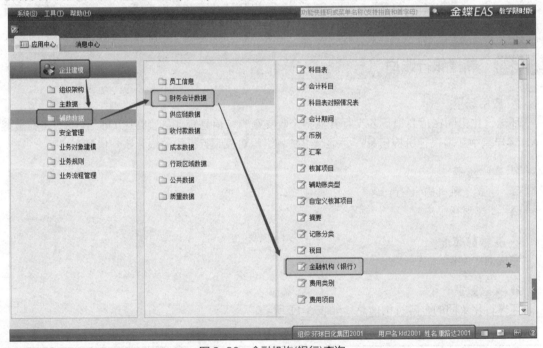

图 3-30 金融机构(银行)查询

根据表 3-11 环球日化集团金融机构信息逐个新增金融机构信息。

以编码为"02.01.008.学号"的金融机构为例,单击【新增】按钮,输入编码"02.01.008.学号",名称为"招商银行高新园支行+学号",上级机构选择"02.01 广东-招商银行",录入完成后单击【保存】按钮,如图 3-31 所示。

注:上级机构为"02.01 广东-招商银行"。

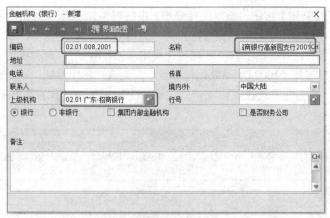

图 3-31　金融机构(银行)新增

【任务】信息管理员康路达(kld+学号)根据表 3-13 维护环球日化集团其他金融机构信息。

注：要在金融机构名称后加上自己的学号，以示区分。

表 3-13　环球日化集团金融机构信息

编码	名称	上级机构
02.01.009.学号	招商银行龙华支行+学号	广东-招商银行
02.01.010.学号	招商银行时代广场+学号	广东-招商银行

2. 新建银行账户

银行账户用于记录企业内部银行资金流动，出纳管理系统以银行账户为载体展示日记账和报表。维护各组织银行账户需要将用户的登录组织切换到对应组织。

信息管理员康路达(kld+学号)登录金蝶 EAS 客户端，切换组织到"环球日化集团本部+学号"。依次单击【资金管理】—【账户管理】—【业务处理】—【银行账户维护】选项，进入银行账户维护界面，如图 3-32 所示。(过滤查询条件后单击【确定】按钮即可)

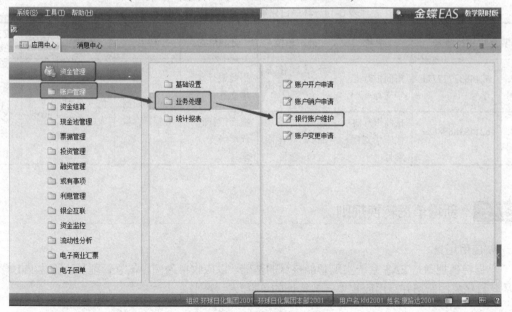

图 3-32　银行账户维护查询

单击工具栏中的【新增】按钮，新增银行账户。根据表 3-12 录入环球日化集团各组织银行账户信息。银行账户编码为"001.学号"，银行账户为"621483666666+学号"，银行账户名称为"招商银行高新园支行+学号"，开户单位为"环球日化集团本部+学号"，金融机构选择"招商银行高新园支行+学号"，科目选择"1002.01 商业银行存款"，勾选"单一币别"，币别选择"人民币"，用途选择"活期"，收支性质选择"收支户"，确认无误后单击【保存】按钮。银行账户新增如图 3-33 所示。

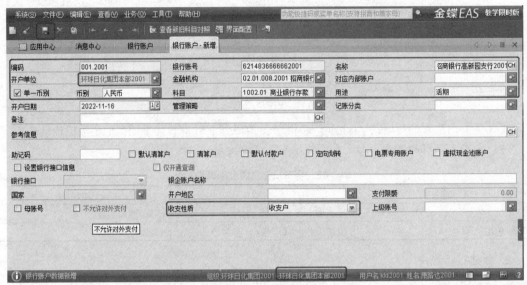

图 3-33 银行账户新增

【任务】信息管理员康路达(kld+学号)根据表 3-14 维护环球日化深圳销售有限公司、环球洗涤用品深圳有限公司的银行账户信息。

注：新增前注意切换当前组织为对应组织。

表 3-14 环球日化集团各组织银行账户信息

编码	银行账号	名称	开户单位	金融机构	科目	币别	用途	收支属性
002.学号	621483777777+学号	招商银行龙华支行+学号	环球日化深圳销售有限公司+学号	招商银行龙华支行+学号	1002.01 商业银行存款	单一币别 人民币	活期	收支户
003.学号	621483888888+学号	招商银行时代广场支行+学号	环球洗涤用品深圳有限公司+学号	招商银行时代广场支行+学号				

案例五 新增单据转换规则

↗ 应用场景

单据转换规则是 EAS 系统实现智能核算的基础。以应收单为例，信息管理员康路达(kld+学号)在环球日化集团新增并启用应收单转换凭证的单据转换规则。

↗ **实验步骤**
- ☐ 新增凭证类型
- ☐ 新增单据转换规则
- ☐ 启用单据转换规则

↗ **实验前准备**
- ☐ 完成前序案例

↗ **实验数据**

凭证类型，如表 3-15 所示。

表 3-15　凭证类型

编码	名称	创建单元
学号.01	记字+学号	环球日化集团+学号

单据转换规则，如表 3-16 所示。

表 3-16　单据转换规则

业务系统	源单据	目标单据	管理单元
应收系统	应收单	凭证	环球日化集团+学号

↗ **操作指导**

1. 新建凭证类型

信息管理员康路达(kld+学号)登录金蝶 EAS 客户端，切换组织到"环球日化集团+学号"。依次单击【财务会计】—【总账】—【基础设置】—【凭证类型】选项，进入凭证类型序时簿页面，如图 3-34 所示。

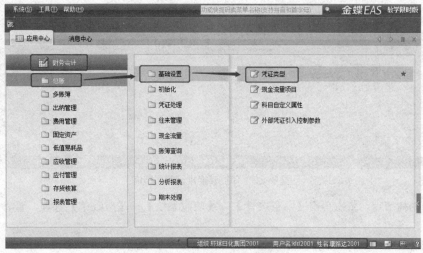

图 3-34　凭证类型查询

单击工具栏中的【新增】按钮，打开凭证类型-新增界面，按照表 3-15 中的凭证类型进行录入。凭证类型编码为"学号.01"，名称为"记字+学号"，勾选"默认"，录入完成后单击【保存】按钮，如图 3-35 所示。

图 3-35　凭证类型新增

2. 新建单据转换规则

依次单击【企业建模】—【业务规则】—【单据转换规则】—【单据转换规则配置】选项，进入单据转换规则配置界面，如图 3-36 所示。

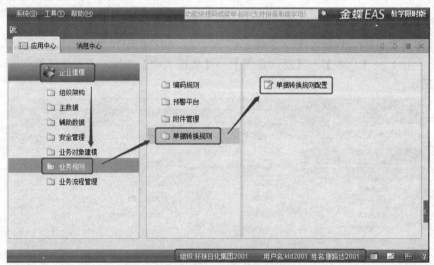

图 3-36　单据转换规则配置查询

在左侧的树节点，依次单击【财务会计】—【应收系统】—【应收单】选项，查看与应收单有关的规则。

双击查看转换规则"应收单生成凭证 SSC"，如图 3-37 所示。

图 3-37 转换规则应收单生成凭证 SSC 查询

单击工具栏中的【复制】按钮，在复制的规则界面进行修改，在编码和名称后面添加自己的学号，如图 3-38 所示。

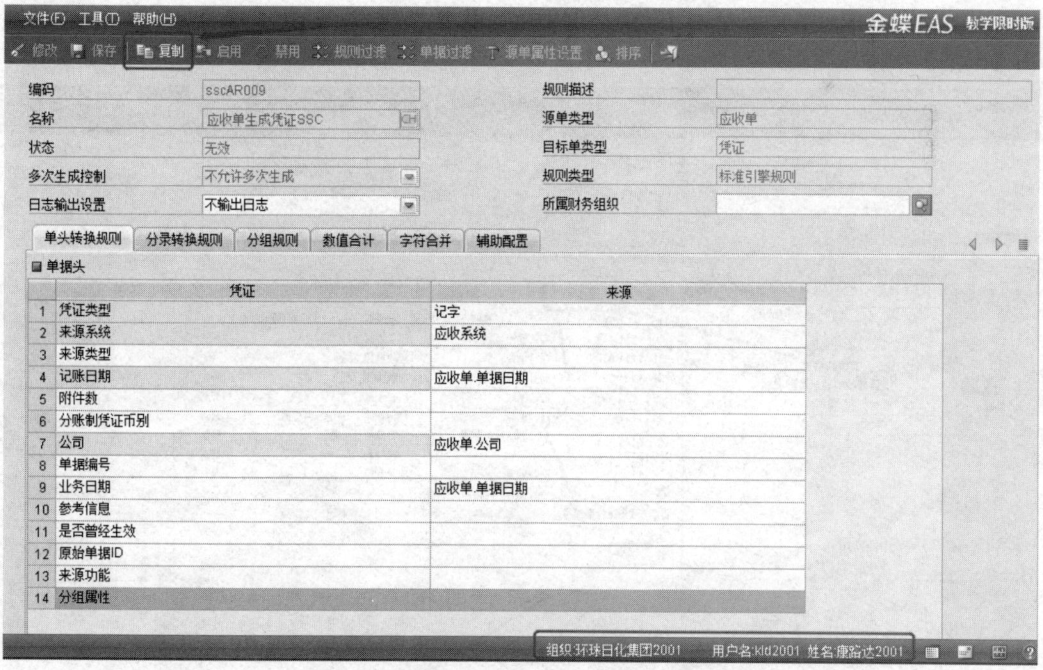

图 3-38 转换规则应收单生成凭证 SSC 复制

打开【单头转换规则】选项卡，修改凭证类型，单击"来源"第一行"记字"栏右侧的放大镜图标，进入凭证类型取值界面，单击【值列表】页签，双击 "环球日化集团+学号"选项，创建"记字+学号"凭证号，单击【确定】按钮，如图 3-39 所示。

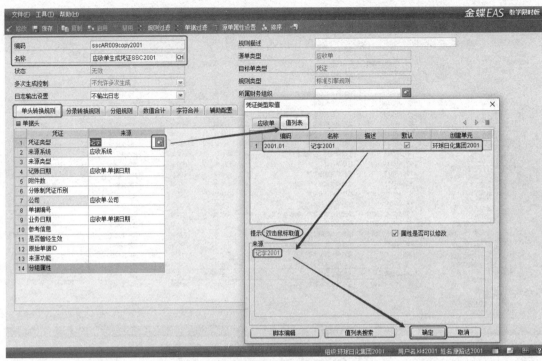

图 3-39　转换规则应收单生成凭证 SSC 修改 1

　　单击【分录转换规则】选项卡设置分录科目，单击科目第一行"应收账款"栏右侧的放大镜图标，打开分录科目取值界面，单击【值列表】页签，找到"1122 应收账款"科目，双击选取科目，单击【确定】按钮，如图 3-40 所示。

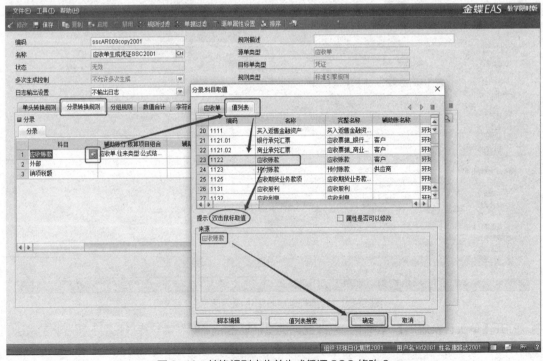

图 3-40　转换规则应收单生成凭证 SSC 修改 2

再单击第一行应收账款"辅助账行.核算项目组合"栏右侧的放大镜图标,单击"核算项目类型"第 11 项右侧的放大镜图标,打开核算项目取值界面,在【应收单】页签下双击选择"往来类型",单击【确定】按钮,如图 3-41 所示。

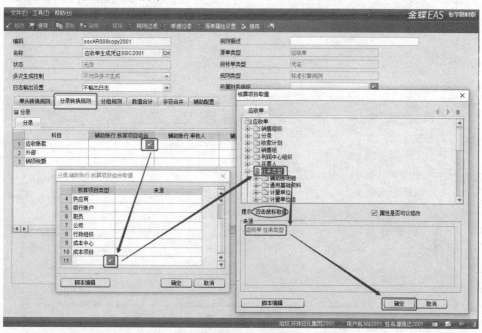

图 3-41 转换规则应收单生成凭证 SSC 修改 3

返回到分录.辅助账行.核算项目组合取值界面,设置核算项目类型的"来源"。单击第 11 项"应收单.往来类型"右侧的放大镜图标,在关联对象取值界面中单击【脚本编辑】按钮,如图 3-42 所示。

图 3-42 转换规则应收单生成凭证 SSC 修改 4

依次单击【脚本编辑】—【公式平台】选项，进入公式平台界面，设置往来户取值公式。选择"公式结果"和"="，如图 3-43 所示。

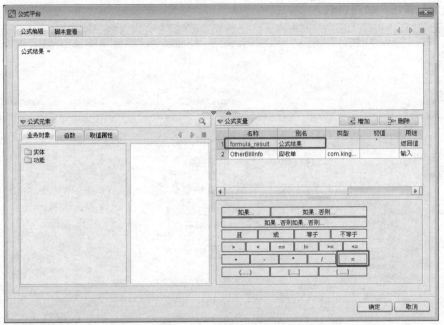

图 3-43　转换规则应收单生成凭证 SSC 修改 5

在公式元素的【函数】选项卡下，打开基础资料函数，选择"__BOTgetObjectFromCussent()"函数，如图 3-44 所示。

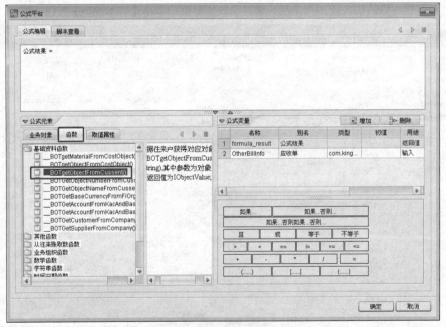

图 3-44　转换规则应收单生成凭证 SSC 修改 6

在【公式编辑】页签下输入栏的公式函数括号中添加业务对象为"应收单.往来户 ID"，在公式的最后，添加英文半角的分号";"，单击【确定】按钮，如图 3-45 所示。

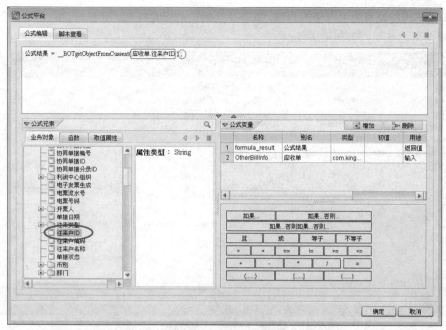

图 3-45 转换规则应收单生成凭证 SSC 修改 7

在关联对象取值界面单击【确定】按钮，在分录.辅助账行.核算项目组合取值界面单击【确定】按钮，返回动态会计规则界面。再将分录第二项"外部"科目改为"值列表"中的"6001.01 主营业务收入—外部"科目，将第三项"销项税额"科目改为"值列表"中的"2221.01.05 销项税额"科目。录入完成后，单击【保存】按钮，如图 3-46 所示。

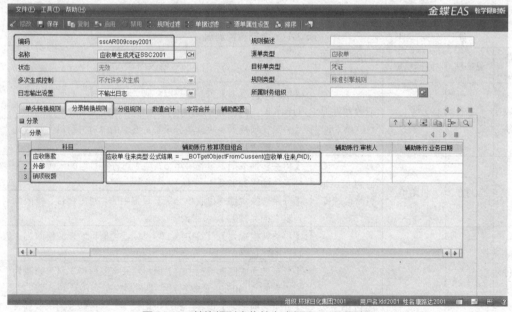

图 3-46 转换规则应收单生成凭证 SSC 修改 8

3. 启用单据转换规则

单据转换规则保存成功后，单击工具栏中的【启用】按钮，即可启用单据转换规则，如图 3-47 所示。

　　注：如果单据转换规则没有修改到位，业务发生时会有对应提醒，可根据提醒再返回修改规则。修改前必须禁用此规则，否则无法修改。

图 3-47　转换规则应收单生成凭证 SSC 启用

↗ 拓展任务

　　信息管理员康路达(kld+学号)在环球日化集团+学号组织下，复制环球集团的单据转换规则，在复制后的新规则编码及名称后加上自己的学号，同时根据表 3-17 中的实验数据修改单据转换规则，确认无误后保存并启用规则。

表 3-17　单据转换规则

业务系统	源单据	目标单据	对应源单据转换规则	修改内容
应收系统	应收单	收款单	应收单生成收款单 SSC	【单头转换规则】页签中第 28 项"对方科目"的来源修改为"值列表"的"1122 应收账款"
				【分录转换规则—收款单分录】页签中的"对方科目"修改为"值列表"的"1122 应收账款"
应付系统	应付单	付款单	应付单生成付款单 SSC	【单头转换规则】页签中第 57 项"对方科目"的来源修改为"值列表"的"2202 应付账款"
				【分录转换规则—付款单分录】页签中的"对方科目"修改为"值列表"的"2202 应付账款"
	应付单	凭证	应付单生成凭证 SSC	【单头转换规则】页签中第 1 项"凭证类型"的来源修改为"值列表"的"记字+学号"
				【分录转换规则】页签中的"原材料及主要材料"科目修改为"值列表"的"1403.01 原材料及主要材料"
				【分录转换规则】页签中的"进项税额"科目修改为"值列表"的"2221.01.01 进项税额"
				【分录转换规则】页签中"应付账款"科目修改为"值列表"的"2202 应付账款"，对应"辅助账行.核算项目组合"的第 11 项双击新增"应付单.往来类型"，同时修改其来源公式为：公式结果 = __BOTgetObjectFromCussent(应付单.往来户 ID);

(续表)

业务系统	源单据	目标单据	对应源单据转换规则	修改内容
出纳管理系统	收款单	凭证	收款单生成凭证 SSC(应收系统、出纳管理系统)	【单头转换规则】页签中第 1 项"凭证类型"的来源修改为"值列表"的"记字+学号"
	付款单	凭证	付款单生成凭证 SSC(应付系统、出纳管理系统)	【单头转换规则】页签中第 1 项"凭证类型"的来源修改为"值列表"的"记字+学号"
固定资产	清理单	凭证	清理单生成凭证 SSC	【单头转换规则】页签中第 1 项"凭证类型"的来源修改为"值列表"的"记字+学号"
	折旧单	凭证	折旧单生成凭证 SSC	【单头转换规则】页签中第 1 项"凭证类型"的来源修改为"值列表"的"记字+学号"

3.2 系统初始化

案例一　总账系统初始化

↗ 应用场景

总账系统是财务管理信息系统的核心，通过独特的核算项目功能，以凭证处理为中心，进行账簿报表的管理，实现企业各项业务的精细化核算。

本案例主要讲述金蝶 EAS 总账系统在使用前的初始化工作，主要包括系统启用期间设置及期初数据录入。其中，期初数据录入主要包括科目初始余额录入、辅助账科目初始余额录入和往来账科目初始余额录入，以及现金流量初始余额录入 4 个部分的工作。当科目初始数据录入工作完成，并且在综合本位币下的试算结果平衡后，就可以进行总账的结束初始化工作。总账结束初始化之后，才能进行凭证处理等操作。

以环球日化集团本部为例，信息管理员康路达(kld+学号)结束环球日化集团本部总账初始化并修改参数设置，总账系统启用期间是 20××年第 1 期。

↗ 实验步骤
- ❏ 启用期间设置
- ❏ 科目余额初始化
- ❏ 辅助账初始化
- ❏ 修改参数设置

↗ 实验前准备
- ❏ 建立集团资料已全部录入

↗ 实验数据
环球日化集团本部初始化余额信息，如表 3-18 所示。

表 3-18 环球日化集团本部初始化余额信息

科目				期初余额	
代码	名称	辅助科目		方向	原币金额
		名称	原币金额		
1001.01	库存现金-人民币			借	150 000.00
1002.01	银行存款-商业银行存款	招商银行高新园支行+学号	3 200 000.00	借	3 200 000.00
1122	应收账款	广州天天日用贸易公司	100 000.00	借	100 000.00
1403.01	原材料-原料及主要材料			借	396 000.00
1405	库存商品			借	2 800 000.00
1511	长期股权投资			借	125 667 142.86
1601.01	固定资产-房屋及建筑物			借	24 000 000.00
1602.01	累计折旧-房屋及建筑物			贷	12 317 142.86
2202	应付账款	深圳市元动化工有限公司	60 000.00	贷	100 000.00
		深圳中富包装容器有限公司	40 000.00	贷	
4001	股本			贷	127 696 000.00
4101.01	盈余公积-法定盈余公积			贷	16 200 000.00

↗ **操作指导**

1. 启用期间设置

启用期间设置是科目余额初始化的操作前提。信息管理员康路达(kld+学号)登录
金蝶 EAS 系统，切换组织到"环球日化集团本部+学号"。依次单击【系统平台】—
【系统工具】—【系统配置】—【系统状态控制】选项，进入系统状态控制界面，
如图 3-48 所示。

总账系统
初始化

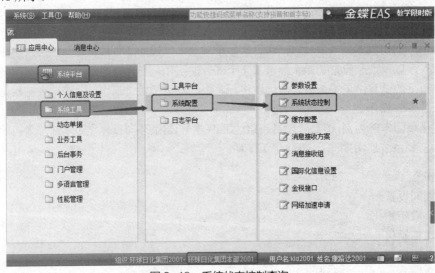

图 3-48 系统状态控制查询

在系统状态控制页面，单击"总账系统"启用期间栏右侧的放大镜图标，进入会计期间列表界
面，选择会计期间为 20××年第 1 期，本教材以 2022 年第 1 期为例，单击【确定】按钮完成启用
期间设置，确认无误后单击【保存】按钮，如图 3-49 所示。

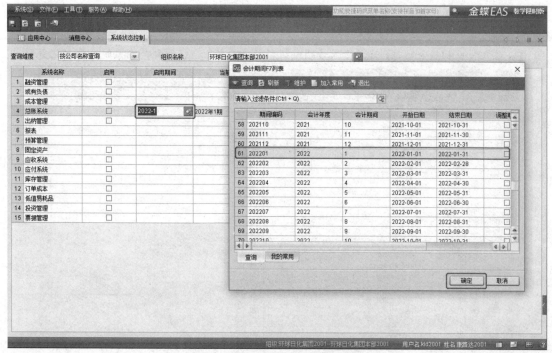

图 3-49 总账系统启用期间设置

2. 科目余额初始化

科目余额初始化操作是在使用总账系统进行日常业务操作之前，需要在总账系统中进行初始设置工作。信息管理员康路达(kld+学号)登录金蝶 EAS 系统，切换组织到"环球日化集团本部+学号"，依次单击【财务会计】—【总账】—【初始化】—【科目初始余额录入】选项，进入科目余额初始化界面，如图 3-50 所示。

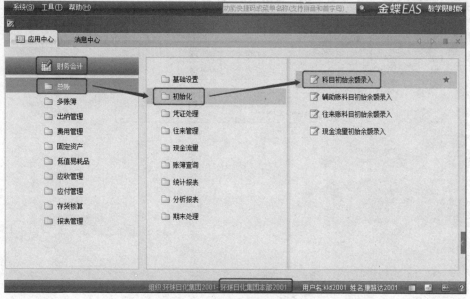

图 3-50 科目余额初始化查询

选择币别为"人民币",根据表 3-18 环球日化集团本部初始化余额信息录入科目初始余额,如图 3-51 所示。

注:录入科目初始余额时,只需输入最明细级科目的金额,上级科目金额系统会自动汇总计算。

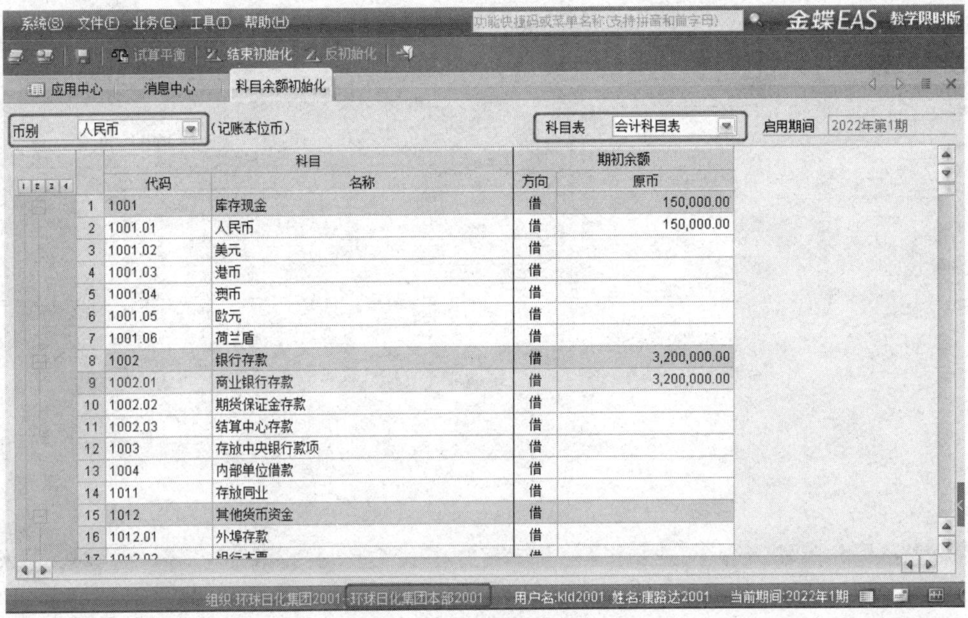

图 3-51　科目初始余额录入

科目初始余额录入完成后,选择币别为"(综合本位币)",单击工具栏中的【试算平衡】按钮。若试算结果平衡,则单击工具栏中的【结束初始化】按钮;若试算结果不平衡,则根据差额提示检查、调整科目初始余额,直至试算结果平衡,如图 3-52 和图 3-53 所示。

图 3-52　试算平衡

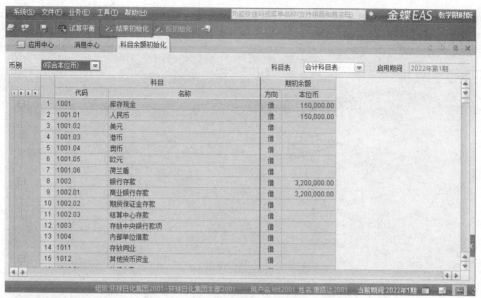

图 3-53　结束初始化

3. 辅助账初始化

辅助账科目初始余额录入是针对有挂辅助账的科目，录入对应的辅助核算项目的初始数据。

信息管理员康路达(kld+学号)登录金蝶 EAS 系统，切换组织到"环球日化集团本部+学号"。依次单击【应用中心】—【财务会计】—【总账】—【初始化】—【辅助账科目初始余额录入】选项，如图 3-54 所示，根据表 3-18 环球日化集团本部初始化余额信息录入辅助账初始化信息。

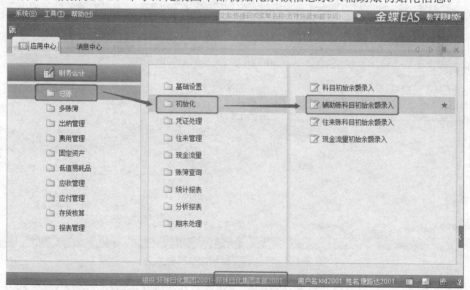

图 3-54　辅助账科目初始余额查询

例如：录入挂有辅助账的科目商业银行存款，选择科目为"1002.01-商业银行存款"，单击工具栏中的【新增】按钮，新增辅助账。选择银行账户为"招商银行高新园支行+学号"，原币金额为 3 200 000。录入完成后，单击【保存】按钮，如图 3-55 所示。

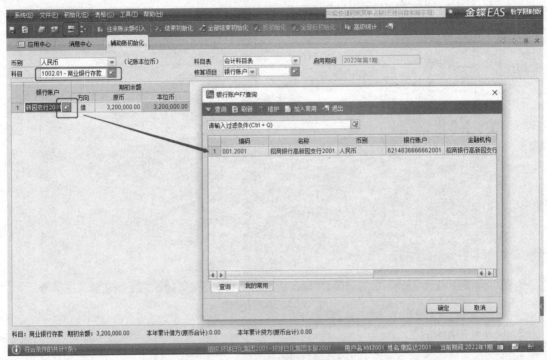

图 3-55　辅助账科目初始余额录入 1

录入挂有辅助账的科目：应收账款，客户选择 2.11.01.01.01.001.2001 "广州天天日用贸易公司+学号"，原币金额为 100 000。录入完成后，单击【保存】按钮，如图 3-56 所示。

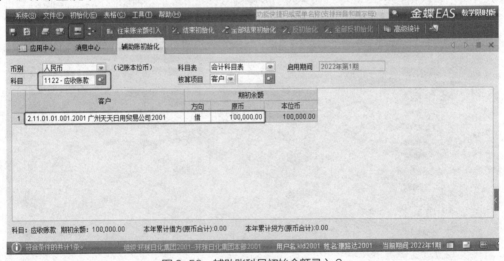

图 3-56　辅助账科目初始余额录入 2

录入挂有辅助账的科目：应付账款，增加两行分录，分别选择供应商 "201.01.002.2001 深圳市元动化工有限公司+学号" "201.02.001.2001 "深圳中富包装容器有限公司+学号"，原币金额分别为 60 000、40 000"。录入完成后，单击【保存】按钮，确认无误后单击工具栏中的【全部结束初始化】按钮，如图 3-57 所示。

注：如果选择客户、供应商时看不到相应信息，勾选 "包含下级节点"。

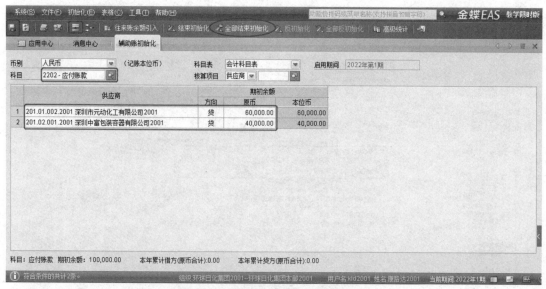

图 3-57 辅助账科目录入并结束初始化

4. 修改参数设置

信息管理员康路达(kld+学号)登录金蝶 EAS 系统，切换组织到"环球日化集团本部+学号"。依次单击【系统平台】—【系统工具】—【系统配置】—【参数设置】选项，进入参数设置界面，如图 3-58 所示。

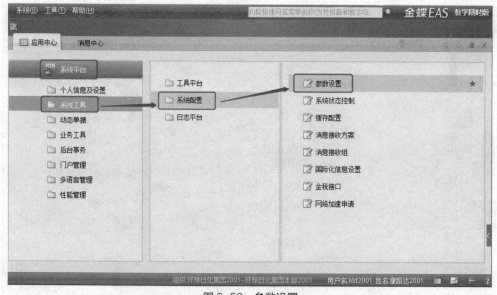

图 3-58 参数设置

在左边的树节点，依次单击【财务会计】—【总账】选项，在【其他参数】页签下，进行如下参数设置。

(1) 在"删除和作废机制凭证"中，选择参数值为"业务系统和总账"。

(2) 在"允许修改业务系统生成的机制凭证"中，勾选全部模块，修改后，单击【保存】按钮，如图 3-59 所示。

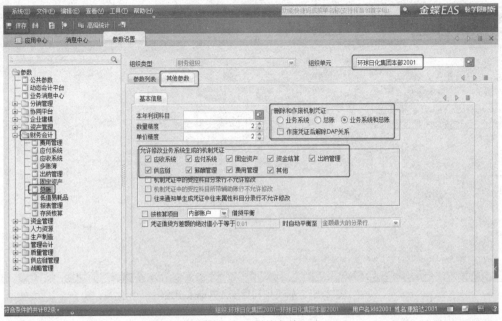

图 3-59　其他参数

在左边的树节点，依次单击【财务会计】—【费用管理】选项，在【其他参数】页签下，界面。在"备用金辅助账类型"中，勾选"行政组织"和"职员"，修改后，单击【保存】按钮，如图 3-60 所示。

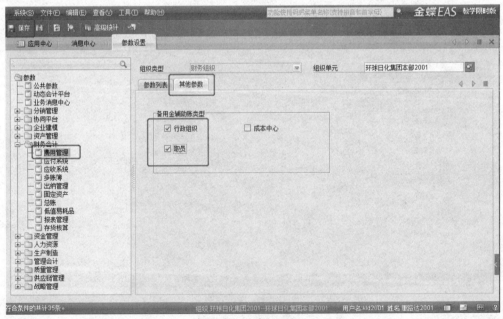

图 3-60　其他参数

↗拓展任务

根据下列数据，信息管理员康路达(kld+学号)完成环球日化深圳销售有限公司、环球洗涤用品深圳有限公司总账初始化，总账系统启用期间均为 20×× 年第 1 期，并修改环球日化深圳销售有限公司、环球洗涤用品深圳有限公司参数设置。

环球日化深圳销售有限公司的科目初始化信息,如表 3-19 所示。

表 3-19 环球日化深圳销售有限公司的科目初始化信息

科目				期初余额	
代码	名称	辅助科目		方向	原币金额
		名称	原币金额		
1001.01	库存现金-人民币			借	100 000.00
1002.01	银行存款-商业银行存款	招商银行龙华支行+学号	3 100 000.00	借	3 100 000.00
1122	应收账款	深圳盼盼洗涤用品贸易公司	50 000.00	借	150 000.00
		深圳日用品贸易公司	100 000.00	借	
1601.03	固定资产-通用设备			借	600 000.00
1602.03	累计折旧-通用设备			贷	166 250.00
2202	应付账款	深圳中富包装容器有限公司	200 000.00	贷	200 000.00
4101.01	盈余公积-法定盈余公积			贷	3 583 750.00

环球洗涤用品深圳有限公司的科目初始化信息,如表 3-20 所示。

表 3-20 环球洗涤用品深圳有限公司的科目初始化信息

科目				期初余额	
代码	名称	辅助科目		方向	原币金额
		名称	原币金额		
1001.01	库存现金-人民币			借	80 000.00
1002.01	银行存款-商业银行存款	招商银行时代广场支行+学号	2 700 000.00	借	2 700 000.00
1122	应收账款	成都贝贝商贸有限公司	100 000.00	借	100 000.00
1601.02	固定资产-专用设备			借	480 000.00
1602.02	累计折旧-专用设备			贷	173 800.00
2202	应付账款	广州塑料包装材料有限公司	40 000.00	贷	120 000.00
		深圳市元动化工有限公司	80 000.00	贷	
4101.01	盈余公积-法定盈余公积			贷	3 066 200.00

案例二 出纳管理初始化

↗ 应用场景

出纳管理是企业日常收支必不可少的工作之一,涉及办理企业的现金收付、银行结算及有关账务,帮助企业及时地掌握某期间或某时间范围的现金收支记录和银行存款收支情况,并做到日清月结,随时查询、打印有关出纳报表。

出纳初始化是启用金蝶 EAS 出纳管理系统必须的前置步骤,用于将启用期间之前的现金、银行存款和银行对账单余额录入系统,以保证系统后续期间业务数据的连续性。初始化数据是否正确将直接影响整个出纳管理系统数据的正确性。出纳初始化包括现金、银行存款、银行对账单。

以环球日化集团本部为例,信息管理员康路达(kld+学号)结束环球日化集团本部出纳初始化,并与总账联用,出纳管理系统启用期间是 20××年第 1 期。

↗ **实验步骤**
- ☐ 启用期间设置
- ☐ 录入初始余额
- ☐ 结束初始化并与总账联用

↗ **实验前准备**
- ☐ 集团资料已全部录入
- ☐ 总账系统已启用

↗ **实验数据**

环球日化集团本部的出纳初始化信息，如表 3-21 所示。

表 3-21　环球日化集团本部的出纳初始化信息

现金初始余额	
现金科目	初始余额(人民币/元)
1001.01 人民币	150 000
银行存款与对账单	
银行账户名称	初始余额(人民币/元)
招商银行高新园支行+学号	3 200 000

↗ **操作指导**

1. 启用期间设置

启用期间设置是出纳初始化的操作前提。信息管理员康路达(kld+学号)登录金蝶 EAS 客户端，切换组织到"环球日化集团本部+学号"。依次单击【系统平台】—【系统工具】—【系统配置】—【系统状态控制】选项，进入系统状态控制界面，如图 3-61 所示。

单击"出纳管理"启用期间栏右侧的放大镜图标，进入会计期间列表界面，选择会计期间为 20××年第 1 期，本教材以 2022 年第 1 期为例，单击【确定】按钮完成启用期间设置，确认无误后单击【保存】按钮，如图 3-62 所示。

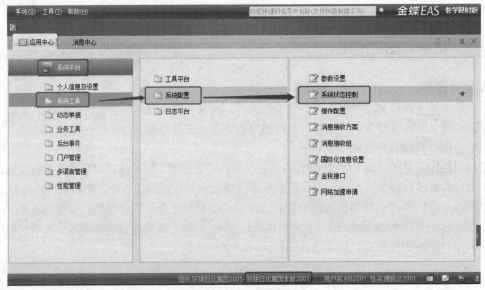

图 3-61　系统状态控制查询

图 3-62　出纳管理系统启用期间设置

2. 录入初始余额

录入现金、银行存款、银行对账单初始余额，是启用金蝶 EAS 出纳管理系统必须的前置步骤。

信息管理员康路达(kld+学号)登录金蝶 EAS 客户端，切换组织到"环球日化集团本部+学号"。依次单击【财务会计】—【出纳管理】—【基础设置】—【出纳初始化】选项，进入出纳初始化界面，如图 3-63 所示。

选择类型为"现金"，币别为"人民币"，根据表 3-21 中的实验数据录入环球日化集团本部出纳初始化信息。设置现金科目人民币，初始余额为 150 000，录入完成后，单击【保存】按钮，如图 3-64 所示。

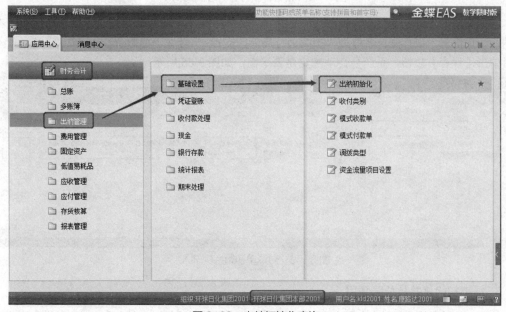

图 3-63　出纳初始化查询

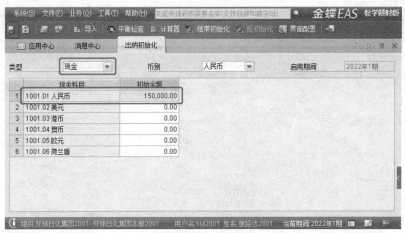

图 3-64 现金科目初始余额录入

选择类型为"银行存款",币别为"人民币",根据表 3-21 中的实验数据录入环球日化集团本部出纳初始化信息。银行账户名称为"招商银行高新园支行+学号",初始余额为 3 200 000,录入完毕后单击【保存】按钮,如图 3-65 所示。

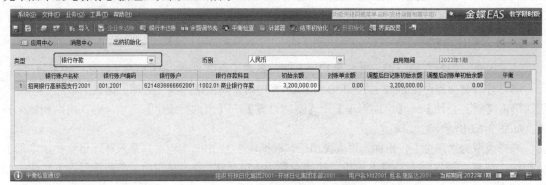

图 3-65 银行存款科目初始余额录入

选择类型为"对账单",币别为"人民币",根据表 3-21 中的实验数据录入环球日化集团本部出纳初始化信息。银行账户名称为"招商银行高新园支行+学号",初始余额为 3 200 000,录入完毕后单击【保存】按钮,系统会自动判定是否平衡,如图 3-66 所示。

图 3-66 对账单初始余额录入

3. 结束初始化并与总账联用

单击工具栏中的【平衡检查】按钮,平衡后单击工具栏中的【结束初始化】按钮,如图 3-67 所示。

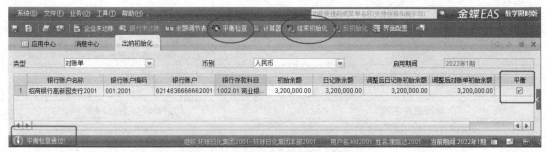

图3-67　出纳管理系统结束初始化

信息管理员康路达(kld+学号)登录金蝶EAS客户端,切换组织到"环球日化集团本部+学号"。依次单击【系统平台】—【系统工具】—【系统配置】—【系统状态控制】选项,进入系统状态控制界面。选择"出纳管理",单击工具栏中的【与总账联用】按钮,完成出纳管理系统与总账系统的联用,如图3-68所示。

注:联用的前提,一是当前期间一致;二是两个系统都已结束初始化;三是初始化余额相同。

图3-68　出纳管理系统与总账系统联用

➔ 拓展任务

根据表3-22和表3-23中的数据,信息管理员康路达(kld+学号)结束环球日化深圳销售有限公司、环球洗涤用品深圳有限公司出纳初始化,并与总账联用。出纳管理启用期间均为20××年第1期。

表3-22　环球日化深圳销售有限公司出纳初始化

现金初始余额	
现金科目	初始余额(人民币/元)
1001.01 人民币	100 000
银行存款与对账单	
银行账户名称	初始余额(人民币/元)
招商银行龙华支行+学号	3 100 000

表 3-23 环球洗涤用品深圳有限公司出纳初始化

现金初始余额	
现金科目	初始余额(人民币/元)
1001.01 人民币	80 000
银行存款与对账单	
银行账户名称	初始余额(人民币/元)
招商银行时代广场支行+学号	2 700 000

案例三 应收系统初始化

↗ 应用场景

应收系统主要用于处理客户往来管理的业务,是供应链销售及分销管理资金结算的重要流程部分,同时也是财务资金管理的重要内容。

应收系统的初始化处理是进行应收业务处理的基础与前提条件,是对上线应收系统前的业务数据的整理过程。应收系统的初始化处理包括启用期间设置、对账科目设置、初始数据引入、结束初始化与总账联用。

以环球日化集团本部为例,信息管理员康路达(kld+学号)结束环球日化集团本部应收系统初始化,并与总账联用,应收系统启用期间是 20××年第 1 期。

↗ 实验步骤
- ❏ 启用期间设置
- ❏ 对账科目设置
- ❏ 初始数据引入
- ❏ 结束初始化并与总账联用

↗ 实验前准备
- ❏ 集团资料已全部录入
- ❏ 总账系统已启用

↗ 实验数据
环球日化集团本部应收系统初始化信息,如表 3-24 所示。

表 3-24 环球日化集团本部应收系统初始化信息

组织名称	客户	启用期间	科目	业务类型	物料	期初余额
环球日化集团本部+学号	广州天天日用贸易有限公司	20××年第 1 期	应收账款	销售发票	彩膜	100 000

↗ 操作指导

1. 启用期间设置

启用期间设置是应收系统初始化的操作前提。信息管理员康路达(kld+学号)登录金蝶 EAS 客户端,切换组织到"环球日化集团本部+学号"。依次单击【系统平台】—【系统工具】—【系统配置】—【系统状态控制】选项,进入系统状态控制

应收系统
初始化

界面,如图 3-69 所示。

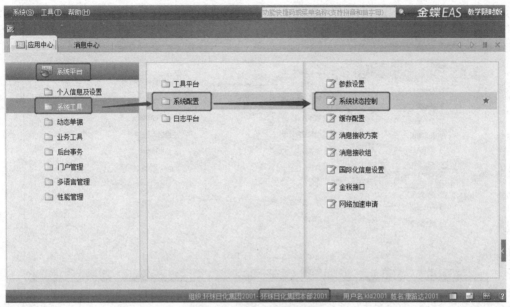

图 3-69 系统状态控制查询

单击"应收系统"启用期间栏右侧的放大镜图标,进入会计期间列表界面,选择会计期间为 20××年第 1 期,单击【确定】按钮,如图 3-70 所示。

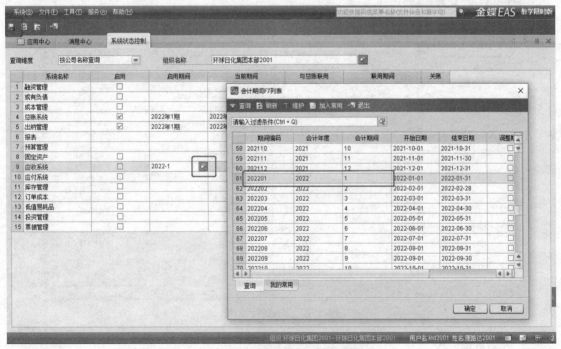

图 3-70 应收系统启用期间设置

2. 对账科目设置

设置在应收系统中需要与总账系统对账的科目。信息管理员康路达(kld+学号)登录金蝶 EAS 客户端,切换组织到"环球日化集团本部+学号"。依次单击【财务会计】—【应收管理】—【初始化】—【对账科目设置】选项，进入对账科目设置界面，如图 3-71 所示。

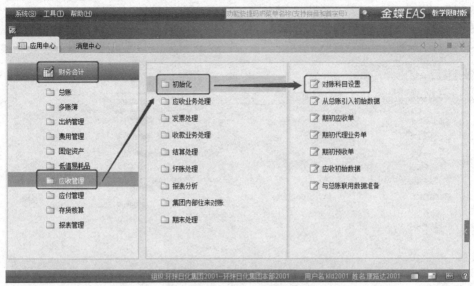

图 3-71　对账科目设置查询

单击工具栏中的【新增】按钮，新增对账科目。在会计科目界面，选择科目编码为"1122"的"应收账款"科目，其他参数为默认，单击【保存】按钮，如图 3-72 所示。

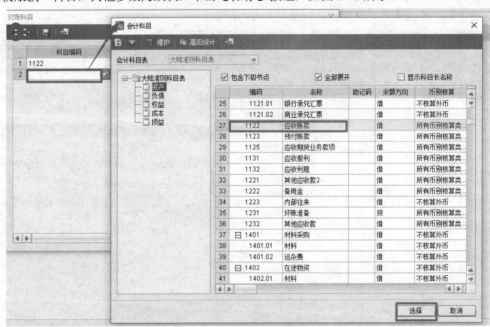

图 3-72　对账科目新增

3. 初始数据引入

系统将总账系统的辅助账余额或科目余额引入到应收系统的对账科目余额表。信息管理员康路达(kld+学号)登录金蝶 EAS 客户端，切换组织到"环球日化集团本部+学号"。依次单击【财务会计】—【应收管理】—【初始化】—【从总账引入初始数据】选项，进入从总账引入初始数据界面，如图 3-73 所示。

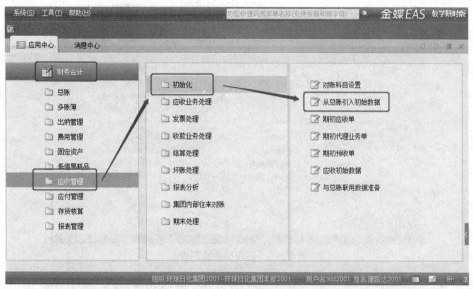

图 3-73　从总账引入初始数据查询

根据表 3-24 中的实验数据录入环球日化集团本部应收系统初始化信息,科目为"应收账款",单据类型为"销售发票",物料为"彩膜+学号",录入完成后单击【下一步】按钮,如图 3-74 所示。

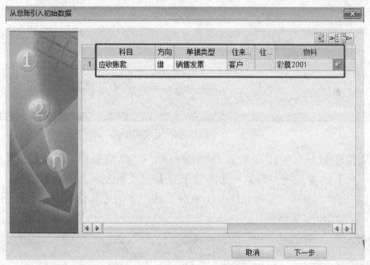

图 3-74　从总账引入初始数据

4. 结束初始化并联用总账

结束初始化是对启用期间、初始余额数据的确认。信息管理员康路达(kld+学号)登录金蝶 EAS 客户端,切换组织到"环球日化集团本部+学号"。依次单击【财务会计】—【应收管理】—【初始化】—【应收初始数据】选项,进入应收初始数据界面,如图 3-75 所示。单击工具栏中的【结束初始化】按钮,结束应收系统初始化,如图 3-76 所示。

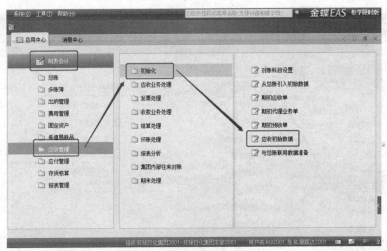

图 3-75 应收初始数据查询

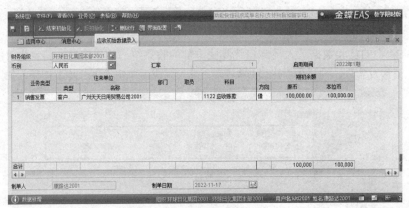

图 3-76 应收系统结束初始化

信息管理员康路达(kld+学号)登录金蝶 EAS 客户端，切换组织到"环球日化集团本部+学号"。依次单击【系统平台】—【系统工具】—【系统配置】—【系统状态控制】按钮，进入系统状态控制界面，如图 3-77 所示。选择"应收系统"，单击工具栏中的【与总账联用】按钮，完成应收系统与总账系统的联用，如图 3-78 所示。

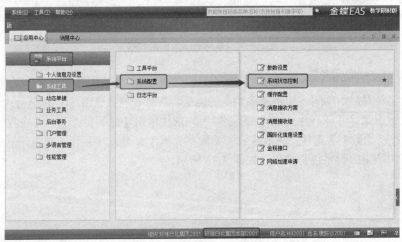

图 3-77 系统状态控制查询

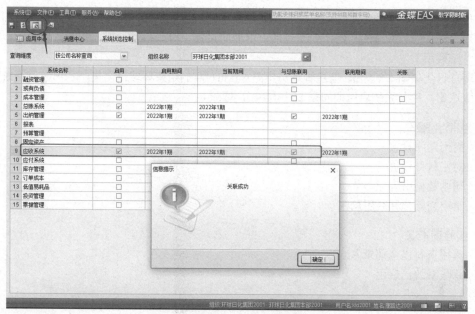

图 3-78 应收系统与总账系统联用

↗ 拓展任务

根据表 3-25 和表 3-26 中的数据，信息管理员康路达(kld+学号) 完成环球日化深圳销售有限公司、环球洗涤用品深圳有限公司应收系统初始化，并与总账联用。应收系统启用期间均为 20××年第 1 期。

表 3-25　环球日化深圳销售有限公司应收系统初始化信息

组织名称	客户	启用期间	科目	业务类型	物料	期初余额
环球日化深圳销售有限公司+学号	深圳盼盼洗涤用品贸易公司	20××年第 1 期	应收账款	销售发票	电波拉皮除皱仪	50 000.00
环球日化深圳销售有限公司+学号	深圳日日用品贸易公司	20××年第 1 期	应收账款	销售发票	电波拉皮除皱仪	100 000.00

表 3-26　环球洗涤用品深圳有限公司应收系统初始化信息

组织名称	客户	启用期间	科目	业务类型	物料	期初余额
环球洗涤用品深圳有限公司+学号	成都贝贝商贸有限公司	20××年第 1 期	应收账款	销售发票	去屑洗发水	100 000.00

案例四　应付系统初始化

↗ 应用场景

应付系统主要用于处理供应商往来管理的业务，是供应链采购及供应管理资金结算的重要流程部分，同时也是财务资金管理的重要内容。

应付系统的初始化处理是进行应付业务处理的基础与前提条件，是对上线应付系统前的业务数据的整理过程。应付系统的初始化处理包括启用期间设置、对账科目设置、初始数据引入，结束初始化与总账联用。

以环球日化集团本部为例,信息管理员康路达(kld+学号)结束环球日化集团本部应付系统初始化并与总账联用，应付系统启用期间是 20××年第 1 期。

↗ 实验步骤

- ❑ 启用期间设置
- ❑ 对账科目设置
- ❑ 初始数据引入
- ❑ 结束初始化并联用总账

↗ 实验前准备

- ❑ 集团资料已全部录入
- ❑ 总账系统已启用

↗ 实验数据

环球日化集团本部应付系统初始化信息，如表 3-27 所示。

表 3-27　环球日化集团本部应付系统初始化信息

组织名称	供应商	启用期间	科目	业务类型	物料	期初余额
环球日化集团本部+姓名	深圳市元动化工有限公司	20××年第 1 期	应付账款	采购发票	矿油	60 000
	深圳中富包装容器有限公司					40 000

↗ 操作指导

1. 启用期间设置

启用期间设置是应付系统初始化的操作前提。信息管理员康路达(kld+学号)登录金蝶 EAS 客户端，切换组织到"环球日化集团本部+学号"。依次单击【系统平台】—【系统工具】—【系统配置】—【系统状态控制】选项，进入系统状态控制界面，如图 3-79 所示。

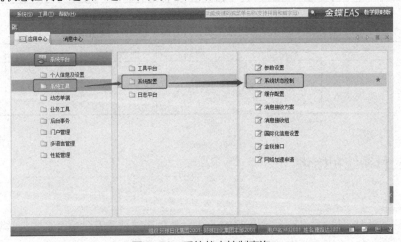

图 3-79　系统状态控制查询

单击应付系统启用期间栏右侧的放大镜图标，进入会计期间列表界面，选择会计期间为 20××年第 1 期，单击【确定】按钮，如图 3-80 所示。

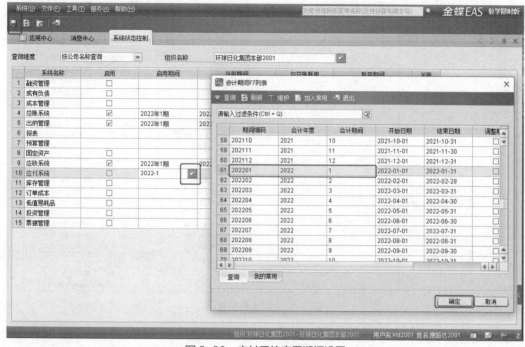

图 3-80 应付系统启用期间设置

2. 对账科目设置

设置在应付系统中需要与总账系统对账的科目。信息管理员康路达(kld+学号)登录金蝶 EAS 客户端，切换组织到"环球日化集团本部+学号"。依次单击【财务会计】—【应付管理】—【初始化】—【对账科目设置】选项，进入对账科目设置界面，如图 3-81 所示。

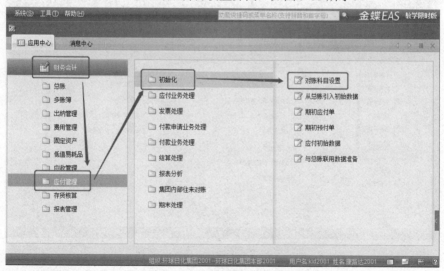

图 3-81 对账科目设置查询

单击工具栏中的【新增】按钮，新增对账科目。在会计科目界面，选择科目编码为"2202"的"应付账款"科目，其他参数为默认，单击【保存】按钮，如图 3-82 所示。

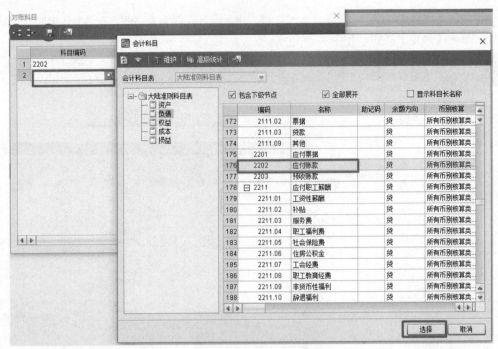

图 3-82　对账科目新增

3. 初始数据引入

系统将总账系统的辅助账余额或科目余额引入到应付系统的对账科目余额表。信息管理员康路达(kld+学号)登录金蝶 EAS 客户端，切换组织到"环球日化集团本部+学号"。依次单击【财务会计】—【应付管理】—【初始化】—【从总账引入初始数据】选项，进入从总账引入初始数据界面，如图 3-83 所示。

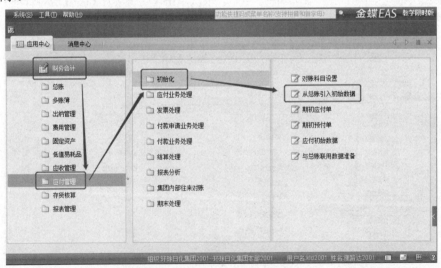

图 3-83　从总账引入初始数据查询

根据表 3-27 中的实验数据录入环球日化集团本部应付系统初始化信息，科目为"应付账款"，单据类型为"采购发票"，物料为"矿油"，录入完成后单击【下一步】按钮，如图 3-84 所示。

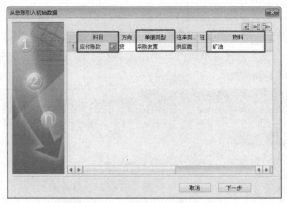

图 3-84 从总账引入初始数据

4. 结束初始化并联用总账

结束初始化是对启用期间、初始余额数据的确认。信息管理员康路达(kld+学号)登录金蝶 EAS 客户端，切换组织到"环球日化集团本部+学号"。依次单击【财务会计】一【应付管理】一【初始化】一【应付初始数据】选项，进入应付初始数据界面，如图 3-85 所示。单击工具栏中的【结束初始化】按钮，结束应付系统初始化，如图 3-86 所示。

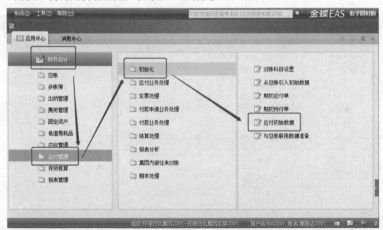

图 3-85 应付初始数据查询

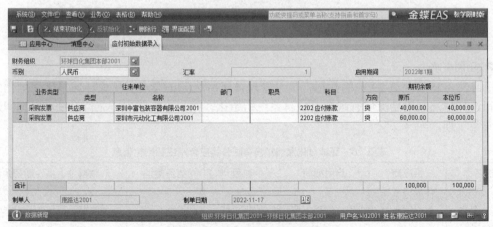

图 3-86 应付系统结束初始化

信息管理员康路达(kld+学号)登录金蝶 EAS 客户端，切换组织到"环球日化集团本部+学号"。依次单击【系统平台】—【系统工具】—【系统配置】—【系统状态控制】选项，进入系统状态控制界面，如图 3-87 所示。选择"应付系统"，单击工具栏中的【与总账联用】按钮，完成应付系统与总账系统的联用，如图 3-88 所示。

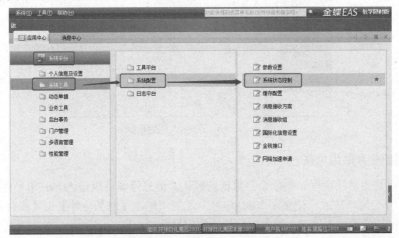

图 3-87　系统状态控制查询

图 3-88　应付系统与总账系统联用

↗ 拓展任务

根据表 3-28 和表 3-29 中的数据，信息管理员康路达(kld+学号) 完成环球日化深圳销售有限公司、环球洗涤用品深圳有限公司应付系统初始化，并与总账联用。应付系统启用期间均为20××年第 1 期。

表 3-28　环球日化深圳销售有限公司应付系统初始化信息

组织名称	供应商	启用期间	科目	业务类型	物料	期初余额
环球日化深圳销售有限公司+学号	深圳中富包装容器有限公司	20××年第 1 期	应付账款	采购发票	超滤膜	200 000

表 3-29　环球洗涤用品深圳有限公司应付系统初始化信息

组织名称	供应商	启用期间	科目	业务类型	物料	期初余额
环球洗涤用品深圳有限公司+学号	广州塑料包装材料有限公司	20××年第 1 期	应付账款	采购发票	220ml 屑根净深度滋养洗发水	40 000
	深圳市元动化工有限公司	20××年第 1 期				80 000

案例五　固定资产初始化

↗ 应用场景

固定资产是企业资产的重要组成部分，它为企业生产经营活动提供必要的物质条件。企业越来越重视加强固定资产的管理与核算，不断建立、健全固定资产管理制度，明确管理责任，保证其安全、完整及促使其合理有效地利用。

固定资产系统以管理企业固定资产的财务核算活动为主，业务管理活动为辅，是一个全面的固定资产管理系统。

环球日化集团本部于 20××年 1 月开始使用固定资产系统，由信息管理员康路达(kld+学号)完成环球日化集团本部固定资产初始化并与总账联用。

↗ 实验步骤

❑ 维护固定资产基础资料
❑ 设置固定资产启用期间
❑ 引入固定资产基础资料
❑ 录入初始化卡片并结束初始化
❑ 设置期末对账方案
❑ 与总账联用

↗ 实验前准备

❑ 集团资料已全部录入
❑ 总账系统已启用

↗ 实验数据

环球日化集团地址簿信息，如表 3-30 所示。

表 3-30　环球日化集团地址簿信息

地址编码	学号.01
国家	中国
地址详址	高新南十二路
省份城市	广东深圳

环球日化集团本部对账方案信息，如表 3-31 所示。

表 3-31　环球日化集团本部对账方案信息

方案名	默认方案+学号	对账期间	20××年 1 期
科目列表			
固定资产原值科目		1601 固定资产	
累计折旧科目		1602 累计折旧	
减值准备科目		1603 固定资产减值准备	

环球日化集团本部固定资产卡片初始化信息，如表 3-32 所示。

表 3-32　环球日化集团本部固定资产卡片初始化信息

资产类别	房屋及建筑物		资产名称	本部大楼	
基本信息					
公司			环球日化集团本部+学号		
资产数量	1	计量单位	栋	实物入账日期	启用年份 20××年的 21 年前的 1 月 1 日
来源方式	购入	使用状态	使用中	财务入账日期	启用年份 20××年的 21 年前的 1 月 1 日
存放地点	中国广东深圳 高新南十二路	经济用途	生产经营用	管理部门	环球日化集团本部+学号
原值与折旧					
币别	人民币		原币金额	24 000 000.00	
交付日期	启用年份 20××年的 21 年前的 1 月 1 日	开始使用日期	启用年份 20××年的 21 年前的 1 月 1 日	已折旧期间数	251
预计使用年限	70		预计使用期间数	840	
累计折旧	12 317 142.86	预计净残值	2 400 000.00	净残值率	10%
折旧方法	平均年限法(基于原值)		全寿命累计折旧	12 317 142.86	
核算信息					
固定资产科目		1601.01 固定资产_房屋及建筑物			
累计折旧科目		1602.01 累计折旧_房屋及建筑物			
减值准备科目		1603.01 固定资产减值准备_房屋及建筑物			
折旧费用分摊					
折旧费用分摊科目	6602.04 管理费用_管理费用_折旧费		分摊比例	100%	
使用部门					
环球日化集团本部+学号					

↗ **操作指导**

1. 维护固定资产基础资料

固定资产基础资料是固定资产系统发生业务的前提，基础资料不可跨级引用。信息管理员康路达(kld+学号)登录金蝶 EAS 客户端，切换组织到"环球日化集团+学号"。维护固定资产基础资料固定资产类别，依次单击【财务会计】—【固定资产】—【基础设置】—【固定资产类别】选项，进入固定资产类别界面，如图 3-89 所示。

注：维护固定资产基础资料"固定资产类别""使用状态""变动方式""经济用途"，须先在环球日化集团维护，才能在环球日化集团本部、环球日化深圳销售有限公司、环球洗涤用品深圳有限公司维护。固定资产基础资料不可跨级引用。

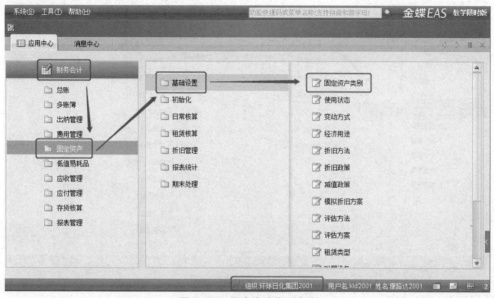

图 3-89　固定资产类别查询

单击工具栏中的【引入】按钮，引入进入固定资产类别界面，单击工具栏中的【全选】按钮后，单击【引入】按钮，如图 3-90 所示。

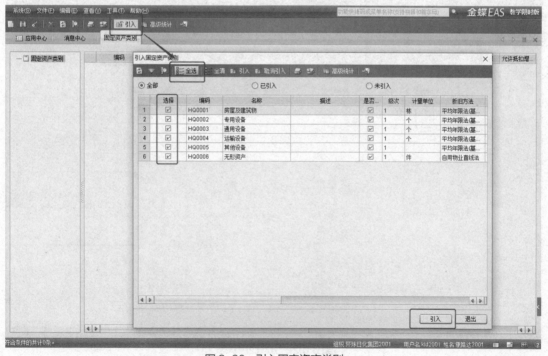

图 3-90　引入固定资产类别

维护固定资产基础资料使用状态，依次单击【财务会计】—【固定资产】—【基础设置】—【使用状态】选项，进入使用状态界面，如图 3-91 所示。

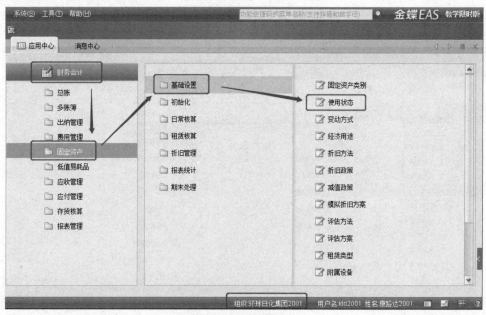

图 3-91 使用状态查询

单击工具栏中的【引入】按钮，进入引入使用状态界面，单击工具栏中的【全选】后，单击【引入】按钮，如图 3-92 所示。

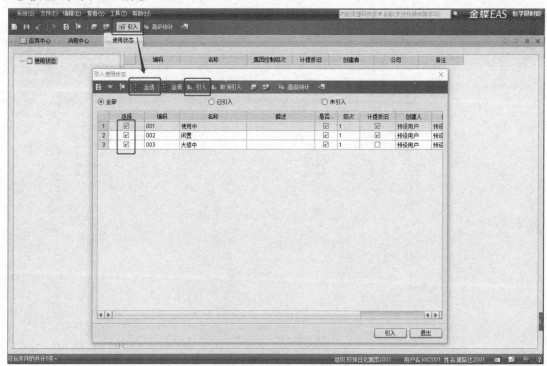

图 3-92 引入使用状态

维护固定资产基础资料变动方式，依次单击【财务会计】—【固定资产】—【基础设置】—【变动方式】选项，进入变动方式界面，如图 3-93 所示。

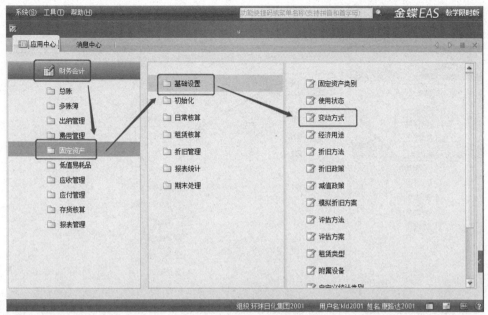

图 3-93 变动方式查询

单击工具栏中的【引入】按钮，进入引入变动方式界面，单击工具栏中的【全选】按钮后，单击【引入】按钮，如图 3-94 所示。

图 3-94 引入变动方式

维护固定资产基础资料经济用途，依次单击【财务会计】—【固定资产】—【基础设置】—【经济用途】选项，进入经济用途界面，如图 3-95 所示。

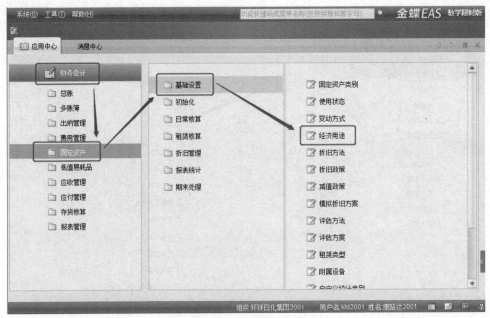

图 3-95　经济用途查询

单击工具栏中的【引入】按钮，进入引入经济用途界面，单击工具栏中的【全选】按钮后，单击【引入】按钮，如图 3-96 所示。

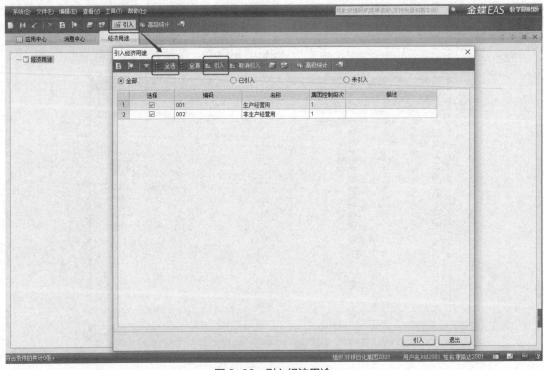

图 3-96　引入经济用途

维护固定资产基础资料地址簿，依次单击【企业建模】—【辅助数据】—【公共数据】—【地址簿】选项，进入地址簿界面，如图 3-97 所示。

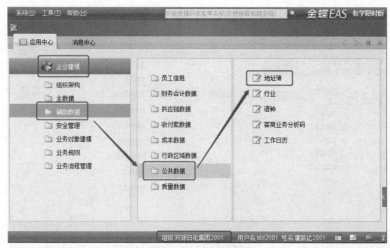

图 3-97　地址簿查询

在左侧栏选择地址类别为"国内"，单击工具栏中的【新增】按钮，进入地址簿-新增界面。根据表 3-30 中的实验数据录入环球日化集团地址簿信息。地址编码为"学号.01"，国家为"中国"，省份为"广东"，城市为"深圳"，地址详址为"高新南十二路"，录入完成后单击工具栏中的【保存】按钮，如图 3-98 所示。

切换组织到"环球日化集团本部+学号"，再次操作本案例前序步骤。将基础资料引入到"环球日化集团本部+学号"。

注：维护固定资产基础资料地址簿，只需在"环球日化集团+学号"组织下进行。

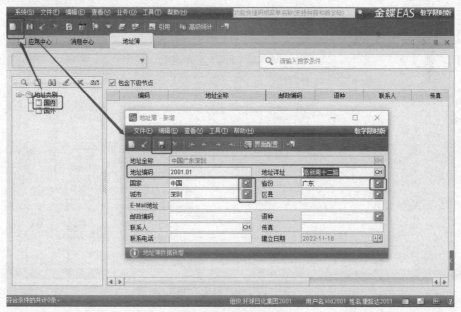

图 3-98　地址簿新增

2. 设置固定资产启用期间

启用期间设置是固定资产系统初始化的操作前提。信息管理员康路达(kld+学号)登录金蝶 EAS 客户端，切换组织到"环球日化集团本部+学号"。依次单击【系统平台】—【系统工具】—【系统配置】—【系统状态控制】选项，进入系统状态控制界面，如图 3-99 所示。

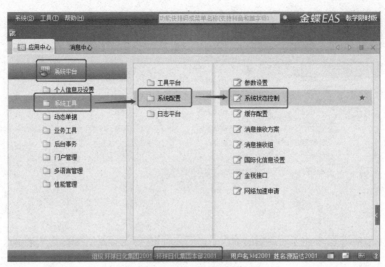

图 3-99　系统状态控制查询

单击固定资产启用期间栏右侧的放大镜图标，进入会计期间列表界面，选择会计期间为 20××年
第 1 期，单击【确定】按钮，如图 3-100 所示。

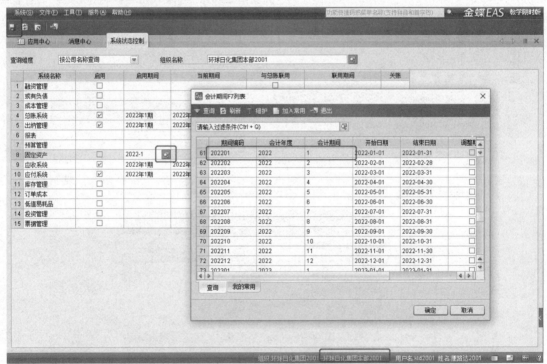

图 3-100　固定资产系统启用期间设置

3. 引入固定资产基础资料

"环球日化集团+姓名"的固定资产基础资料只有引入到组织后才能被组织使用。

信息管理员康路达(kld+学号)登录金蝶 EAS 客户端，切换组织到"环球日化集团本部+学号"。
再次操作本案例前序步骤，如图 3-101 所示，依次将固定资产类别、使用状态、变动方式、经济用
途从"环球日化集团+学号"引入到"环球日化集团本部+学号"。

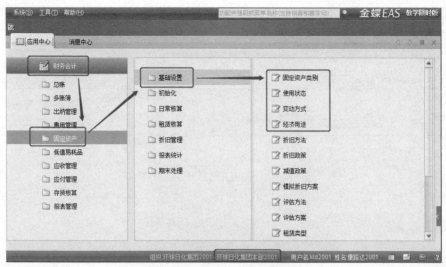

图 3-101　固定资产基础设置查询

4. 录入初始化卡片并结束初始化

固定资产卡片初始化是指固定资产期初数据的录入。信息管理员康路达(kld+学号)登录金蝶 EAS 客户端，切换组织到"环球日化集团本部+学号"。依次单击【财务会计】—【固定资产】—【初始化】—【固定资产卡片初始化】选项，进入固定资产卡片初始化界面，如图 3-102 所示。

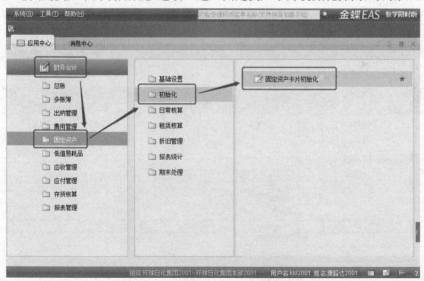

图 3-102　固定资产卡片初始化查询

单击工具栏中的【新增】按钮，新增固定资产卡片，根据表 3-32 中的实验数据录入环球日化集团本部固定资产卡片初始化信息。选择【基本信息】页签，资产数量为"1"，计量单位为"栋"，来源方式为"购入"，使用状态为"使用中"，存放地点为"中国广东深圳高新南十二路"，经济用途为"生产经营用"，实物入账日期为启用年份 20××年的 21 年前的 1 月 1 日，财务入账日期为启用年份 20××年的 21 年前的 1 月 1 日，管理部门为"环球日化集团本部+学号"，录入完成后单击工具栏中的【保存】按钮。本教材以启用期间 2022 年第 1 期为例，实物入账日期为 2022 年的 21 年前的 1 月 1 日，即 2001 年 1 月 1 日，财务入账日期为 2001 年 1 月 1 日，如图 3-103 所示。

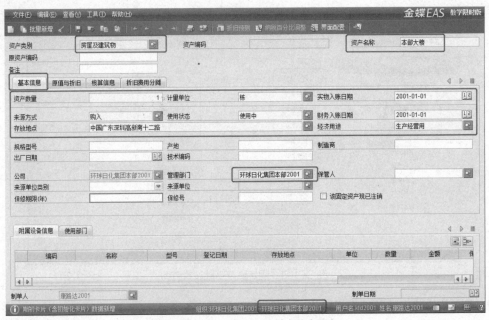

图 3-103　固定资产卡片基本信息录入

选择【原值与折旧】页签,根据表 3-32 中的实验数据录入环球日化集团本部固定资产卡片初始化信息。币别为"人民币",原币金额为 24 000 000,交付日期为启用年份 20××年的 21 年前的 1 月 1 日,开始使用日期为启用年份 20××年的 21 年前的 1 月 1 日,已折旧期间数为"251",累计折旧为 12 317 142.86,折旧方法为"平均年限法(基于原值)",录入完成后单击工具栏中的【保存】按钮。本教材以启用期间 2022 年第 1 期为例,交付日期为 2001 年 1 月 1 日,开始使用日期为 2001 年 1 月 1 日,如图 3-104 所示。

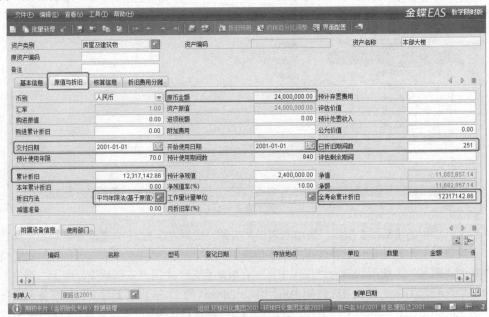

图 3-104　固定资产卡片原值与折旧录入

选择【核算信息】页签,根据表 3-32 中的实验数据录入环球日化集团本部固定资产卡片初始化信息。固定资产科目为"固定资产_房屋及建筑物",累计折旧科目为"累计折旧_房屋及建筑物",减值准备科目为"固定资产减值准备_房屋及建筑物"。选择【使用部门】页签,使用部门为"环球日化集团本部+学号",录入完成后单击工具栏中的【保存】按钮,如图 3-105 所示。

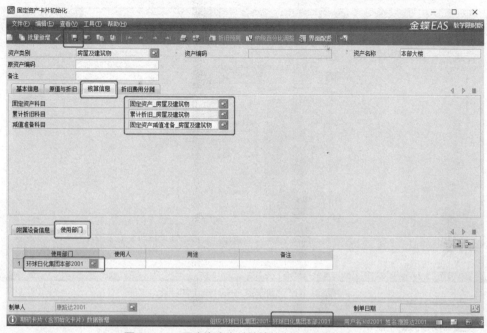

图 3-105 固定资产卡片核算信息及使用部门录入

选择【折旧费用分摊】页签,根据表 3-32 中的实验数据录入环球日化集团本部固定资产卡片初始化信息。折旧费用分摊科目为"管理费用_管理费用_折旧费",分摊比例为 100%,录入完成后依次单击工具栏中的【保存】按钮及【提交】按钮,如图 3-106 所示。

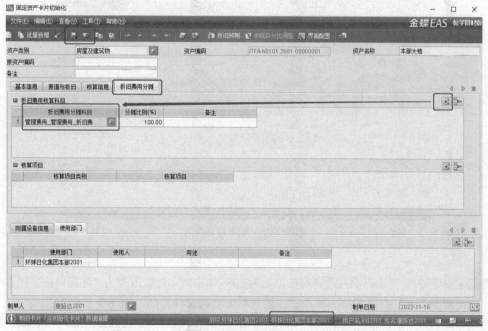

图 3-106 固定资产卡片折旧费用分摊录入及保存提交

在固定资产卡片初始化界面,单击工具栏中的【结束初始化】按钮。在固定资产结束初始化/反初始化界面,请选择动作栏勾选"结束初始化",然后单击【开始】按钮,结束初始化,如图 3-107所示。

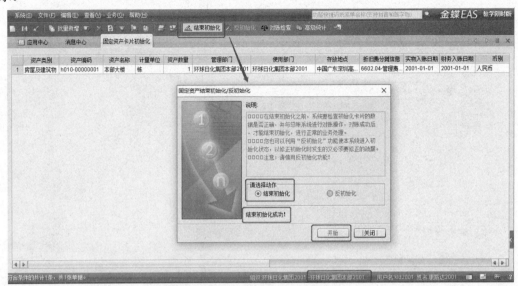

图 3-107 固定资产卡片结束初始化

5. 设置期末对账方案

固定资产对账就是将固定资产系统的业务数据(固定资产原值、累计折旧、减值准备)与总账系统的财务数据(对应科目余额)进行核对,以保证双方数据的一致性,保证账账相符。依次单击【财务会计】—【固定资产】—【期末处理】—【期末对账】选项,进入期末对账界面,如图 3-108 所示。

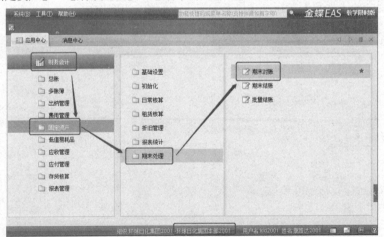

图 3-108 期末对账查询

在期末对账-条件查询界面,选择对账期间为 20××年 1 期,对账范围为"环球日化集团本部+学号",单击对账方案栏右侧的放大镜图标,进入对账方案设置界面,如图 3-109 所示。

根据表 3-31 中的实验数据录入环球日化集团本部对账方案信息。选择【固定资产原值科目】页签,单击工具栏中的【新增】按钮,科目列表为"1601 固定资产",如图 3-110 所示。

图 3-109　对账方案设置查询

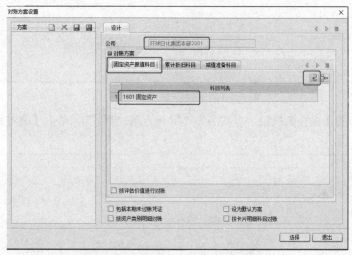

图 3-110　固定资产原值科目信息录入

选择【累计折旧科目】页签，单击工具栏中的【新增】按钮，科目列表为"1602 累计折旧"，如图 3-111 所示。

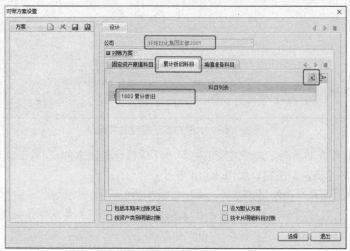

图 3-111　累计折旧科目信息录入

选择【减值准备科目】页签，单击工具栏中的【新增】按钮，科目列表为"1603固定资产减值准备"，勾选"设为默认方案"复选框，如图3-112所示。

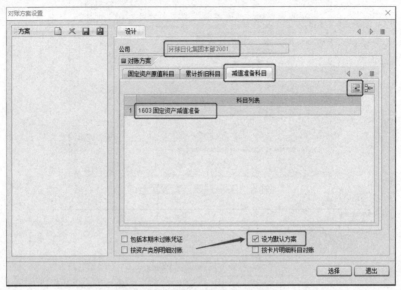

图3-112　减值准备科目信息录入

单击工具栏中的【保存】按钮，方案名为"默认方案+学号"，单击【确定】按钮，完成方案新增，如图3-113所示。

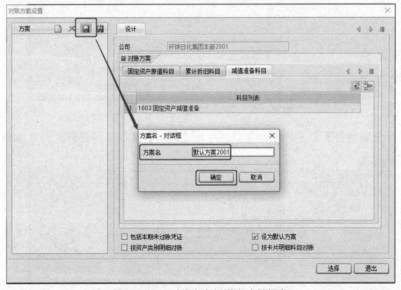

图3-113　对账方案新增完成并保存

在期末对账-条件查询界面，选择对账范围为"环球日化集团本部+学号"，对账方案为"默认方案+学号"，单击【确定】按钮，如图3-114所示。

在期末对账界面查看对账结果，差异为0，如图3-115所示。

注：对账不平原因有两个，一是总账系统未录入初始数据；二是总账系统未结束初始化。

图 3-114　环球日化集团本部期末对账设置

图 3-115　期末对账结果查询

6. 与总账联用

固定资产与总账系统联用的目的是加强管控，方便期末进行账账核对，保证账账相符。信息管理员康路达(kld+学号)登录金蝶 EAS 客户端，切换组织到"环球日化集团本部+学号"。依次单击【系统平台】—【系统工具】—【系统配置】—【系统状态控制】选项，进入系统状态控制界面，如图 3-116 所示。选择"固定资产"，单击工具栏中的【与总账联用】按钮，完成固定资产系统与总账系统的联用，如图 3-117 所示。

图 3-116　系统状态控制查询

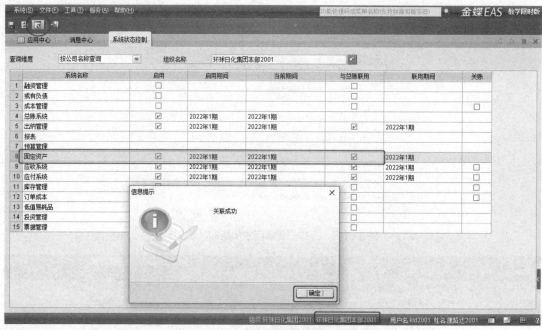

图 3-117　固定资产系统与总账系统联用

↗ 拓展任务

根据表 3-33~表 3-36 中的数据，信息管理员康路达(kld+学号)完成环球日化深圳销售有限公司、环球洗涤用品深圳有限公司固定资产启用期间设置、基础资料引入、系统初始化、对账方案设置及与总账联用。固定资产系统启用期间均为 20××年第 1 期。

表 3-33　环球日化深圳销售有限公司对账方案信息

方案名	默认方案+学号	对账期间	20××年 1 期
科目列表			
固定资产原值科目		1601 固定资产	
累计折旧科目		1602 累计折旧	
减值准备科目		1603 固定资产减值准备	

表 3-34　环球日化深圳销售有限公司固定资产卡片初始化信息

资产类别	通用设备		资产名称	笔记本电脑	
基本信息					
公司			环球日化深圳销售有限公司+学号		
资产数量	100	计量单位	台	实物入账日期	启用年份 20××年的三年前 1 月 3 日
来源方式	购入	使用状态	使用中	财务入账日期	启用年份 20××年的三年前 1 月 3 日
存放地点	中国广东深圳高新南十二路	经济用途	生产经营用	管理部门	环球日化深圳销售有限公司+学号
原值与折旧					
币别	人民币		原币金额	600 000.00	
交付日期	启用年份 20××年的三年前 1 月 3 日	开始使用日期	启用年份 20××年的三年前 1 月 3 日	已折旧期间数	35

（续表）

预计使用年限	10		预计使用期间数	120		
累计折旧	166 250.00	预计净残值	30 000.00		净残值率	5%
折旧方法	平均年限法(基于净值)		全寿命累计折旧	166 250.00		
核算信息						
	固定资产科目		1601.03 固定资产_通用设备			
	累计折旧科目		1602.03 累计折旧_通用设备			
	减值准备科目		1603.03 固定资产减值准备_通用设备			
折旧费用分摊						
折旧费用分摊科目	6602.04 管理费用_管理费用_折旧费		分摊比例	100%		
使用部门						
环球日化深圳销售有限公司-营销中心						

表 3-35　环球洗涤用品深圳有限公司对账方案信息

方案名	默认方案+学号	对账期间	20××年 1 期
科目列表			
固定资产原值科目		1601 固定资产	
累计折旧科目		1602 累计折旧	
减值准备科目		1603 固定资产减值准备	

表 3-36　环球洗涤用品深圳有限公司固定资产卡片初始化信息

资产类别	专用设备			资产名称	洗涤用品合成机	
基本信息						
	公司			环球洗涤用品深圳有限公司+学号		
资产数量	3	计量单位	台	实物入账日期	20××年的两年前的 1 月 1 日	
来源方式	购入	使用状态	使用中	财务入账日期	20××年的2 年前的 1 月 1 日	
存放地点	中国广东深圳高新南十二路	经济用途	生产经营用	管理部门	环球洗涤用品深圳有限公司+学号	
原值与折旧						
币别	人民币		原币金额	480 000.00		
交付日期	20××年的2 年前 1 月 1 日	开始使用日期	20××年的2 年前 1 月 1 日	已折旧期间数	23	
预计使用年限	5		预计使用期间数	60		
累计折旧	173 800.00	预计净残值	24 000.00	净残值率	5%	
折旧方法	平均年限法(基于净值)		全寿命累计折旧	173 800.00		
核算信息						
	固定资产科目		1601.02 固定资产_专用设备			
	累计折旧科目		1602.02 累计折旧_专用设备			
	减值准备科目		1603.02 固定资产减值准备_专用设备			
折旧费用分摊						
折旧费用分摊科目	5101.05 制造费用_折旧费		折旧费用核算项目	成本中心/生产部+学号		
使用部门						
环球洗涤用品深圳有限公司-生产部						

案例六 费用管理设置

↗ 应用场景

费用管理没有初始化概念,无须结束初始化。

员工提交费用报销前必须维护个人收款信息,本案例以环球日化深圳销售有限公司销售人员贺小明(hxm+学号)为例,维护贺小明护个人收款信息。

↗ 实验步骤

❑ 费用管理—收款信息维护

↗ 实验前准备

❑ 集团资料已全部录入

↗ 实验数据

收款人信息,如表 3-37 所示。

表 3-37 收款人信息

收款人	收款银行	收款账号	是否默认
贺小明+学号	招商银行梅溪湖支行	621483999999+学号	是

↗ 操作指导

费用报销后若涉及收款,需由报销人员自行维护收款信息。环球日化深圳销售有限公司销售人员贺小明(hxm+学号)登录金蝶 EAS 客户端。依次单击【财务会计】—【费用管理】—【基础设置】—【收款信息】选项,进入收款信息界面,如图 3-118 所示。

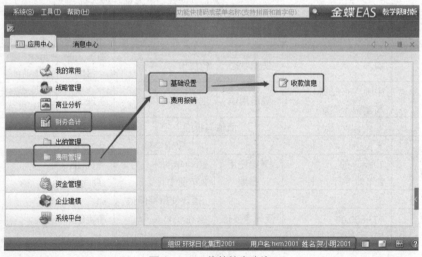

图 3-118 收款信息查询

单击工具栏中的【新增】按钮新增收款信息,根据表 3-37 中的实验数据录入收款人信息。收款人为"贺小明+学号",收款银行为"招商银行梅溪湖支行",收款账号为"621483999999+学号",勾选"默认账号",录入完成后单击工具栏中的【保存】按钮,如图 3-119 所示。

图 3-119 收款信息新增

3.3 建立财务共享

3.3.1 财务共享建设背景

1. 公司管理面临的困难及问题

2007—2018 年，环球日化集团业务规模高速增长，虽然经历了 2008 年的金融危机，但截至 2018 年底，其在中国的分公司达到 80 多家，并且有进一步增加的趋势。在公司高速成长的同时，其也暴露出不少问题。

第一，公司成本居高不下，经营质量和效率下降。公司外部，人工、材料、税赋及营销成本不断增长。各机构分散采购，无法发挥集团统采的议价能力和价格优势；公司的人工成本占比由 2006 年的 55%上涨到 2008 年的 64%。公司内部，新成立的机构都要重复设置一套包括财务在内的职能组织，资源配置不合理。

第二，分、子公司各自为政，集团管控难度增加。各家分、子公司的财务管理、人力管理、资源配置各自为政，没有统一的标准和规范进行协调。例如，每年年初集团总部与各分、子公司确认年度经营指标时，总要持续很久，争论的焦点就在于费用是否充足，是否足以支持业务指标的达成。同时，由于各机构费用标准不统一，给成本费用的准确预测带来较大难度。

第三，方法不统一、信息不对称，总部对下属机构的评价遭遇挑战。下属机构是否准确执行了总部战略和政策，下属机构的资源配置是否符合公司战略方向，是这种集团性公司在发展过程中经常遇到的问题。特别对于年度投资总结，总部往往要反复核对、确认机构提供的各种经营数据，才能最终准确确认各机构、各业务部门、各业务线的业绩情况。

2. 财务管理面临的困难及问题

在财务管理方面，公司也面临一些困难和问题。

第一，财务在现代企业经营中发挥越来越大的价值和作用，但公司分散式的财务运作模式导致财务对战略支撑不足。财务人员 70%以上的人力和时间用于日常基础业务处理，无法有效深入业务进行决策支持。

第二，财务人员无法形成专业化分工，效率不高；财务人员长期从事基础性工作，对财务价值的关注、影响和贡献很小，财务能力和价值没有得到有效发挥。

第三，财务管理和思维模式仍停留在传统职能方面，对先进经验和发展方向学习不足，已不能适应新的市场和企业环境。

第四，财务团队的管理遇到较大挑战。财务人员，特别是派驻外地责任单位的财务负责人在贯彻总部政策方面起到非常重要的作用，公司对这些财务人员的依赖和要求也较高。一旦出现状况，一方面影响公司业务的顺利开展，另一方面需要花费很大的时间和精力去进行人员的招聘和培养，时间短的一两个月，时间长的甚至半年。

3.3.2 财务共享服务中心财务规则搭建

从环球日化集团首席财务官的角度思考，集团需要制定哪些财务政策来管控对应的风险？

总账出纳管理要点：

❑ 如何保证业务及时处理，提高财务核算效率？

❑ 如何快速准确出具财务报表？

❑ 如何避免出纳人员挪用公款？

❑ 如何设置不相容职务相互分离岗位？

……

费用管理要点：

❑ 如何建立相应的费用流程，规范费用核算？

❑ 如何建立有效的费用预算管理体系，及时管控费用支出？

❑ 怎么划分岗位职责，进行有效监督？

❑ 怎么合法合规核算费用、披露费用？

……

应收管理要点：

❑ 如何加强货款的回收？

❑ 如何评估客户信用状况？

❑ 赊销方案是否合理？

❑ 赊销审批制度是否健全？

❑ 如何防范债务人无限期地拖欠货款？

……

应付管理要点：

❑ 如何建立、健全供货商信用档案？

❑ 如何建立、健全企业的应付账款具体支付制度？

❑ 如何建立、健全针对不能按期付款的应急制度？

❑ 如何建立、健全责任追究制度？

❑ 建立怎样的内部考核责任制来降低支付风险？

……

固定资产管理要点：

❑ 如何购置固定资产，提高资金利用效率？

❑ 如何登记固定资产，保障资产信息真实性？

❑ 如何更新改造固定资产，使资产安全使用？

❑ 如何评估管理固定资产，提升资产使用效率？

……

3.3.3 财务共享规划与设计

案例一 **建立财务共享服务中心**

↗ **应用场景**

环球日化集团在本部规划并建立财务共享服务中心，集团管理员(学号)在金蝶 EAS 客户端新建财务共享服务中心组织架构。

↗ **实验步骤**

❑ 新建财务共享服务中心组织单元

❑ 维护财务共享服务中心组织属性

↗ **实验前准备**

❑ 完成前序案例，禁用财务集中阶段已发布的流程

↗ **实验数据**

财务共享服务中心组织属性，如表 3-38 所示。

表 3-38　财务共享服务中心组织属性

编码：h0101.03.学号 名称：财务共享服务中心+学号	行政组织	上级行政组织：环球日化集团本部+学号 组织层次类型：部门
	成本中心	上级成本中心：环球日化集团本部+学号 记账委托财务组织：环球日化集团本部+学号

↗ **操作指导**

以环球日化集团管理员(学号)登录金蝶 EAS 客户端，搭建财务共享服务中心组织。双击 "金蝶 EAS 客户端"，切换语言至 "简体中文"，选择数据中心(由老师提供，实训平台练习任务可查看数据中心)，集团管理员用户名为学号，密码为空，单击【登录】按钮，进入金蝶 EAS 系统管理界面，如图 3-120 所示。本案例以学号为 2001 的学生为例进行操作。练习时请替换图片中的数据中心和学号。

建立财务
共享中心

在【应用中心】页签下，依次单击【企业建模】—【组织架构】—【组织单元】—【组织单元】选项，进入组织单元界面，如图 3-121 所示。

在左侧的树节点，选择组织 "环球日化集团本部+学号"，单击工具栏中的【新增】按钮，如图 3-122 所示。

注： 一定要先选中 "环球日化集团本部+学号"，再单击【新增】按钮，因为 "财务共享服务中心+学号" 是 "环球日化集团本部+学号" 的下级组织。

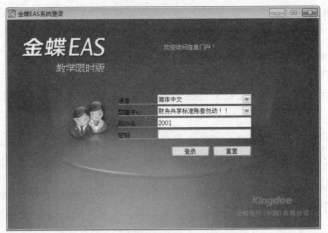

图 3-120　登录金蝶 EAS 客户端

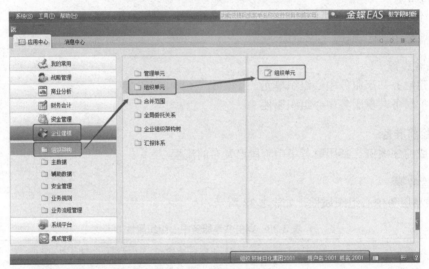

图 3-121　组织单元查询

图 3-122　组织单元新增

根据表 3-38 中的实验数据录入财务共享服务中心组织属性。组织编码为 "h0101.03.学号"，名称为 "财务共享服务中心+学号"；组织类型勾选 "行政组织" "成本中心"；选择【行政组织-基本信息】页签，上级行政组织为 "环球日化集团本部+学号"，组织层次类型为 "部门"，如图 3-123 所示；选择【成本中心】页签，上级成本中心为 "环球日化集团本部+学号"，勾选 "成本中心实体组织"，记账委托财务组织为 "环球日化集团本部+学号"，录入完成后单击工具栏中的【保存】按钮，如图 3-124 所示。

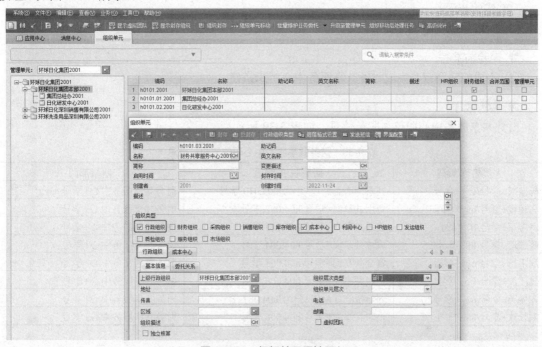

图 3-123 组织单元属性录入

图 3-124 组织单元新增完成并保存

案例二 新增职位、职员

↗ 应用场景

环球日化集团在本部规划并建立财务共享服务中心，集团管理员(学号)在金蝶 EAS 客户端新增职位、职员。

↗ 实验步骤

❑ 新增职位、职员

↗ 实验前准备

❑ 完成前序案例，完成财务共享服务中心组织搭建

↗ 实验数据

财务共享服务中心职位与职员信息，如表 3-39 所示。

表 3-39 财务共享服务中心职位与职员信息

人员名称/编码	所属职位/编码	所属部门
杨振兴+学号/yzx+学号	共享中心总经理+学号/h03.010.学号	财务共享服务中心+学号
马超俊+学号/mcj+学号	费用共享岗+学号/h04.002.学号	财务共享服务中心+学号
卢芳军+学号/lfj+学号	收入共享岗+学号/h04.003.学号	财务共享服务中心+学号
赖红玲+学号/lhl+学号	成本共享岗+学号/h04.004.学号	财务共享服务中心+学号
欧阳杨+学号/oyy+学号	资金共享岗+学号/h04.005.学号	财务共享服务中心+学号
樊江波+学号/fjb+学号	总账共享岗+学号/h04.006.学号	财务共享服务中心+学号
齐振英+学号/qzy+学号	固定资产共享岗+学号/h04.007.学号	财务共享服务中心+学号
刘长欢+学号/lch+学号	报表共享岗+学号/h04.008.学号	财务共享服务中心+学号

↗ 操作指导

管理员(学号)在组织财务共享服务中心下新增职位、职员。管理员(学号)登录金蝶 EAS 客户端，在【应用中心】页签下，依次单击【企业建模】—【组织架构】—【汇报体系】—【职位管理】选项，进入职位管理界面，如图 3-125 所示。

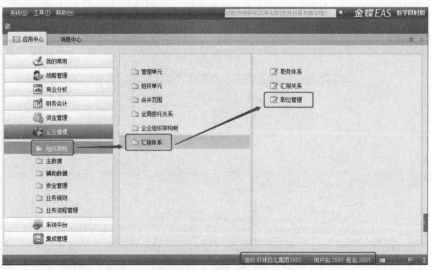

图 3-125 职位管理查询

以"共享中心总经理+学号"为例，选择行政组织为"财务共享服务中心+学号"，单击工具栏中的【新增】按钮，进入职位编辑界面，输入编码为"h03.010.学号"，名称为"共享中心总经理+学号"，行政组织为"财务共享服务中心+学号"，确认信息无误后单击工具栏中的【保存】按钮。本教材以学号为 2001 的学生为例，职位新增界面如图 3-126 所示。

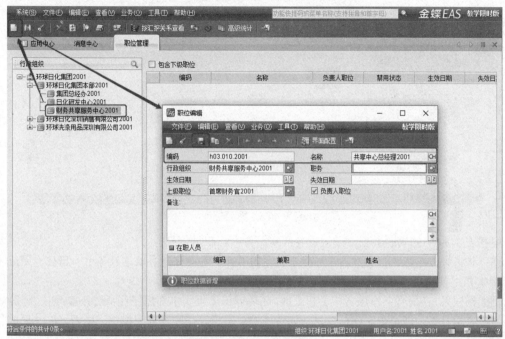

图 3-126　职位新增

根据表 3-39 中的实验数据，依次新增财务共享服务中心职位，全部新增完成后如图 3-127 所示。

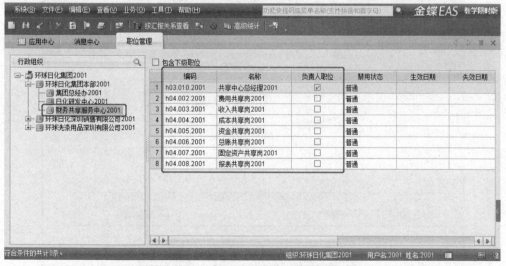

图 3-127　财务共享服务中心新增职位列表

财务共享服务中心职位新增完成后，新建对应职位的职员。依次单击【企业建模】—【辅助数据】—【员工信息】—【员工】选项，进入员工查询页面，如图 3-128 所示。

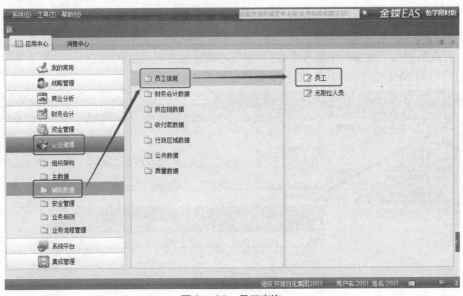

图 3-128　员工查询

根据表 3-39 中的实验数据，录入财务共享服务中心职员信息。

注：杨振兴、齐振英、樊江波是环球日化集团本部职员兼任财务共享服务中心岗位，因此不用再新增职员，直接在已存在的员工信息下进行职位新增即可。

例如杨振兴，在财务共享服务中心建立前，在环球日化集团本部担任首席财务官。通过搜索 yzx，双击"yzx+学号"，即可查看职员信息。如图 3-129 所示。在职位分配栏中，杨振兴的主要职位为首席财务官。

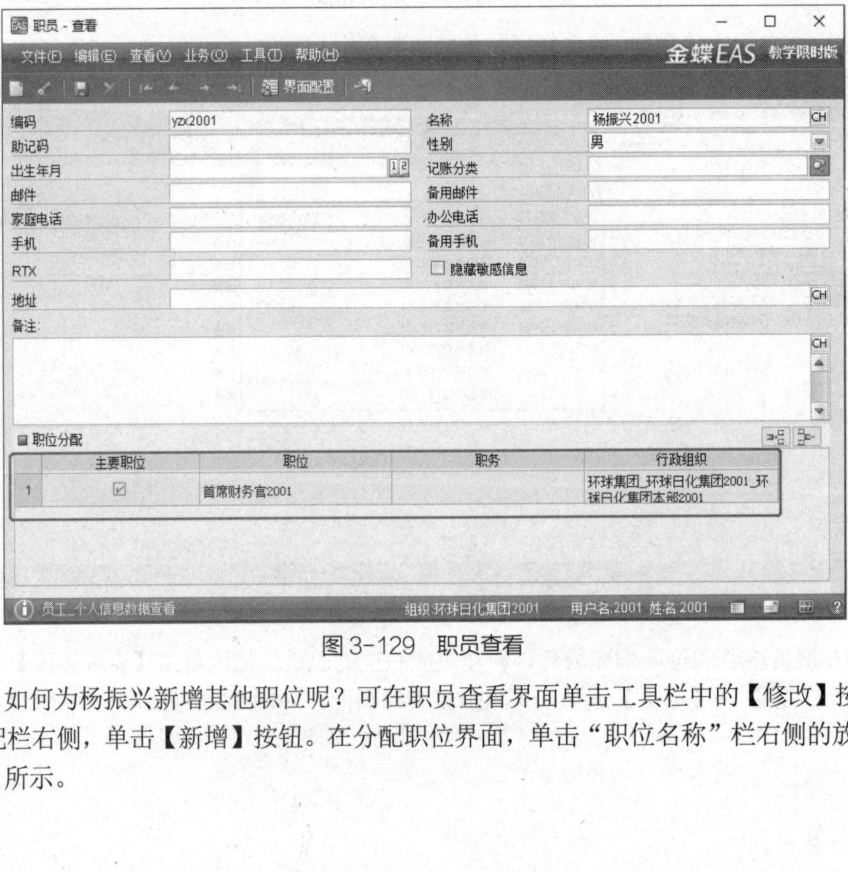

图 3-129　职员查看

那么，如何为杨振兴新增其他职位呢？可在职员查看界面单击工具栏中的【修改】按钮。然后，在职位分配栏右侧，单击【新增】按钮。在分配职位界面，单击"职位名称"栏右侧的放大镜图标，如图 3-130 所示。

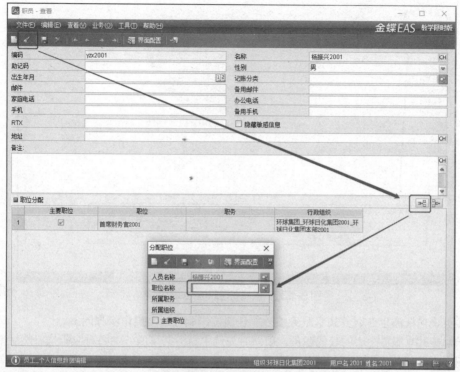

图 3-130 职员新增职位查询

然后，在职位界面依次选择【环球日化集团本部+学号】—【财务共享服务中心+学号】—【共享中心总经理+学号】选项，录入完成后单击【选择】按钮，如图 3-131 所示。

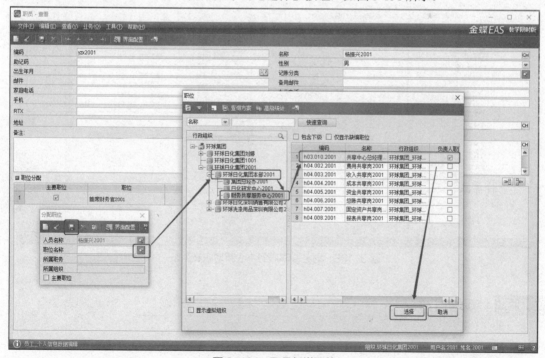

图 3-131 职员新增职位

在职员-查看界面单击工具栏中的【保存】按钮，即可完成职位分配，如图 3-132 所示。

图 3-132　职员新增职位完成并保存

　　齐振英、樊江波也在财务共享服务中心兼任岗位，职位新增操作步骤同上。

　　对于财务共享服务中心的其他职员，新增时先选中财务共享服务中心对应职位，然后单击【新增】按钮，完善职员信息即可。财务共享服务中心所有职员设置完成后，如图 3-133 所示。

图 3-133　财务共享服务中心新增职员列表

案例三　新增用户

⤴ 应用场景

　　环球日化集团在本部规划并建立财务共享服务中心，财务共享服务中心管理员(sscadmin)新增财务共享服务中心用户。

↗ **实验步骤**

❏ 新增共享用户

❏ 批量维护用户组织范围

❏ 批量分配角色

↗ **实验前准备**

❏ 完成前序案例，完成财务共享服务中心职位、职员搭建

↗ **实验数据**

共享用户与角色信息，如表 3-40 所示。

表 3-40　共享用户与角色信息

用户名称/编码	所属角色	业务组织范围
杨振兴+学号/yzx+学号	全功能角色+学号	
马超俊+学号/mcj+学号	费用共享岗	
卢芳军+学号/lfj+学号	收入共享岗	环球日化集团+学号
赖红玲+学号/lhl+学号	成本共享岗	环球日化集团本部+学号
欧阳杨+学号/oyy+学号	资金共享岗	环球日化深圳销售有限公司+学号
樊江波+学号/fjb+学号	总账共享岗	环球洗涤用品深圳有限公司+学号
齐振英+学号/qzy+学号	固定资产共享岗	
刘长欢+学号/lch+学号	报表共享岗	

↗ **操作指导**

1. 新增共享用户

财务共享服务中心职位、职员设置完成后，新增共享用户。管理员(学号)登录金蝶 EAS 客户端，在【应用中心】页签下，依次单击【企业建模】—【安全管理】—【权限管理】—【用户管理】选项，进入用户管理界面，如图 3-134 所示。

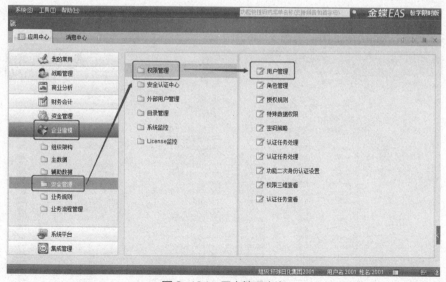

图 3-134　用户管理查询

新增共享用户时，在用户管理界面，单击工具栏中的【新增】按钮，维护用户信息后单击【保

存】按钮即可。以用户马超俊为例，单击【新增】按钮后，录入用户账号为"mcj+学号"，用户类型为"职员"，所属管理单元为"环球日化集团+学号"，用户实名选择"财务共享服务中心+学号"部门的"马超俊+学号"，其他信息为默认，确认无误后单击工具栏中的【保存】按钮，如图3-135所示。

图3-135　新增共享用户

注：杨振兴、齐振英、樊江波在建立集团之前已经有任岗记录，跳过新增用户环节。

2. 批量维护用户组织范围

新增共享用户的组织业务组织范围一致，所在部门均为"环球日化集团本部""环球日化深圳销售有限公司""环球洗涤用品深圳有限公司"，所属组织均为"环球日化集团"，因此可批量维护用户的组织范围。

依次单击工具栏中的【维护组织范围】—【组织范围批量增加】按钮，一次性维护所有新增财务共享服务中心用户的组织范围，如图3-136所示。

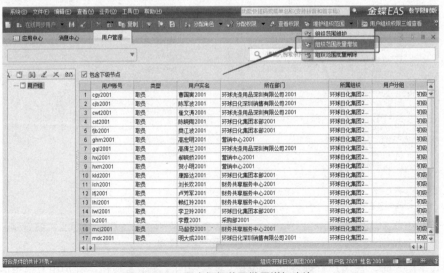

图3-136　用户组织范围批量增加查询

选择组织范围类型为"业务组织",单击【选择组织】按钮,加入"环球日化集团+学号"下的所有组织。再单击用户列表左侧的【新增】按钮,添加财务共享服务中心所有用户(可按住 Ctrl 键选择多个),单击工具栏中的【分配】按钮,如图 3-137 所示。

图 3-137　用户组织范围批量增加

3. 批量分配角色

本课程中已经在环球集团设置了所有共享角色和角色权限,无须再次新建和导入,直接分配用户角色即可。

以欧阳杨为例,选择"oyy+学号",单击工具栏中的【批量分配角色】按钮,如图 3-138 所示。

图 3-138　用户批量分配角色查询

单击【选择组织】按钮，加入"环球日化集团+学号"下的所有组织，再添加"资金共享岗"，单击工具栏中的【分配】按钮，如图 3-139 所示。

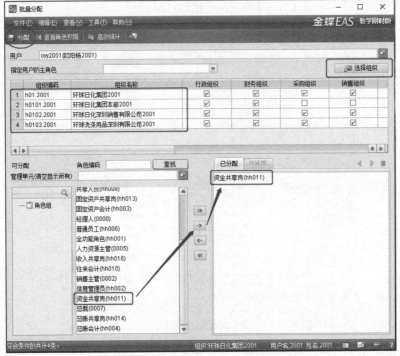

图 3-139 用户批量分配角色

根据表 3-39 中的实验数据给财务共享服务中心其他用户分配对应角色。

案例四 共享权限设置

↗ 应用场景
环球日化集团在本部规划并建立财务共享服务中心，财务共享服务中心管理员(sscadmin)新增共享角色，并设置共享权限。

↗ 实验步骤
- ❏ 新增共享角色并设置共享权限
- ❏ 维护共享角色组织范围
- ❏ 引入共享用户
- ❏ 分配共享角色

↗ 实验前准备
- ❏ 完成前序案例，在金蝶 EAS 客户端完成用户新增

↗ 实验数据
财务共享服务中心权限设置，如表 3-41 所示。

表 3-41 财务共享服务中心权限设置

角色编码	角色名称	角色类型	任务类型	分配组织	分配用户
01.学号	共享中心总经理+学号	业务管理员	出纳收款单审核 出纳付款单审核 费用报销 应付单 付款申请单 应收单 出差借款单 差旅报销 借款单	环球日化集团+学号 环球日化集团本部+学号 环球日化深圳销售有限公司+学号 环球洗涤用品深圳有限公司+学号	杨振兴+学号
02.学号	费用共享+学号	业务员	费用报销 出差借款单 差旅报销 借款单		马超俊+学号
03.学号	收入共享+学号	业务员	应收单		卢芳军+学号
04.学号	成本共享+学号	业务员	应付单		赖红玲+学号
05.学号	资金共享+学号	业务员	出纳付款单审核 出纳收款单审核 付款申请单		欧阳杨+学号

↗ **操作指导**

1. 新增共享角色并设置共享权限

财务共享服务中心通过角色类型来划分岗位职责，由共享管理员 sscadmin 登录金蝶 EAS 网页端设置。

打开 EAS 网页端网址(或单击教学辅助平台题目下方"进入 EAS")，选择与金蝶 EAS 客户端相同的数据中心(根据教学辅助平台题目下方提示)，用户名为"sscadmin"，密码为空，单击【登录】按钮，如图 3-140 所示。练习时请替换图片中的数据中心为题目要求的数据中心。

图 3-140 金蝶 EAS 网页端登录

依次单击【应用】—【财务共享】—【共享任务管理】—【共享任务后台管理】选项，进入共享任务后台管理界面，如图 3-141 所示。

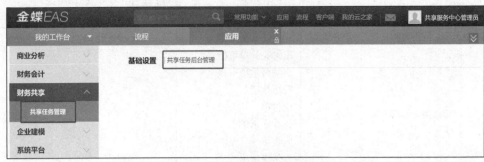

图 3-141　共享任务后台管理查询

依次单击【权限管理】—【角色管理】选项，进入角色管理界面，单击【新增】按钮，根据表 3-41 中的实验数据，新增共享角色，如图 3-142 所示。

图 3-142　共享角色新增

以共享中心总经理角色为例，单击【新增】按钮。设置编码为"01.学号"，名称为"共享中心总经理+学号"，角色类型为"业务管理员"，添加任务类型为"出纳付款单审核""出纳收款单审核""费用报销""应付单""付款申请单""应收单""出差借款单""差旅报销""借款单"录入完成后单击【保存并新增】按钮，如图 3-143 所示。

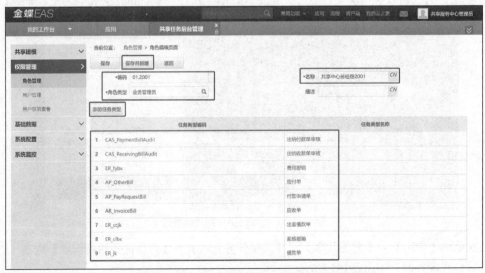

图 3-143　共享角色新增完成并设置共享权限

根据表 3-41 中的实验数据添加其他角色，并进行共享权限设置。添加完成后，在右上角的搜索框中搜索学号，可看到自己创建的所有角色，如图 3-144 所示。

图 3-144 共享角色管理查询

2. 维护共享角色组织范围

添加完成全部共享角色后，返回角色管理界面，为新增的角色分配组织。

在右上角的搜索框中，通过学号筛选出自己创建的角色。选择带有自己学号的角色，单击【批量分配组织】按钮，如图 3-145 所示。

注：在角色管理界面，通过学号筛选出自己学号的角色，分配组织时，只添加自己学号集团下的组织。

图 3-145 通过学号筛选角色

在给角色添加组织界面中，选择自己所创建的集团"环球日化集团+学号"，下拉单击【确定】按钮，如图 3-146 所示。

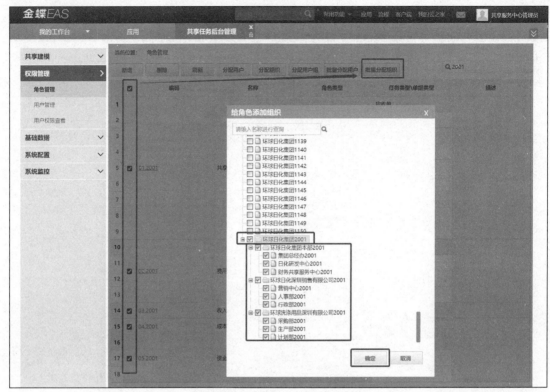

图 3-146　共享角色批量分配组织

3. 引入共享用户

依次单击【权限管理】—【用户管理】选项，单击【引入用户】按钮，可引入在金蝶 EAS 客户端创建的用户，如图 3-147 所示。

图 3-147　引入用户查询

选择组织为"财务共享服务中心+学号"下的用户，单击【确定】按钮，先引入新建的"财务共享服务中心+学号"的所有用户，如图 3-148 所示。

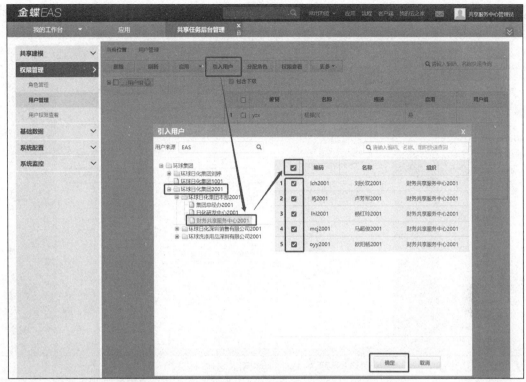

图 3-148 用户引入 1

再引入"环球日化集团本部+学号"兼职的樊江波、齐振英、杨振兴。

注: 切换下一页时,会清空已经选择的用户,请逐页引入用户,如图 3-149 和图 3-150 所示。

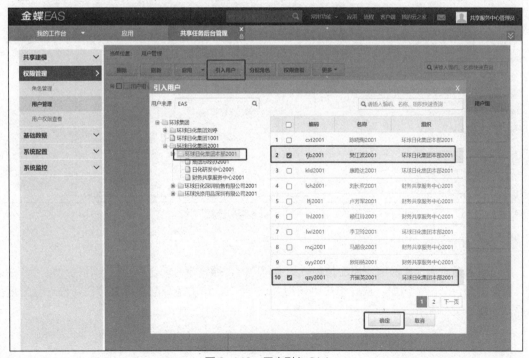

图 3-149 用户引入 2(a)

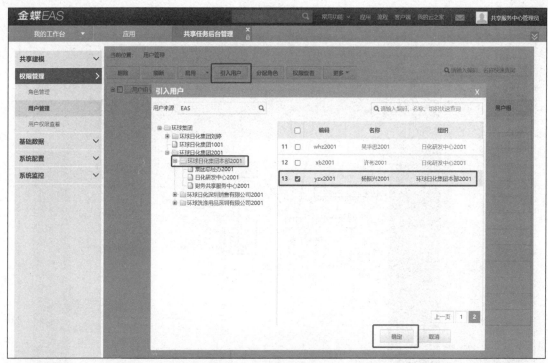

图 3-150　用户引入 2(b)

通过筛选学号，可以筛选出自己引入的所有用户，如图 3-151 所示。

图 3-151　引入用户查看

4. 分配共享角色

用户引入后，为引入的用户添加角色。添加角色时，通过学号筛选到自己创建的角色，选择该用户对应的角色分配。例如，选择用户"杨振兴+学号"，单击【分配角色】按钮，进入分配角色界面，如图 3-152 所示。

图 3-152　分配共享角色

单击【添加角色】按钮，进入给用户添加角色界面。通过学号筛选到自己创建的角色，选择"共享中心总经理+学号"，单击【确定】按钮，完成分配，如图 3-153 所示。

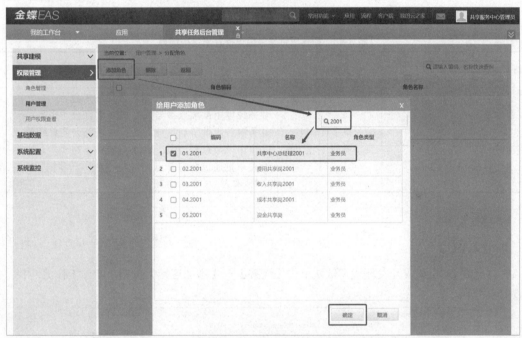

图 3-153　给用户添加角色

根据表 3-41 中的实验数据，完成马超俊、卢芳军、赖红玲、欧阳杨的角色分配。

案例五　共享流程规划

↗ 应用场景

环球日化集团在本部规划并建立财务共享中心，集团管理员(学号)在金蝶 BOS 集成开发环境完成共享流程搭建及发布。

↗ 实验步骤

❑ 新建共享流程
❑ 发布共享流程

↗ 实验前准备

☐ 完成前序案例，在流程定义表禁用财务集中阶段已发布的所有流程

↗ 实验数据

新建费用报销共享流程信息，如表 3-42 所示。

表 3-42　新建费用报销共享流程信息

新建流程名称	新建流程编码	引入流程名称	修改节点
费用报销单共享+学号	001.学号	费用报销单共享流程_标准 fts	提交节点参与人：学生创建集团下的所有员工 共享审批节点参与人：职位-费用共享岗 审批通过状态节点参与人：关系-活动执行人-共享审批-本人

新建应付单多级审批共享流程信息，如表 3-43 所示。

表 3-43　新建应付单多级审批共享流程信息

新建流程名称	新建流程编码	引入流程名称	修改节点
应付单多级审批共享+学号	006.学号	应付单多级审批共享流程_标准 fts	提交节点参与人：职位-洗涤公司往来会计 业务经理审批节点参与人：职位-洗涤公司采购经理 业务财务审批节点参与人：职位-洗涤公司总经理 共享审批节点参与人：职位-成本共享岗 设置审批通过状态节点参与人：关系-活动执行人-共享审核-本人

↗ 操作指导

1. 登录 BOS

打开金蝶 BOS 集成开发环境，依次单击【连接】—【添加连接】按钮，新增工作流连接，如图 3-154 所示。

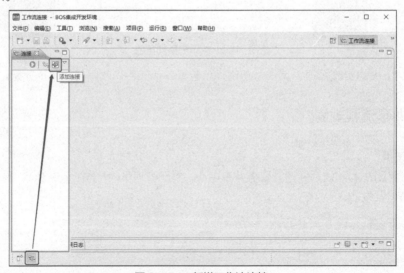

图 3-154　新增工作流连接

在工作流连接登录信息界面，录入应用服务器地址、更新端口(由教师根据实际练习环境提供，非截图所示地址和端口)，单击【刷新】按钮，选择实验要求的数据中心，登录用户为自己的集团管理员(学号)，密码为空，勾选"保存密码"复选框，单击【登录】按钮，如图 3-155 所示。

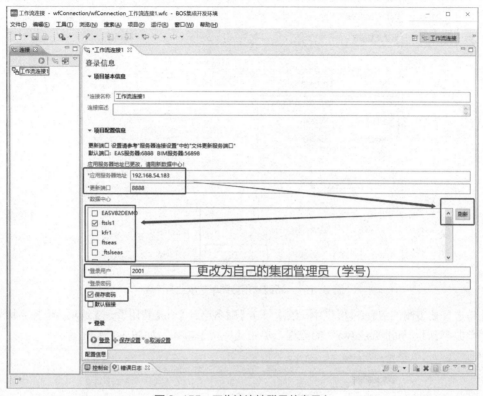

图 3-155　工作流连接登录信息录入

2. 新建费用报销流程

在左侧流程列表中，依次单击【财务会计】—【费用管理】节点，右击选择【新建业务流程】选项，如图 3-156 所示。

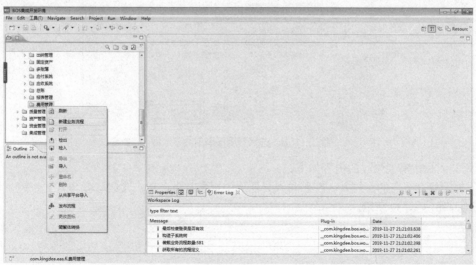

图 3-156　新建费用报销单共享业务流程查询

在新建业务流程界面，根据表 3-42 中的实验数据录入信息。流程编码为"001.学号"，流程名称为"费用报销单共享+学号"，流程类型为"普通流程"，创建方式为"根据现有流程生成"，单击【下一步】按钮，如图 3-157 所示。

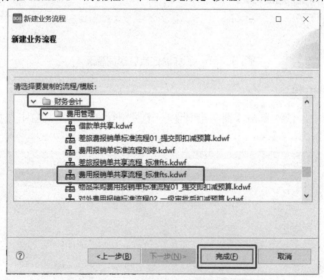

图 3-157　新建费用报销单共享业务流程

在请选择要复制的流程/模板栏中，依次单击【财务会计】—【费用管理】选项，选择名称为"费用报销单共享流程_标准 fts.kdwf"的流程，单击【完成】按钮，如图 3-158 所示。

图 3-158　选择费用报销单共享流程

流程导入后，需要修改的内容如下。

(1) 修改提交节点的参与人。在参与人界面选中原参与人，单击【删除参与人】按钮，将原参与人删除，如图 3-159 所示。

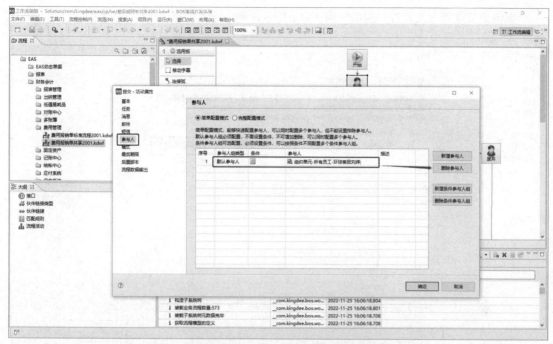

图 3-159 费用报销单共享业务流程单据提交节点参与人修改 1

单击【新增参与人】按钮，在左侧选择参与人类型为"组织单元"，组织单元为"环球日化集团+学号"，单击【添加】按钮，然后单击【确定】按钮，如图 3-160 所示。

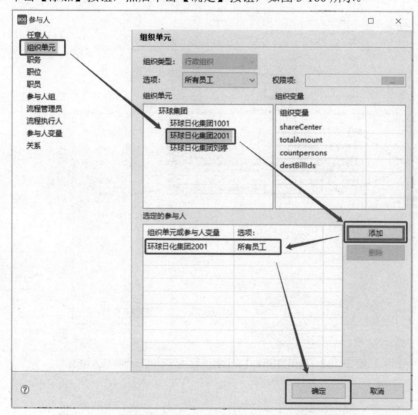

图 3-160 费用报销单共享业务流程单据提交节点参与人修改 2

单据提交节点参与人设置完成后如图 3-161 所示，确认无误后单击【确定】按钮。

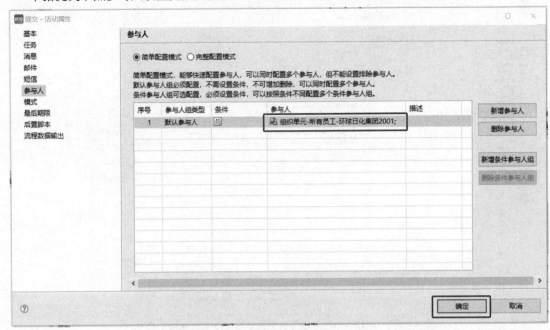

图 3-161　费用报销单共享业务流程单据提交节点参与人修改完成

(2) 修改共享审批节点的参与人。双击【共享审批】节点，进入参与人界面，将原参与人删除，如图 3-162 所示。

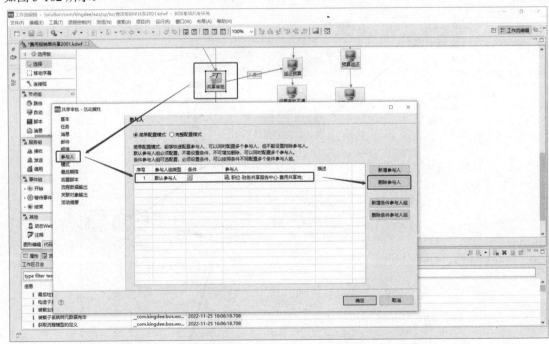

图 3-162　费用报销单共享业务流程共享审批节点参与人修改 1

单击【新增参与人】按钮，在左侧选择参与人类型为"职位"，组织单元为"环球日化集团+学号"下的"财务共享服务中心+学号"，职位为"费用共享岗+学号"，单击【添加】按钮，然后单击【确定】按钮，如图3-163所示。

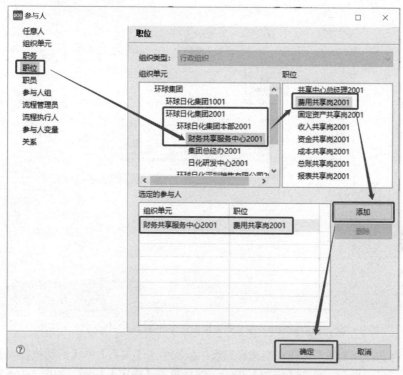

图 3-163　费用报销单共享业务流程共享审批节点参与人修改 2

共享审批节点参与人设置完成后如图3-164所示，确认无误后单击【确定】按钮。

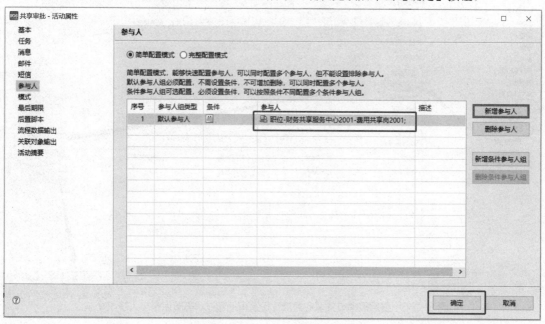

图 3-164　费用报销单共享业务流程共享审批节点参与人修改完成

(3) 修改设置审批通过状态节点的参与人。双击【设置审批通过状态】节点，进入参与人界面，将原参与人删除，如图 3-165 所示。

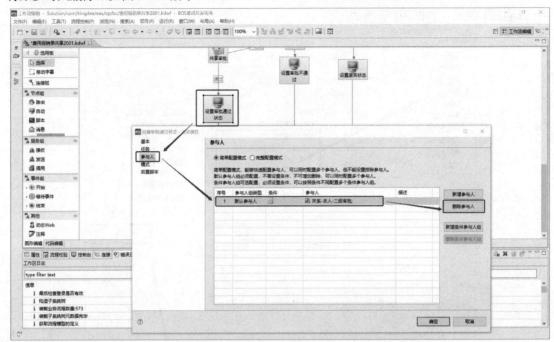

图 3-165　费用报销单共享业务流程设置审批通过状态节点参与人修改 1

单击【新增参与人】按钮，在左侧选择列表中依次单击【关系】—【活动执行人】节点，选择活动集合为"共享审批"，单击【添加】按钮，然后单击【确定】按钮，如图 3-166 所示。

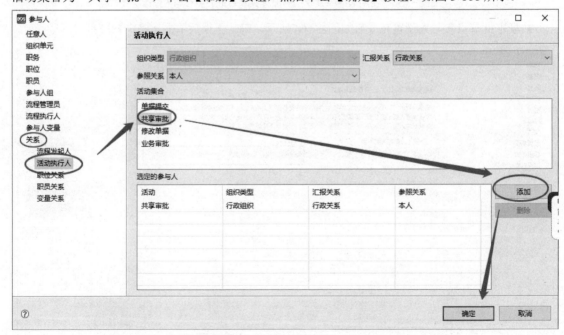

图 3-166　费用报销单共享业务流程设置审批通过状态节点参与人修改 2

设置审批通过状态节点参与人修改完成后如图 3-167 所示，确认无误后单击【确定】按钮。

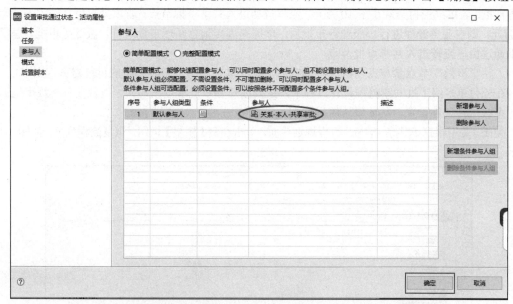

图 3-167　费用报销单共享业务流程设置审批通过状态节点参与人修改完成

流程设置完成并检查无误后，在流程空白处右击选择【发布】选项，如图 3-168 所示。

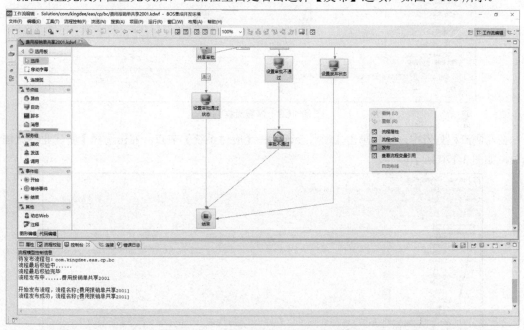

图 3-168　费用报销单共享业务流程发布

3. 新建应付单多级审批共享流程

在应付单多级审批共享流程中，主要涉及单据提交、业务审批、共享审批三个节点。

"单据提交"节点参与人为"洗涤公司往来会计"，主要负责发起应付单流程。

"业务审批"节点主要针对应付业务真实性进行审批、把控，共涉及"业务经理审批"及"总经理审批"两部分内容。"业务经理审批"参与人为"洗涤公司采购经理"，"总经理审批"参与人为"洗涤公司总经理"。当洗涤公司往来会计提交应付单后,单据先流转到业务经理处进行一级业务审批,若单据应付金额小于 10 万元,流程自动进入共享审批节点;若单据应付金额大于或等于10 万元,则在业务经理进行一级业务审批后,单据先流转到总经理审批进行二级业务审批,总经理审批通过后再流转进入共享审批节点。

"共享审批"节点参与人为财务共享服务中心成本共享岗,主要负责应付单财务规则审批。

在应付多级审批共享流程设计过程中,主要涉及各审批节点参与人修改及业务一级审批通过后的多级流转条件设置,具体设计流程如下。

关闭"费用报销单共享+学号"流程规划界面,单击左侧【恢复】按钮,恢复流程列表,如图 3-169所示。

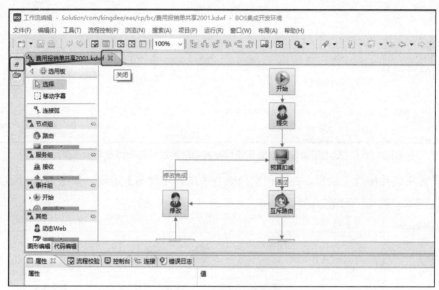

图 3-169 恢复流程列表

在左侧流程列表中,依次单击【财务会计】—【应付系统】节点,右击选择【新建业务流程】选项,如图 3-170 所示。

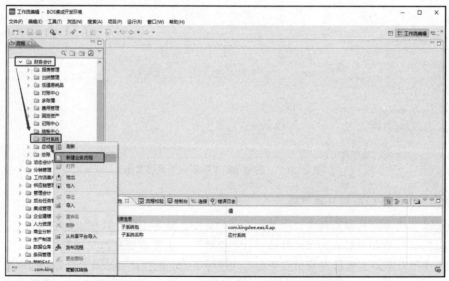

图 3-170 新建应付单多级审批共享业务流程查询

在新建业务流程界面，流程名称为"应付单多级审批共享+学号"，流程编码为"006.学号"，流程类型为"普通流程"，创建方式选择"根据现有流程生成"，单击【下一步】按钮，如图 3-171 所示。

在"请选择要复制的流程/模板"栏中，依次单击【财务会计】—【应付系统】选项，选择名称为"应付单多级审批共享流程_标准 fts.kdwf"的流程，单击【完成】按钮，如图 3-172 所示。

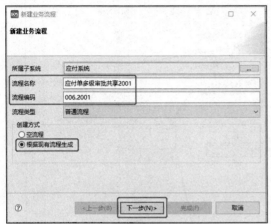

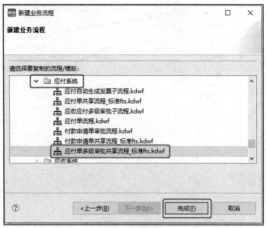

图 3-171 新建应付单多级审批共享业务流程　　　　图 3-172 选择应付单多级审批共享业务流程

流程导入后，需要修改的内容如下。

(1) 修改单据提交节点的参与人。双击【单据提交】节点，进入参与人界面，将原参与人删除，如图 3-173 所示。

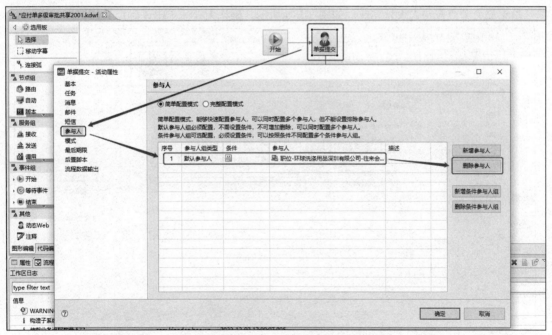

图 3-173 应付单多级审批共享业务流程单据提交节点参与人修改 1

　　单击【新增参与人】按钮，在左侧选择参与人类型为"职位"，组织单元为"环球洗涤用品深圳有限公司+学号"，职位为"往来会计+学号"，单击【添加】按钮，然后单击【确定】按钮，如图 3-174 所示。

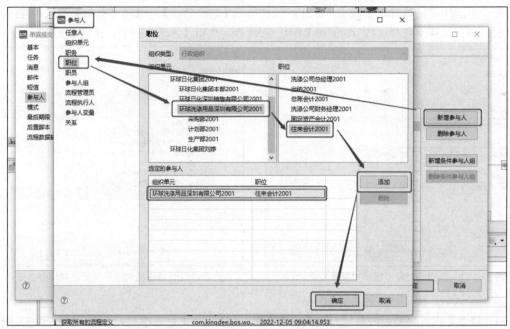

图 3-174　应付单多级审批共享业务流程单据提交节点参与人修改 2

　　单据提交节点参与人设置完成后如图 3-175 所示，确认无误后单击【确定】按钮。

图 3-175　应付单多级审批共享业务流程单据提交节点参与人修改完成

（2）修改业务经理审批节点参与人。双击【业务经理审批】节点，进入参与人界面，将原参与人删除，如图 3-176 所示。

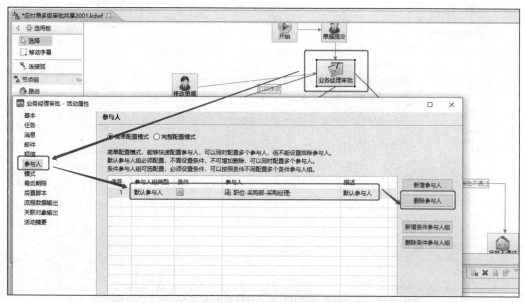

图 3-176　应付单多级审批共享业务经理审批节点参与人修改 1

单击【新增参与人】按钮，在左侧选择参与人类型为"职位"，组织单元为"环球洗涤用品深圳有限公司+学号"下的"采购部+学号"，职位为"采购经理+学号"，单击【添加】按钮，然后单击【确定】按钮，如图 3-177 所示。

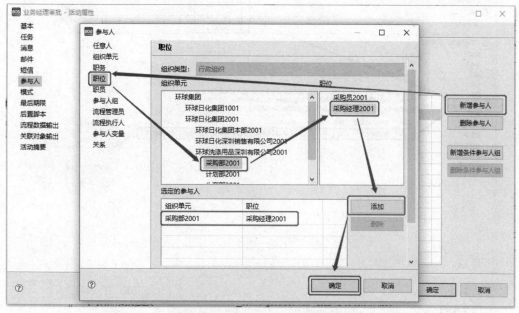

图 3-177　应付单多级审批共享业务经理审批节点参与人修改 2

业务经理审批节点参与人设置完成后如图 3-178 所示，确认无误后单击【确定】按钮。

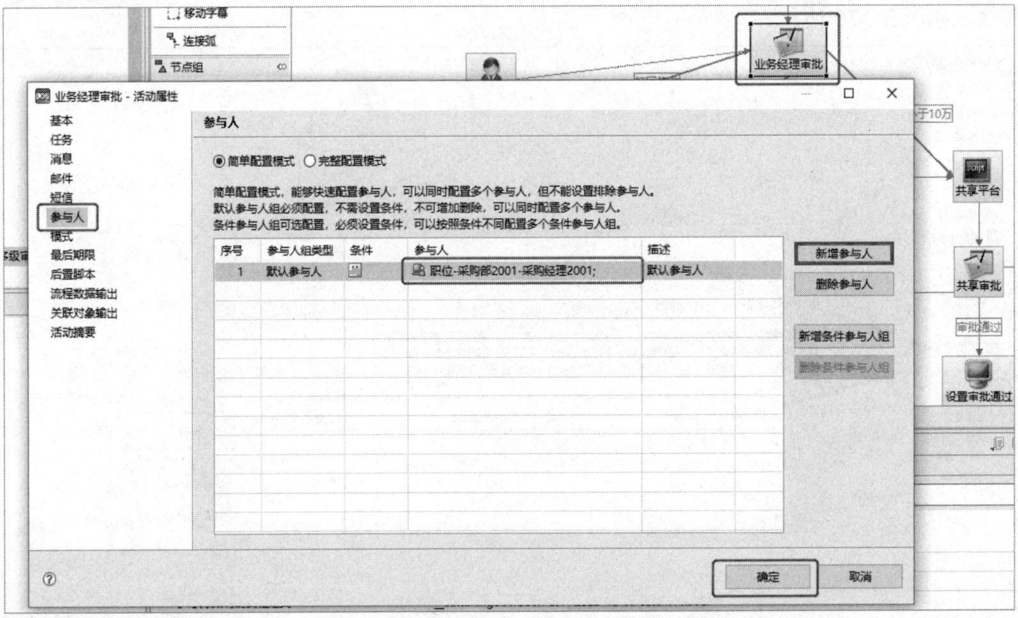

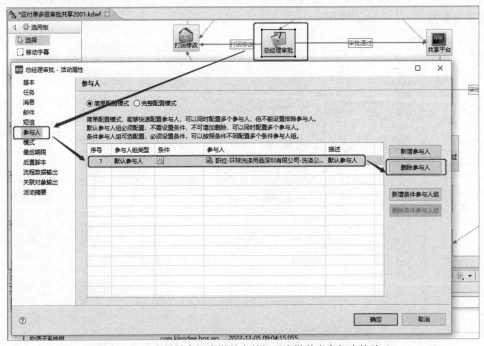

图 3-178 应付单多级审批共享业务经理审批节点参与人修改完成

(3) 修改总经理审批节点参与人。双击【总经理审批】节点，进入参与人界面，将原参与人删除，如图 3-179 所示。

图 3-179 应付单多级审批共享总经理审批节点参与人修改 1

单击【新增参与人】按钮，在左侧选择参与人类型为"职位"，组织单元为"环球洗涤用品深圳有限公司+学号"，职位为"洗涤公司总经理+学号"，单击【添加】按钮，然后单击【确定】按钮，如图 3-180 所示。

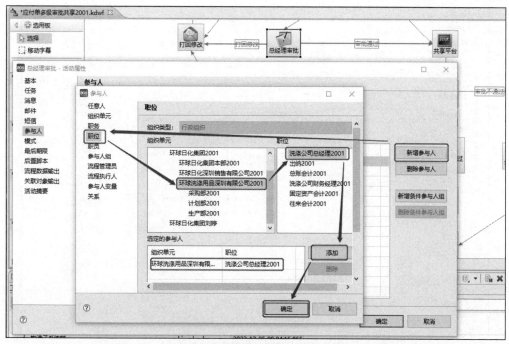

图 3-180 应付单多级审批共享总经理审批节点参与人修改 2

总经理审批节点参与人设置完成后如图 3-181 所示，确认无误后单击【确定】按钮。

图 3-181 应付单多级审批共享总经理审批节点参与人修改完成

(4) 修改业务多级流转条件。双击【审批通过且金额大于等于 10 万元】进入连接弧属性界面。在第一行条件【逻辑符】处选择"AND"；单击【添加条件】按钮；在第二行条件中，【左括号】列选择"("，【业务属性】列单击单元格右侧的三个点图标，如图 3-182 所示。

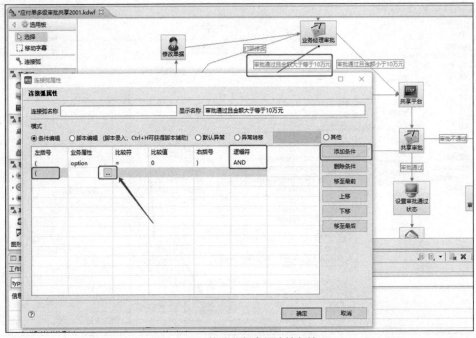

图 3-182　修改业务多级流转条件 1

在"流程变量选择器"提示框中依次选择【业务变量】—【OtherBill(单据对象)(应付单)】—【应收(付)金额(amount)】节点，然后单击【确定】按钮，如图 3-183～图 3-185 所示。

图 3-183　修改业务多级流转条件 2(a)

图 3-184　修改业务多级流转条件 2(b)

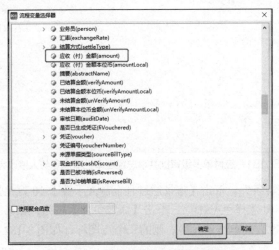

图 3-185　修改业务多级流转条件 2(c)

在连接弧属性界面，第二行条件中【比较符】列选择 ">="，【比较值】列为 "100000"，【右括号】列选择 ")"，确认无误后单击【确定】按钮，如图 3-186 所示。

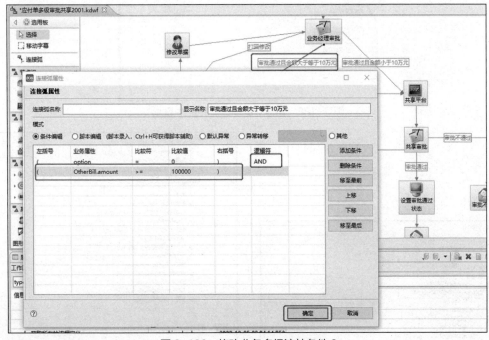

图 3-186　修改业务多级流转条件 3

双击【审批通过且金额小于 10 万元】，进入连接弧属性界面。在第一行条件【逻辑符】处选择 "AND"；单击【添加条件】按钮；在第二行条件中，【左括号】列选择 "("，【业务属性】列单击单元格右侧的三个点图标，如图 3-187 所示。

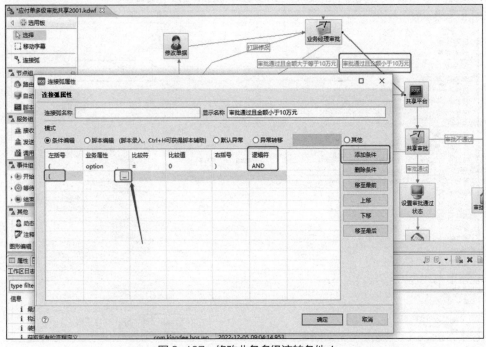

图 3-187　修改业务多级流转条件 4

在"流程变量选择器"提示框中依次选择【业务变量】—【OtherBill(单据对象)(应付单)】—【应收(付)金额(amount)】节点，然后单击【确定】按钮，如图 3-188～图 3-190 所示。

图 3-188　修改业务多级流转条件 5(a)

图 3-189　修改业务多级流转条件 5(b)

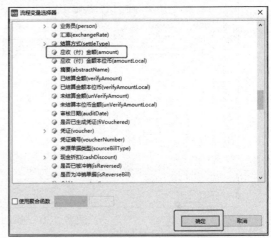

图 3-190　修改业务多级流转条件 5(c)

在连接弧属性界面，第二行条件中【比较符】列选择"<"，【比较值】列为"100000"，【右括号】列选择")",确认无误后单击【确定】按钮，如图 3-191 所示。

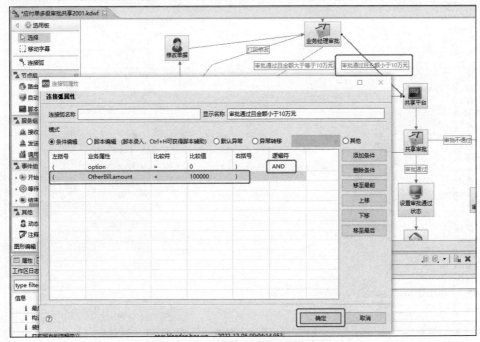

图 3-191　修改业务多级流转条件 6

（5）修改共享审批节点参与人。双击【共享审批】节点，进入参与人界面，将原参与人删除，如图 3-192 所示。

图 3-192 应付单多级审批共享共享审批节点参与人修改 1

单击【新增参与人】按钮，在左侧选择参与人类型为"职位"，组织单元为"环球日化集团+学号"下的"财务共享服务中心+学号"，职位为"成本共享岗+学号"，单击【添加】按钮，然后单击【确定】按钮，如图 3-193 所示。

图 3-193 应付单多级审批共享共享审批节点参与人修改 2

共享审批节点参与人设置完成后如图 3-194 所示，确认无误后单击【确定】按钮。

图 3-194 应付单多级审批共享共享审批节点参与人修改完成

(6) 修改设置审批通过状态节点参与人。双击【设置审批通过状态】节点，进入参与人界面，将原参与人删除，如图 3-195 所示。

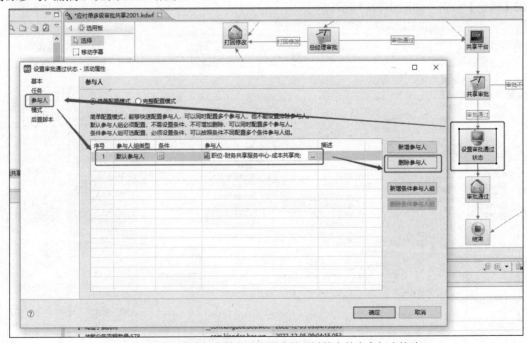

图 3-195 应付单多级审批共享设置审批通过状态节点参与人修改 1

单击【新增参与人】按钮，在左侧选择列表中依次单击【关系】—【活动执行人】节点，选择活动集合为"共享审批"，单击【添加】按钮，然后单击【确定】按钮，添加后如图 3-196 所示。

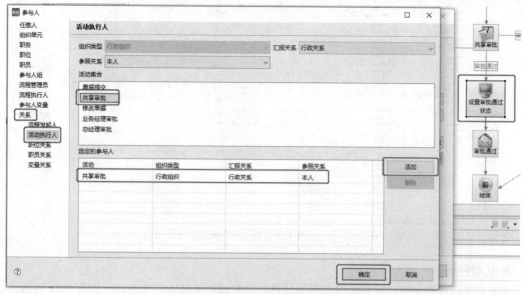

图 3-196 应付单多级审批共享设置审批通过节点参与人修改 2

设置审批通过状态节点参与人修改完成后如图 3-197 所示，确认无误后单击【确定】按钮。

图 3-197 应付单多级审批共享设置审批通过节点参与人修改完成

流程设置完成并检查无误后，在流程空白处右击选择【发布】选项，如图 3-198 所示。

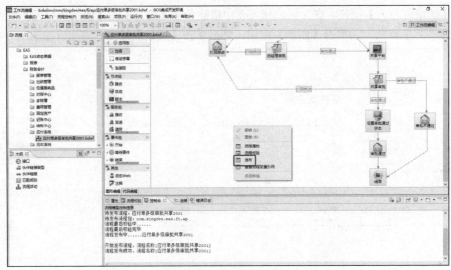

图 3-198　应付单多级审批共享业务流程发布

↗ 拓展任务

新增完成环球日化集团所有共享业务员信息，并发布其他模块共享流程，如表 3-44 所示。

表 3-44　新建共享流程信息

新建流程名称	所属模块	新建流程编码	引入流程名称	修改节点
费用借款单共享+学号	财务会计-费用管理	002.学号	费用借款单共享流程_标准 fts	提交节点参与人：学号集团下的所有员工
出差借款单共享+学号	财务会计-费用管理	003.学号	出差借款单共享流程_标准 fts	共享审批节点参与人：职位-费用共享岗 审批通过状态节点参与人：关系-活动执行人-共享审核-本人
差旅报销单共享+学号	财务会计-费用管理	004.学号	差旅报销单共享流程_标准 fts	
应收单共享+学号	财务会计-应收系统	005.学号	应收单共享流程_标准 fts	提交节点参与人：职位-销售公司往来会计 业务审批节点参与人：职位-销售公司销售经理 共享审批节点参与人：职位-收入共享岗 设置审批通过状态节点参与人：关系-活动执行人-共享审核-本人
付款申请单共享+学号	财务会计-应付系统	007.学号	付款申请单共享流程_标准 fts	提交节点参与人：职位-洗涤公司往来会计 共享审批节点参与人：职位-资金共享岗 设置审批通过状态节点参与人：关系-活动执行人-共享审核-本人
收款单共享+学号	财务会计-出纳管理	008.学号	收款单共享流程_标准 fts	提交节点参与人：职位-本部出纳、职位-销售公司出纳、收入共享岗 共享审批节点参与人：职位-资金共享岗 设置审批通过状态节点参与人：关系-活动执行人-共享审核-本人
付款单共享+学号	财务会计-出纳管理	009.学号	付款单共享流程_标准 fts	提交节点参与人：职位-本部出纳、职位-销售公司出纳、职位-洗涤公司出纳、成本共享岗、费用共享岗、固定资产共享岗 共享审批节点参与人：职位-资金共享岗 设置审批通过状态节点参与人：关系-活动执行人-共享审核-本人

第 3 篇

财务共享实践

第 4 章

应收共享

4.1 模块概述

↗ 模块简介

应收共享系统是财务共享管理信息系统的组成模块，全面支持Web页面，为用户提供互联网式的操作体验。在财务共享服务中心进行相关配置后，财务人员可以在应收任务池进行任务处理，查询已分配的单据，以及任务处理进度、工作量、工作效率、排名情况。

应收共享系统包括应收任务池、应收业务处理、收款业务处理、结算处理等模块，通过集中处理各业务部门及分支机构的应收单、收款单及办理结算，满足客户应收款项业务的会计核算和管理工作，有效提升服务质量和运作效率，同时实现集团范围的财务监控。

该系统既可以独立运行，也可以与出纳共享、应付共享、总账共享等模块集成应用，提供更完整、全面的财务共享管理解决方案，实现业务财务一体化的高度集成。

金蝶EAS应收共享系统为集团企业及单体企业提供了应收共享的全面解决方案，主要包括以下内容。

(1) 严谨的应收流程管理：支持从应收单到收款单等业务流程，满足企业规范化的业务流程管理。

(2) 支持多种结算模式：支持手工结算、自动结算、按核心单据行号结算、按合同号结算等多种结算模式，满足企业多种经营管理的需要，并且支持根据存储的自动结算方案，自动处理。

↗ 应收模块与其他模块的集成

应收共享系统与出纳共享、应付共享、总账共享等各业务系统一体化集成，保障业务信息与财务信息的高度同步与一致性，为企业决策层提供实时的业务管理信息。应收共享与其他模块集成如表 4-1 所示。

表 4-1　应收共享与其他模块集成

相关模块	集成内容
出纳共享	应收共享的收款单可以进出纳共享序时簿进行功能应用
应付共享	应收共享与应付共享可以进行往来转移的应用
总账共享	应收共享的数据，可以生成凭证，进入总账共享，且可参与总账的记账中心、对账中心、结账中心的业务处理
应收管理	多组织、批量支持应收管理的功能

↗ 应收业务流程总图(模块级别)

应收业务流程总图(模板级别)，如图 4-1 所示。

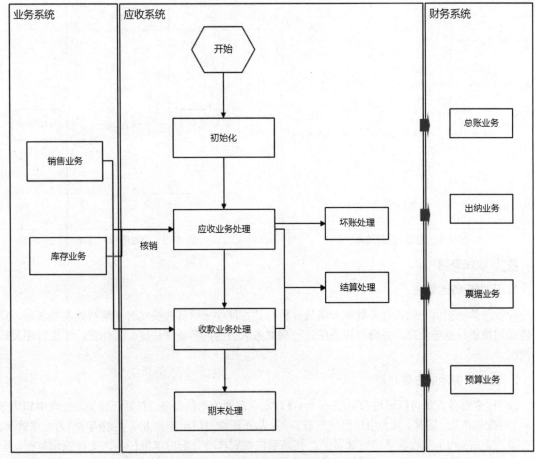

图 4-1 应收业务流程总图(模块级别)

↗ 各类应收业务流程简介

应收管理提供多种业务流程以适应不同企业、不同业务场景下的管理需求。本章节对应收—收款流程、应收债权转移流程进行了简要的说明,包括适用业务场景、业务流程图等内容,为企业的业务流程设计提供参考。

上述业务流程上的各业务节点的具体操作说明,请详见"日常操作"章节。

1. 应收—收款流程

(1) 业务场景。普通赊销业务在企业销售业务流程中普遍存在,很多企业为了能够将货物销售出去,对经常往来的客户采用的均是赊销的方式。企业先把商品供给客户,在后期根据约定的时间,如每月固定日期结款、销售出库后××天结款等方式进行销售开票、销售收款。

(2) 业务流程。应收—收款的流程是应收模块中最基本的流程,主要流程包括应收单、收款单等业务。同时,在流程过程中实现了自动结算等功能。应收—收款流程,如图 4-2 所示。

2. 应收债权转移流程

(1) 业务场景。债权转移,又称债权让与,是债权人与第三人协议将其债权转让给第三人的双方法律行为。此流程用于支持债权转移业务的处理。

(2) 业务流程。应收债权转移流程,如图 4-3 所示。

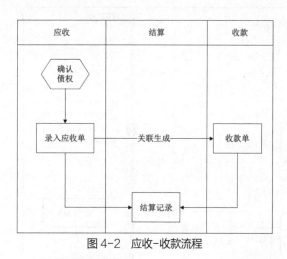

图 4-2　应收-收款流程

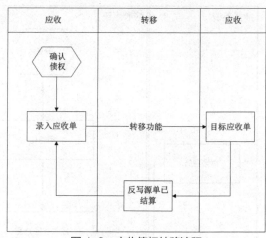

图 4-3　应收债权转移流程

↗ 应收任务池

1. 应收任务池概述

应收任务池提供一站式任务处理和绩效分析。其方便往来财务人员实时了解待处理的任务,提供链接切换进行业务处理,并通过报表统计往来财务人员的任务处理进度、工作量、工作效率及排名情况。

2. 应收任务池的主要功能

❑ 往来财务人员可以通过首页(工作台)查看本人需要处理的任务,包括已超期、处理中和待分配的单据。同时,其为用户提供列表页面,从不同维度展示不同业务类型(单据)的处理情况。

❑ 提供应收单及收款单序时簿页面。其显示按规则自动分配的审批任务,支持查询单据、影像、流程图及进行审核操作。

❑ 提供任务进度统计表、个人任务统计表、个人任务排名表等报表的查询。其图文并茂、清晰地展示往来财务人员的任务处理进度、工作量、工作效率及排名情况。

3. 应收任务池支持的业务流程

❑ 查看单据的处理情况,主要是待处理情况。

❑ 处理单据,支持查询单据、影像、流程图,以及进行审核操作。

❑ 报表分析。

↗ 应收单

1. 应收单概述

应收单是用来确认债权的单据。它与传统意义上的发票不完全相同,因为确认债权的产生,有可能是出库即确认债权,不需要开出发票。系统采用应收单来统计应收的发生,也可通过应收单生成凭证传递到总账。

2. 应收单的主要功能

❑ 可维护销售发票、销售费用发票、其他应收单、应收借贷项调整单等多种类型的应收单。

❑ 支持价外税、价内税的多种算法,且价外税算法支持以含税字段计算不含税字段,或者以不含税字段计算含税字段等有效规避尾差的处理。

3. 应收单支持的业务流程

❑ 应收单—收款单。

❑ 应收单债权转移。

↗ 审批规则

1. 金蝶财务共享应用实践平台案例——应收单

(1) 适用范围：企业发生销售业务时，填写应收单确认应收款项。

(2) 主要审批规则：

❑ 税额须与发票税额一致；

❑ 须上传盖章生效的销售合同扫描件；

❑ 发票须为盖章生效的增值税专用发票，且开票方与往来户一致。

2. 金蝶财务共享应用实践平台案例——收款单

(1) 适用范围：企业收到往来款项时，填写收款单记录收款情况。

(2) 主要审批规则：

❑ 已收到款项须提供银行结算票据；

❑ 收款单结算方式与银行结算票据一致；

❑ 须根据业务真实情况填写收款类型。

3. 金蝶财务共享应用实践平台案例——应收收款结算

(1) 适用范围：企业发生销售业务时，填写应收单确认应收款项，收到款项后关联生成收款单并进行收款结算。

(2) 主要审批规则：

❑ 税额须与发票税额一致；

❑ 须上传盖章生效的销售合同扫描件；

❑ 发票为盖章生效的增值税专用发票，且开票方与往来户一致；

❑ 已收到款项须提供银行结算票据；

❑ 收款单结算方式与银行结算票据一致；

❑ 须根据业务真实情况填写收款类型。

4.2 实验练习

案例一 确认应收业务

↗ 应用场景

应收单是确认债权的重要凭据。若与物流系统联用，应收单审核时，可以反写核心单据行号的累计应收信息，供用户围绕核心单据进行管理。应收单可以关联生成收款单，且在收款时系统会自动结算，供用户进行准确的往来管理。

↗ 实验数据

环球日化深圳销售有限公司当年发生的业务中的有关应收业务如表 4-2 所示。

表 4-2　确认应收业务

往来户	业务描述	金额(RMB)			
		应收	收款	应付	预付
深圳盼盼洗涤用品贸易公司	7 月 3 日,环球日化深圳销售有限公司赊销 1 000 瓶 220ml 焗油顺滑洗发露(去屑系列)给客户深圳盼盼洗涤用品贸易公司,税率为 13%,含税单价为 22.6 元/瓶,确认应收款为 22 600 元,计划 20 天后收款,环球日化深圳销售有限公司往来会计毛伟文(mww+学号)提交应收单	22 600			

⤴ 流程图

确认应收业务的流程,如图 4-4 所示。

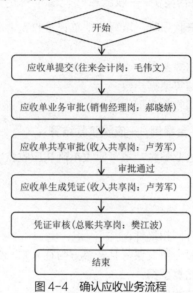

图 4-4　确认应收业务流程

⤴ 操作指导

1. 应收单提交

环球日化深圳销售有限公司往来会计毛伟文提应收单。毛伟文进入金蝶 EAS 网页端,选择题目下方要求的数据中心,用户名为"mww+学号",密码为空,单击【登录】按钮,进入我的工作台页面。单击 【毛伟文+学号】头像,然后单击"组织"下方的【切换】按钮,切换组织为"环球日化深圳销售有限公司+学号",如图 4-5 所示。

图 4-5　切换组织

依次单击【应用】—【财务会计】—【应收管理】—【应收单新增】选项，进入应收单新增页面，如图 4-6 所示。

图 4-6　应收单新增

根据表 4-2 中的实验数据录入应收单。单据日期为 20××-07-03，往来户为"深圳盼盼洗涤用品贸易公司+学号"；物料为"220ml 焗油顺滑洗发露(去屑系列)"，计量单位为"瓶"，数量为 1000，含税单价为 22.6，税率为 13%，应收日期为 20××-07-03；添加销售合同、销售发票附件。录入完成后依次单击【保存】【提交】按钮，并记录应收单单据编号，如图 4-7 所示。

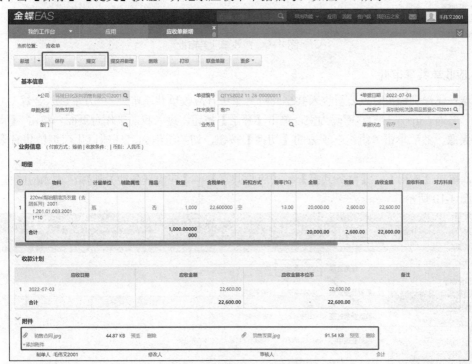

图 4-7　应收单录入完成并提交

2. 应收单业务审批

往来会计毛伟文提交应收单后由环球日化深圳销售有限公司销售经理郝晓娇进行应收单业务审批。郝晓娇进入金蝶 EAS 网页端，用户名为"hxj+学号"，密码为空，单击【登录】按钮，进入我的工作台页面。

依次单击【流程】—【待办任务】—【常规待办】选项，进入常规待办任务页面，如图 4-8 所示。

图 4-8 常规待办任务查询

单击【处理】按钮或者双击刚刚提交的应收单(通过应收单单据编号确认),进入单据审批页面。业务审批主要针对业务背景的真实性进行审批,此处业务真实发生,因此审批处理选择"同意"复选框,并单击【提交】按钮,如图 4-9 所示。

图 4-9 应收单业务审批

3. 应收单共享审批

环球日化深圳销售有限公司收入共享岗卢芳军进行应收单共享审批。卢芳军进入金蝶 EAS 网页端,用户名为"lfj+学号",密码为空,单击【登录】按钮,进入我的工作台页面。单击 【卢芳军+学号】头像,然后单击"组织"下方的【切换】按钮,切换组织为"环球日化深圳销售有限公司+学号"。

依次单击【应用】—【财务共享】—【应收共享】—【应收任务池】选项,进入应收任务池页面,如图 4-10 所示。

图 4-10 应收任务池

依次单击【我的任务】—【应收单】—【更多】—【获取任务】选项,获取应收,如图 4-11 所示。

单击相应单据主题(通过应收单单据编号确认),进入单据处理页面,如图 4-12 所示。

收入共享岗刘芳军根据财务审批规则审批该案例。本案例符合财务审批规则,审批通过,单击【提交】按钮,如图 4-13 所示。

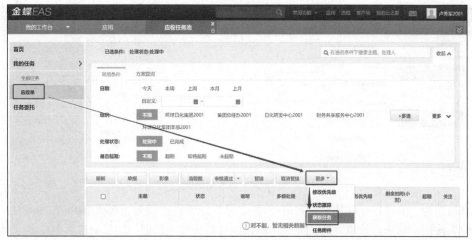

图 4-11 应收单获取

图 4-12 进入单据处理页面

图 4-13 应收单共享审批

4. 应收单生成凭证

收入共享岗卢芳军关联应收单生成凭证。依次单击【应用】—【财务共享】—【应收共享】—【应收单维护】选项，进入应收单维护页面，如图 4-14 所示。

图 4-14 应收单维护

选择组织为"环球日化深圳销售有限公司+学号",设置日期为 20××-01-01 至 20××-12-31,单击【确定】按钮,筛选应收单。通过应收单单据编号确认对应单据。如果列表单据过多,可通过搜索功能搜索单据编号,精确查找对应单据。勾选相应单据,单击【生成凭证】按钮,如图 4-15 所示。

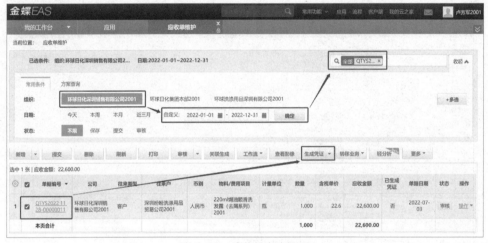

图 4-15 应收单生成凭证

单击【生成凭证】按钮后,系统会自动生成暂存凭证。依次单击单据最右侧的【操作】—【联查单据】选项,进入关联查询页面,可查看上下游单据,如图 4-16 所示。

图 4-16 联查单据

单击【下游单据】中对应的凭证后，下方显示凭证列表，刚关联生成的凭证处于"暂存"状态，单击对应的"凭证字号"，进入凭证查看页面，如图 4-17 所示。

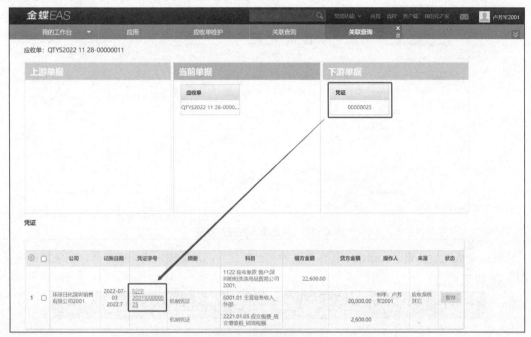

图 4-17 关联查询凭证

在凭证查看页面，若需修改凭证，则单击【修改】按钮，进入凭证编辑页面，如图 4-18 所示。

图 4-18 修改凭证

根据案例背景修改凭证。设置公司为"环球日化深圳销售有限公司+学号"，记账日期为 20××-07-03，业务日期为 20××-07-03，确认无误后依次单击【保存】【提交】按钮，完成凭证编辑，如图 4-19 所示。

图 4-19 凭证录入完成并提交

凭证提交成功后,凭证状态由"暂存"变为"已提交",并生成正式凭证字号,记录凭证字号,如图 4-20 所示。

图 4-20 记录凭证字号

5. 凭证审核

环球日化深圳销售有限公司总账共享岗樊江波审核记账凭证。樊江波进入金蝶 EAS 网页端,用户名为"fjb+学号",密码为空,单击【登录】按钮,进入我的工作台页面。依次单击【应用】—【财务共享】—【总账共享】—【凭证查询】选项,进入凭证查询页面,如图 4-21 所示。

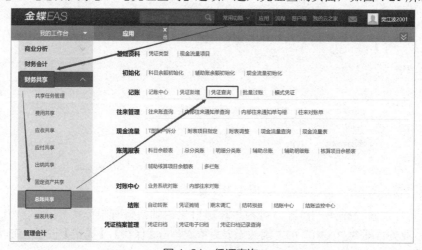

图 4-21 凭证查询

选择公司为"环球日化深圳销售有限公司+学号",设置日期为 20××-07-01 至 20××-07-31,单击【确定】按钮,筛选凭证。如果该期间凭证过多,还可通过搜索功能搜索凭证编号,精确查找对应凭证。勾选相应凭证(通过记账日期和凭证编号确认),单击【审核】按钮,完成凭证审核,如图 4-22 所示。

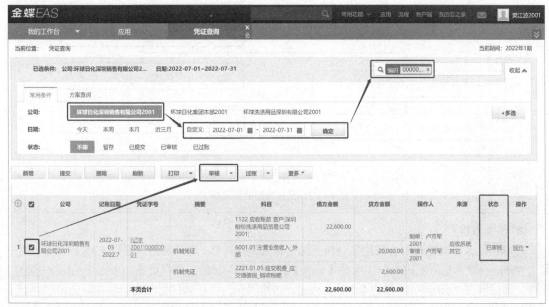

图 4-22 凭证审核

案例二 债权转移

↗ 应用场景

债权转移是将原对 A 的债权转移为对 B 的债权。该操作仅用来处理转移到 B,但是 B 并没有付款的情况。

↗ 实验数据

环球日化深圳销售有限公司当年发生的业务中的债权转移业务,如表 4-3 所示。

表 4-3 债权转移业务

往来户	业务描述	金额(RMB)			
		应收	收款	应付	预付
深圳日日用品贸易公司	7月9日,深圳日日用品贸易公司合并深圳盼盼洗涤用品贸易公司,原深圳盼盼洗涤用品贸易公司债务转移到深圳日日用品贸易公司,环球日化深圳销售有限公司往来会计毛伟文(mww+学号)确认债权转移	22 600			

↗ 流程图

债权转移业务的流程,如图 4-23 所示。

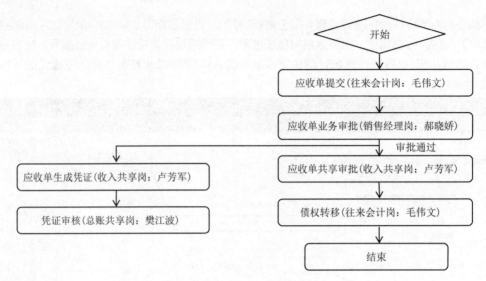

图 4-23 债权转移业务流程

⊿ 操作指导

环球日化深圳销售有限公司往来会计毛伟文确认债权转移。毛伟文进入金蝶 EAS 网页端,用户名为"mww+学号",密码为空,单击【登录】按钮,进入我的工作台页面。单击【毛伟文+学号】头像,然后单击"组织" 下方的【切换】按钮,切换组织为"环球日化深圳销售有限公司+学号"。

依次单击【应用】—【财务会计】—【应收管理】—【应收单维护】选项,进入应收单维护页面,如图 4-24 所示。

图 4-24 应收单维护

选择组织为"环球日化深圳销售有限公司+学号",设置日期为 20××-01-01 至 20××-12-31,单击【确定】按钮,筛选应收单。如果列表单据过多,可通过搜索功能搜索单据编号,精准查找对应单据。勾选相应凭证(通过应收单据编号确认),依次单击【转移业务】—【债权转移】选项,如图 4-25 所示。

信息提示"更改往来户时是否同时修改往来户相关信息?"选择"否",如图 4-26 所示。

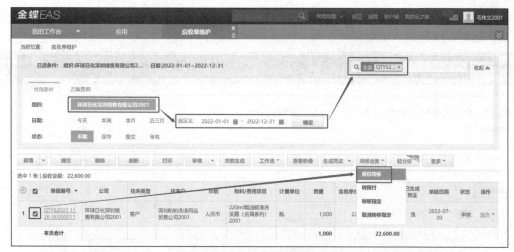

图 4-25 筛选应收单并债权转移

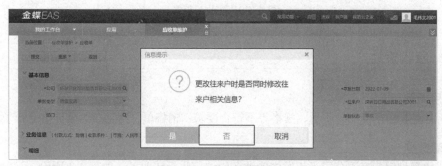

图 4-26 应收单修改提示

根据案例背景修改相关信息，设置单据日期为 20××-07-09，往来户为"深圳日日用品贸易公司+学号"，修改完成后单击【提交】按钮，如图 4-27 所示。

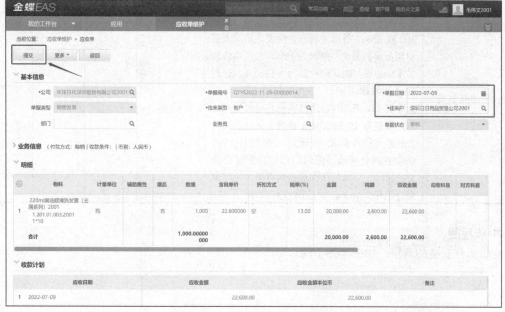

图 4-27 应收单修改完成并提交

提交后，系统自动生成新的应收单并自动审核，在【业务信息】页签下，可看到该应收单为"转移生成"如图 4-28 所示。

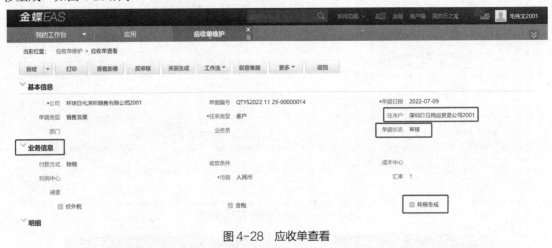

图 4-28 应收单查看

案例三 应收折让

↗ **应用场景**

应收折让是指由于商品的质量、规格等不符合要求，销售单位同意在商品价格上给予的减让。

↗ **实验数据**

环球日化深圳销售有限公司当年发生的业务中的应收折让业务，如表 4-4 所示。

表 4-4 应收折让业务

往来户	业务描述	金额(RMB)			
		应收	收款	应付	预付
深圳日日用品贸易公司	7 月 12 日，环球日化深圳销售有限公司赊销 300 瓶 520ml 香熏去屑修护洗发乳给深圳日日用品贸易公司，税率为 13%，含税单价为 27.12 元/瓶，确认应收款为 8 136 元，计划 10 天后收款； 7 月 15 日，深圳日日用品贸易公司收到商品后，发现有 10 瓶 520ml 香熏去屑修护洗发乳规格不符合要求，反馈后，环球日化深圳销售有限公司给予深圳日日用品贸易公司 5%的折让，环球日化深圳销售有限公司往来会计毛伟文(mww+学号)提交应收单	8 136			

↗ **流程图**

应收折让业务的流程，如图 4-29 所示。

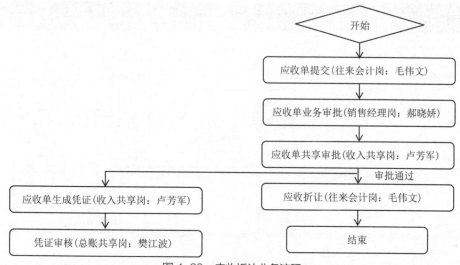

图 4-29 应收折让业务流程

↗ 操作指导

1. 应收单提交

环球日化深圳销售有限公司往来会计毛伟文提交应收单。毛伟文进入金蝶 EAS 网页端，用户名为"mww+学号"，密码为空，单击【登录】按钮，进入我的工作台页面。单击【毛伟文+学号】头像，然后单击"组织"下方的【切换】按钮，切换组织为"环球日化深圳销售有限公司+学号"。

依次单击【应用】—【财务会计】—【应收管理】—【应收单新增】选项，进入应收单新增页面，如图 4-30 所示。

图 4-30 应收单新增

根据表 4-4 中的实验数据录入应收单。单据日期为 20××-07-12，往来户为"深圳日日用品贸易公司+学号"；物料为"520ml 香熏去屑修护洗发乳+学号"，计量单位为"瓶"，数量为"300"，含税单价为 27.12，税率为 13%，收款计划应收日期为 20××-07-22；添加销售合同、销售发票附件。录入完成后依次单击【保存】【提交】按钮，并记录应收单单据编号，如图 4-31 所示。

2. 应收单业务审批

环球日化深圳销售有限公司销售经理郝晓娇业务审批应收单。郝晓娇进入金蝶 EAS 网页端，用户名为"hxj+学号"，密码为空，单击【登录】按钮，进入我的工作台页面。

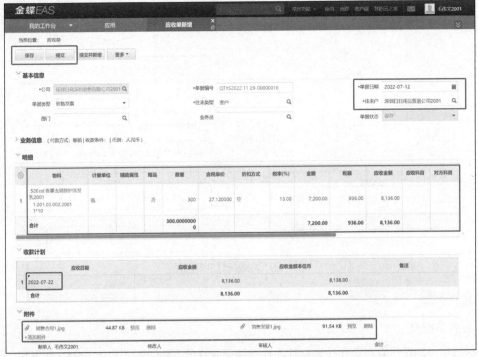

图 4-31　应收单录入完成并提交

依次单击【流程】—【待办任务】—【常规待办】选项，进入常规待办任务页面，如图 4-32 所示。

图 4-32　常规待办任务查询

单击【处理】按钮或者双击刚刚提交的应收单(通过应收单单据编号确认)，进入单据审批页面。业务审批主要针对业务背景的真实性进行审批，此处业务真实发生，因此审批处理选择"同意"复选框，并单击【提交】按钮，如图 4-33 所示。

图 4-33　应收单业务审批

3. 应收单共享审批

环球日化深圳销售有限公司收入共享岗卢芳军共享审批应收单。卢芳军进入金蝶 EAS 网页端，用户名为"lfj+学号"，密码为空，单击【登录】按钮，进入我的工作台页面。单击 【卢芳军+学号】

头像，然后单击"组织"下方的【切换】按钮，切换组织为"环球日化深圳销售有限公司+学号"。

依次单击【应用】—【财务共享】—【应收共享】—【应收任务池】选项，进入应收任务池页面，如图 4-34 所示。

图 4-34　应收任务池

依次单击【我的任务】—【应收单】—【更多】—【获取任务】选项，获取应收单。单击相应单据主题(通过应收单单据编号确认)，进入单据处理页面。收入共享岗查看单据详情及附件，根据财务审批规则审批该案例。本案例符合财务审批规则，审批通过，单击【提交】按钮，如 4-35 所示。

图 4-35　应收单共享审批

4. 应收单生成凭证

收入共享岗卢芳军关联应收单生成凭证。依次单击【应用】—【财务共享】—【应收共享】—【应收单维护】选项，进入应收单维护页面。

选择组织为"环球日化深圳销售有限公司+学号"，设置日期为 20××-01-01 至 20××-12-31，单击【确定】按钮，筛选应收单。如果列表单据过多，还可通过搜索功能搜索单据编号，精确查找对应单据。勾选相应单据(通过应收单单据编号确认)，单击【生成凭证】按钮，如图 4-36 所示。

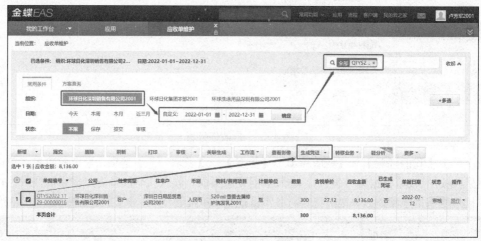

图 4-36　应收单生成凭证

单击【生成凭证】选项后，系统会自动生成暂存凭证。依次单击单据最右侧的【操作】—【联查单据】选项，进入关联查询页面，可查看上下游单据。单击【下游单据】中对应的凭证后，下方显示凭证列表，刚关联生成的凭证处于"暂存"状态，单击对应的"凭证字号"，进入凭证查看页面。

在凭证查看页面，若需修改凭证，则单击【修改】按钮，进入凭证编辑页面。

根据案例背景修改凭证。设置公司为"环球日化深圳销售有限公司+学号"，记账日期为 20××-07-12，业务日期为 20××-07-12，确认无误后依次单击【保存】【提交】按钮，完成凭证编辑，如图 4-37 所示。

图 4-37　凭证录入完成并提交

凭证提交成功后，凭证状态由"暂存"变为"已提交"，并生成正式凭证字号，记录凭证字号，如图 4-38 所示。

图 4-38 记录凭证字号

5. 凭证审核

环球日化深圳销售有限公司总账共享岗樊江波审核记账凭证。樊江波进入金蝶 EAS 网页端，用户名为"fjb+学号"，密码为空，单击【登录】按钮，进入我的工作台页面。依次单击【应用】—【财务共享】—【总账共享】—【凭证查询】选项，进入凭证查询页面，如图 4-39 所示。

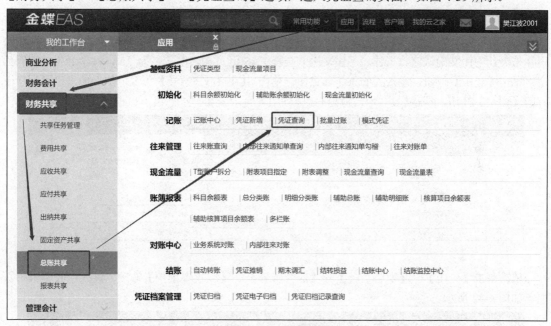

图 4-39 凭证查询

选择公司为"环球日化深圳销售有限公司+学号"，日期为 20××-07-01 至 20××-07-31，单击【确定】按钮，筛选凭证。如果列表凭证过多，还可通过搜索功能搜索凭证编号，精确查找对应凭证。勾选相应凭证(通过凭证编号确认)，单击【审核】按钮，如图 4-40 所示。

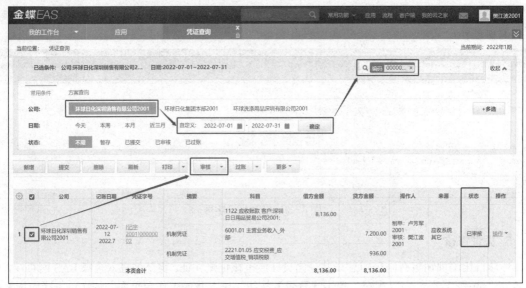

图 4-40　凭证审核

6. 应收折让

20××年 7 月 15 日，环球日化深圳销售有限公司给予深圳日日用品贸易公司 5%的折让，销售公司往来会计毛伟文确认应收折让。毛伟文进入金蝶 EAS 网页端，用户名为"mww+学号"，密码为空，单击【登录】按钮，进入我的工作台页面。单击【毛伟文+学号】头像，然后单击"组织"下方的【切换】按钮，切换组织为"环球日化深圳销售有限公司+学号"，如图 4-41 所示。

图 4-41　切换组织

依次单击【应用】—【财务会计】—【应收管理】—【应收单维护】选项，进入应收单维护页面，如图 4-42 所示。

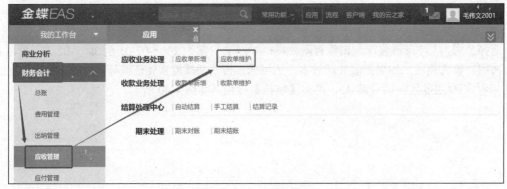

图 4-42　应收单维护

选择组织为"环球日化深圳销售有限公司+学号"，设置日期为20××-01-01 至 20××-12-31，单击【确定】按钮，筛选应收单。如果列表单据过多，还可通过搜索功能搜索应收单单据编号，精确查找对应单据。勾选相应单据(通过应收单单据编号确认)，依次单击【更多】—【折让】选项进入应收单编辑页面，如图 4-43 所示。

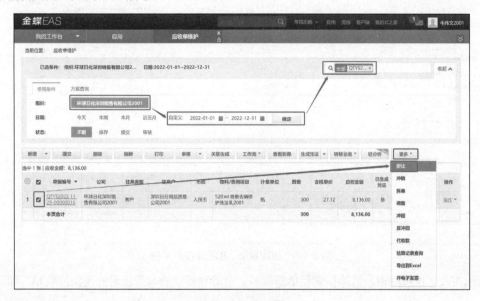

图 4-43 应收折让

根据案例背景修改相关信息，设置单据日期为 20××-07-15，税率为 13%，应收金额为-406.8，修改完毕后依次单击【保存】【提交】按钮，如图 4-44 所示。

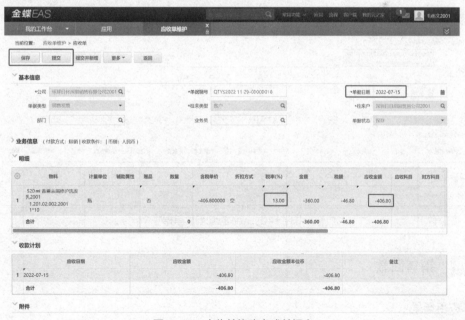

图 4-44 应收单修改完成并提交

提交完成后，系统自动生成新的应收单并自动审核。在【业务信息】页签下，可看到该应收单为"折让单据"，如图 4-45 所示。

图 4-45　应收单折让单据生成并审核

返回应收单维护列表，清除搜索栏单据编号，可看到折让前与折让后的两张应收单，如图 4-46 所示。

图 4-46　应收折让前后单据

案例四　销售回款

↗ 应用场景

□　销售回款结算：应收单和收款单结算。

□　对于关联应收单生成的收款单，系统将在收款单进行收款操作时进行自动结算，生成销售回款的结算记录。

❑ 对于没有通过关联关系自动结算和按核心单据号自动匹配结算的应收单和收款单，可通过销售回款结算功能进行结算，如图 4-47 所示。

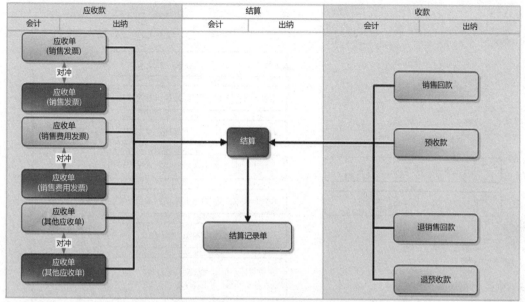

图 4-47 销售回款

❑ 自动结算是由系统自动查找应收单与收款单的匹配数据，进行结算。

❑ 手工结算指手工选择应收单和收款单进行结算，同时支持同币种结算和异币种结算。

↗ **实验数据**

环球日化深圳销售有限公司当年发生的业务中的销售回款业务，如表 4-5 所示。

表 4-5 销售回款业务

往来户	业务描述	金额(RMB)			
		应收	收款	应付	预付
福州佳佳洗涤用品公司	9月12日,环球日化深圳销售有限公司赊销500瓶260ml香熏丝质垂顺洗发乳给福州佳佳洗涤用品公司,含税单价为47.46元/瓶,税率为13%,确认应收款为23 730元,并开具增值税专用发票,9月15日收到全部货款	23 730	23 730		

往来户开票信息，如表 4-6 所示。

表 4-6 往来户开票信息

地区	开票日期	购货单位	纳税人识别号	地址、电话
深圳	20××年9月12日	福州佳佳洗涤用品公司	620102438002318	福州市城关区平凉路××号 1352872××××
开户行及账号	货物名称	数量	含税单价(元/瓶)	税率
东方红广场支行 27 0111111100000	260ml 香熏丝质垂顺洗发乳	500	47.46	13%

↗ **流程图**

销售回款业务流程，如图 4-48 所示。

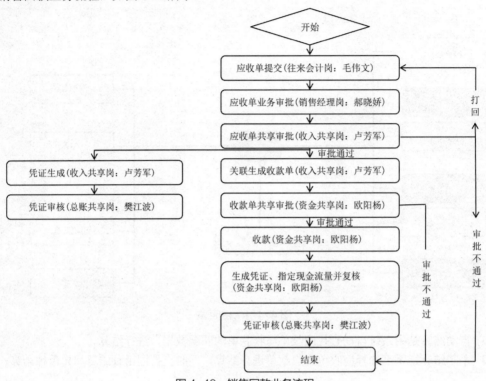

图 4-48　销售回款业务流程

↗ **操作指导**

1. 开具发票

应收单提交前，环球日化深圳销售有限公司先针对该笔销售开具增值税专用发票。

单击【税务共享服务平台】—【增值税专用开票】按钮，进入增值税专用发票开票界面，如图 4-49 所示。

销售回款

税务共享服务平台

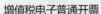
增值税电子普通开票

增值税普通开票

增值税专用开票

纳税申报

图 4-49　增值税专用发票开票

开票地区为"深圳"，开票日期为 20×× 年 9 月 12 日，购买方名称为"福州佳佳洗涤用品公司"，纳税人识别号为"620102438002318"，地址、电话为"福州市城关区平凉路××号 1352872××××"，开户行及账号为"东方红广场支行 27 0111111100000"，货物名称为"260ml 香熏丝质垂顺洗发乳"，数量为"500"，含税单价为"47.46"，税率为 13%，录入完成后单击【开票】按钮，系统自动弹出"另存为"提示框，将发票保存至本地，如图 4-50、图 4-51 所示。

图 4-50 增值税专用发票开票

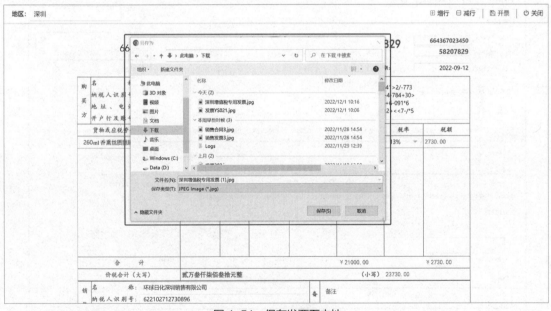

图 4-51 保存发票至本地

2. 应收单提交

环球日化深圳销售有限公司往来会计毛伟文提交应收单。毛伟文进入金蝶 EAS 网页端，用户名为"mww+学号"，密码为空，单击【登录】按钮，进入我的工作台页面。单击 【毛伟文+学号】头像，然后单击"组织"下方的【切换】按钮，切换组织为"环球日化深圳销售有限公司+学号"。

依次单击【应用】—【财务会计】—【应收管理】—【应收单新增】选项，进入应收单新增页面，如图 4-52 所示。

图 4-52　应收单新增

根据表 4-6 中的实验数据录入应收单。单据日期为"20××-09-12"，往来户为"福州佳佳洗涤用品公司+学号"；物料为"260ml 香熏丝质垂顺洗发乳+学号"，计量单位为"瓶"，数量为"500"，含税单价为 47.46，税率为 13%；应收日期为 20××-09-15；添加销售合同、销售发票附件。录入完成后依次单击【保存】【提交】按钮，并记录应收单单据编号，如 4-53 所示。

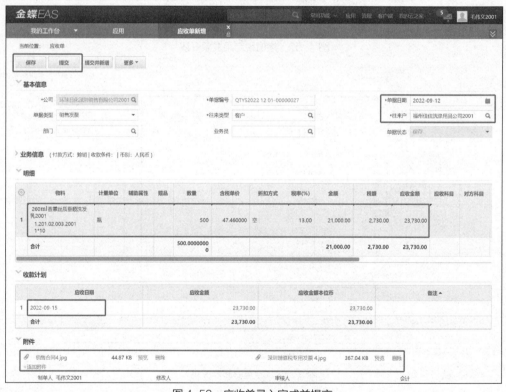

图 4-53　应收单录入完成并提交

3. 应收单业务审批

环球日化深圳销售有限公司销售经理郝晓娇进行应收单业务审批。郝晓娇进入金蝶 EAS 网页端，用户名"为 hxj+学号"，密码为空，单击【登录】按钮，进入我的工作台页面。

依次单击【流程】—【待办任务】—【常规待办】选项，进入常规待办任务页面。单击【处理】按钮或者双击刚刚提交的应收单(通过应收单单据编号确认)，进入单据审批页面，如图 4-54 所示。

图 4-54　常规待办任务查询

业务审批主要针对业务背景的真实性进行审批，此处业务真实发生，因此审批处理选择"同意"复选框，并单击【提交】按钮，如图 4-55 所示。

图 4-55　应收单业务审批

4. 应收单共享审批

环球日化深圳销售有限公司收入共享岗卢芳军共享审批应收单。卢芳军进入金蝶 EAS 网页端，用户名为"lfj+学号"，密码为空，单击【登录】按钮，进入我的工作台页面。单击 【卢芳军+学号】头像，然后单击"组织"下方的【切换】按钮，切换组织为"环球日化深圳销售有限公司+学号"。

依次单击【应用】—【财务共享】—【应收共享】—【应收任务池】选项，进入应收任务池页面，如图 4-56 所示。

图 4-56　应收任务池

依次单击【我的任务】—【应收单】—【更多】—【获取任务】选项，获取应收单，如图 4-57 所示。

单击相应单据主题(通过应收单单据编号确认)，进入单据处理页面。收入共享岗根据财务审批规则审批该案例。本案例符合财务审批规则，审批通过，单击【提交】按钮，如图 4-58 所示。

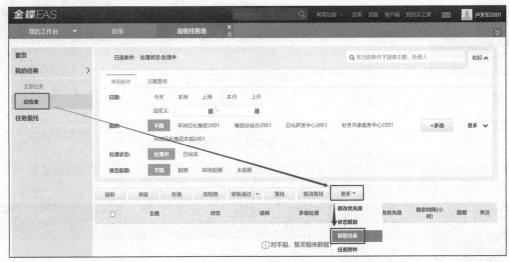

图 4-57　应收单获取

图 4-58　应收单共享审批

5. 应收单生成凭证

收入共享岗卢芳军关联应收单生成凭证。依次单击【应用】—【财务共享】—【应收共享】—【应收单维护】选项，进入应收单维护页面。

选择组织为"环球日化深圳销售有限公司+学号"，设置日期为20××-01-01 至 20××-12-31，单击【确定】按钮，筛选应收单。如果列表单据过多，还可通过搜索功能搜索单据编号，精确查找对应单据。勾选相应单据(通过应收单单据编号确认)，单击【生成凭证】按钮，如图 4-59 所示。

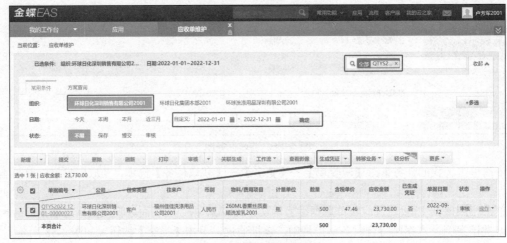

图 4-59　应收单生成凭证

单击【生成凭证】按钮后，系统会自动生成暂存凭证。依次单击单据最右侧的【操作】—【联查单据】选项，进入关联查询页面，可查看上下游单据。单击【下游单据】中对应的凭证后，下方显示凭证列表，刚关联生成的凭证处于"暂存"状态，单击对应的"凭证字号"，进入凭证查看页面。

在凭证查看页面，若需修改凭证，则单击【修改】按钮，进入凭证编辑页面。根据案例背景修改凭证。设置记账日期为20××-09-12，业务日期为20××-09-12，确认无误后依次单击【保存】【提交】按钮，如图4-60所示。

图 4-60 凭证录入完成并提交

凭证提交成功后，凭证状态由"暂存"变为"已提交"，并生成正式凭证字号，记录凭证字号，如图4-61所示。

图 4-61 记录凭证字号

6. 凭证审核

环球日化深圳销售有限公司总账共享岗樊江波审核记账凭证。樊江波进入金蝶EAS网页端，用户名为"fjb+学号"，密码为空，单击【登录】按钮，进入我的工作台页面。依次单击【应用】—【财务共享】—【总账共享】—【凭证查询】选项，进入凭证查询页面，如图4-62所示。

选择公司为"环球日化深圳销售有限公司+学号"，设置日期为20××-09-01至20××-09-30，单击【确定】按钮，筛选凭证。勾选相应凭证(通过凭证编号确认)，单击【审核】按钮，如图4-63所示。

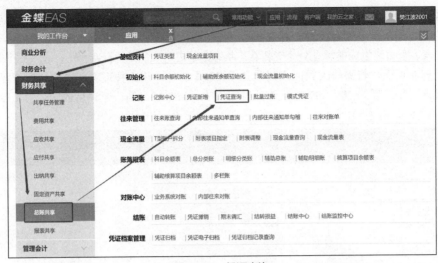

图 4-62　凭证查询

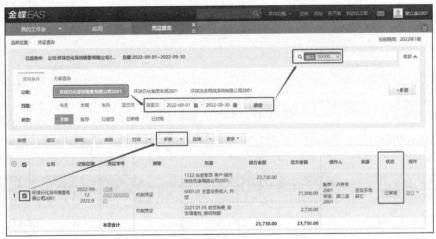

图 4-63　凭证审核

7. 关联生成收款单

9 月 15 日收到全部货款，收入共享岗卢芳军关联应收单生成收款单。卢芳军进入金蝶 EAS 网页端，用户名为"lfj+学号"，密码为空，单击【登录】按钮，进入我的工作台页面。

依次单击【应用】—【财务共享】—【应收共享】—【应收单维护】选项，进入应收单维护页面，如图 4-64 所示。

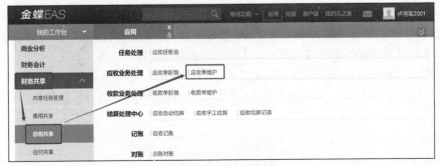

图 4-64　应收单维护

选择组织为"环球日化深圳销售有限公司+学号"，设置日期为 20××-01-01 至 20××-12-31，单击【确定】按钮，筛选应收单。如果列表单据过多，还可通过搜索功能搜索单据编号，精确查找对应单据。勾选相应单据(通过应收单单据编号确认)，单击【关联生成】按钮，如图 4-65 所示。

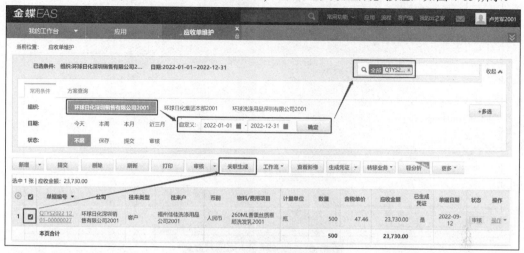

图 4-65 应收单关联生成收款单

选择目标单据为"收款单"，转换规则为"应收单生成收款单 SSC+学号"，单击【确定】按钮，进入收款单新增页面，如图 4-66 所示。

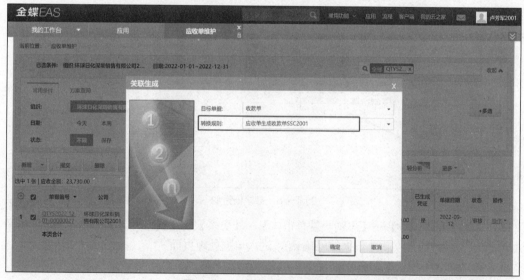

图 4-66 关联生成转换规则设置

根据案例背景录入相关信息。设置单据日期为 20××-09-15，选择收款账户为"招商银行龙华支行+学号"，收款科目为"商业银行存款"；添加银行回执单附件。录入完成后依次单击【保存】【提交】按钮，并记录收款单单据编号，如图 4-67 所示。

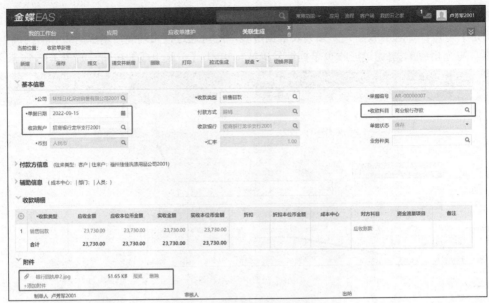

图 4-67 收款单录入完成并提交

8. 收款单共享审批

环球日化深圳销售有限公司资金共享岗欧阳杨共享审批收款单。欧阳杨进入金蝶 EAS 网页端，用户名为"oyy+学号"，密码为空，单击【登录】按钮，进入我的工作台页面。依次单击【应用】—【财务共享】—【共享任务管理】—【共享任务池】选项，进入共享任务池页面，如图 4-68 所示。

图 4-68 共享任务池

依次单击【我的任务】—【出纳收款单审核】—【更多】—【获取任务】选项，获取收款单。单击相应单据主题(通过收款单单据编号确认)，进入单据处理页面。

资金共享岗欧阳杨根据财务审批规则审批该案例。本案例符合财务审批规则，审批通过，单击【提交】按钮，如图 4-69 所示。

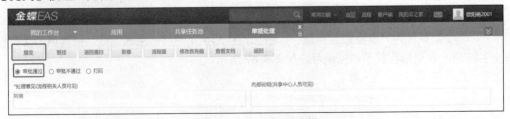

图 4-69 收款单共享审批

9. 登账参数设置

资金共享岗欧阳杨进行登账设置。欧阳杨进入金蝶 EAS 网页端，用户名为"oyy+学号"，密码为空，单击【登录】按钮，进入我的工作台页面。依次单击【财务共享】—【出纳共享】—【凭证复核】选项，进入凭证复核页面。

选择公司为"环球日化深圳销售有限公司+学号"，单击【登账设置】按钮，确认该组织的登账参数后单击【确定】按钮，如图 4-70 所示。

图 4-70　登账参数设置

10. 收款

资金共享岗欧阳杨确认收款。依次单击【应用】—【财务共享】—【出纳共享】—【收款单处理】选项，进入收款单序时簿页面，如图 4-71 所示。

图 4-71　收款单处理

选择公司为"环球日化深圳销售有限公司+学号"，设置日期为 20××-01-01 至 20××-12-31，单击【确定】按钮，筛选收款单。如果列表单据过多，还可通过搜索功能搜索收款单单据编号，精确查找对应单据。勾选相应单据(通过收款单单据编号确认)，单击【收款】按钮，如图 4-72 所示。

图 4-72　收款单收款

11. 收款单生成凭证、指定现金流量并复核

资金共享岗欧阳杨关联收款单生成凭证。在收款单序时簿页面,勾选相应单据(通过收款单单据编号确认),单击【生成凭证】按钮,如图 4-73 所示。

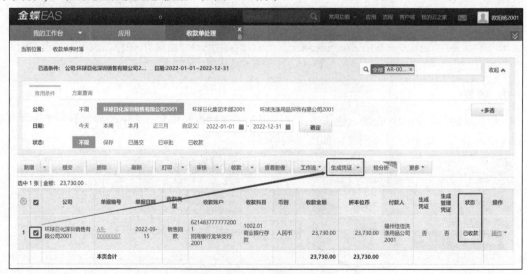

图 4-73　收款单生成凭证

单击【生成凭证】按钮后,系统会自动生成暂存凭证,依次单击单据最右侧的【操作】—【联查单据】选项,进入关联查询页面,可查看上下游单据。单击【下游单据】中对应的凭证后,下方显示凭证列表,刚关联生成的凭证处于"暂存"状态,单击对应的"凭证字号",进入凭证查看页面。

在凭证查看页面,若需修改凭证,则单击【修改】按钮,进入凭证编辑页面。根据案例背景修改凭证。设置记账日期为 20××-09-15,业务日期为"20××-09-15",确认无误后依次单击【保存】【提交】按钮,如图 4-74 所示。

系统自动弹出现金流量指定窗口,选择主表项目为"销售商品、提供劳务收到的现金",单击【保存】按钮后,凭证自动提交成功,如图 4-75 所示。

在凭证编辑页面复核该凭证,依次单击【更多】—【复核】选项,完成凭证复核,如图 4-76 所示。

图 4-74　凭证录入完成并提交

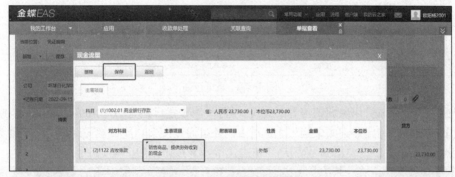

图 4-75　凭证指定现金流量

图 4-76　凭证复核

凭证提交成功后，凭证状态由"暂存"变为"已提交"，并生成正式凭证字号，记录凭证字号，如图 4-77 所示。

图 4-77　记录凭证字号

12. 凭证审核

总账共享岗樊江波审核记账凭证。樊江波进入金蝶 EAS 网页端，用户名为"fjb+学号"，密码为空，单击【登录】按钮，进入我的工作台页面。依次单击【应用】—【财务共享】—【总账共享】—【凭证查询】选项，进入凭证查询页面，如图 4-78 所示。

图 4-78 凭证查询

选择公司为"环球日化深圳销售有限公司+学号"，设置日期为 20××-09-01 至 20××-09-30，单击【确定】按钮，筛选凭证。如果列表凭证过多，还可通过搜索功能搜索凭证编号，精确查找对应凭证。勾选相应凭证(通过凭证编号确认)，单击【审核】按钮，如图 4-79 所示。

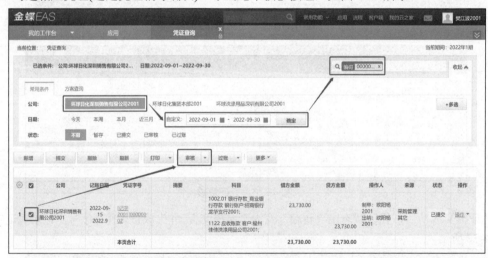

图 4-79 凭证审核

↗ 练习任务

10 月 2 日，环球日化深圳销售有限公司赊销 500 瓶 220ml 去屑止痒洗发露(双重护理系列)给成都丽倩商贸行，含税单价为 22.6 元/支，税率为 13%，环球日化深圳销售有限公司往来会计毛伟文(mww+学号)确认应收款为 11 300 元。10 月 15 日，公司收到货款。

第 5 章

应付共享

5.1 模块概述

↗ 模块简介

应付共享系统是财务共享管理信息系统的组成模块，全面支持 Web 页面，为用户提供互联网式操作体验。在财务共享服务中心进行相关配置后，财务人员可以在应付任务池进行任务处理，查询已分配的单据，以及任务处理进度、工作量、工作效率、排名情况。

应付共享系统提供多组织业务场景下应付单、付款申请单、付款单等单据的查询、批量处理及批量结算、批量记账、批量对账和批量结账，满足供应商应付款项业务的会计核算和管理工作，有效提高往来共享财务人员的工作效率，实现业务财务一体化的高度集成。

该系统既可以独立运行，也可以与出纳共享、应收共享、总账共享等模块集成应用，提供更完整、全面的财务共享管理解决方案，实现业务财务一体化的高度集成。

金蝶 EAS 应付共享系统为集团企业及单体企业提供了应付共享的全面解决方案，主要包括以下内容。

(1) 严谨的应付流程管理：支持从应付到付款申请、应付到付款、发票维护等业务流程，满足企业规范化的业务流程管理。

(2) 支持多种结算模式：支持手工结算、自动结算、按核心单据行号结算、按合同号结算等多种结算模式，满足企业多种经营管理的需要。

↗ 应付模块与其他模块的集成

应付共享系统与出纳共享、应收共享、总账共享等各业务系统一体化集成，保障业务信息与财务信息的高度同步与一致性，为企业决策层提供实时的业务管理信息。应付共享与其他模块的集成，如表 5-1 所示。

表 5-1　应付共享与其他模块集成

相关模块	集成内容
出纳共享	应付共享的付款单可以进入出纳共享的支付中心进行支付
应收共享	应付共享与应收共享可以进行往来转移的应用
总账共享	应付共享的数据，可以生成凭证，进入总账共享，且可参与总账的记账中心、对账中心、结账中心的业务处理
应付管理	多组织、批量支持应付管理的功能

↗ **应付业务流程总图(模块级别)**

应付业务流程总图(模块级别)，如图 5-1 所示。

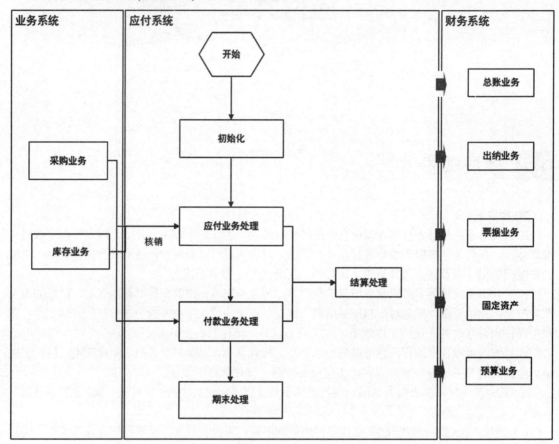

图 5-1　应付业务流程总图(模块级别)

↗ **各类应付业务流程简介**

应付管理提供多种业务流程以适应不同企业、不同业务场景下的管理需求。本章节对应付—付款流程、应付债务转移流程进行了简要的说明，包括适用业务场景、业务流程图等内容，为企业的业务流程设计提供参考。

上述业务流程上的各业务节点的具体操作说明，请详见"日常操作"章节。

(1) 应付—付款流程。应付—付款的流程是应付模块中最基本的流程，处理确认债务到付款的业务，主要包括应付单、付款单业务的处理。同时，在流程过程中实现了自动结算等功能。应付—付款的流程，如图 5-2 所示。

(2) 应付债务转移流程。债务转移，是指债务人经债权人同意，将自己的合同义务转移给第三人承担，债务人自己退出与债权人之间的合同关系。此流程用于支持债务转移业务的处理。应付债务转移流程，如图 5-3 所示。

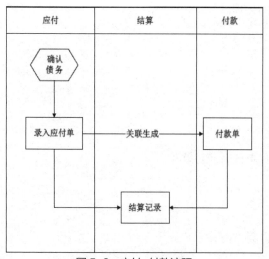

图 5-2　应付-付款流程

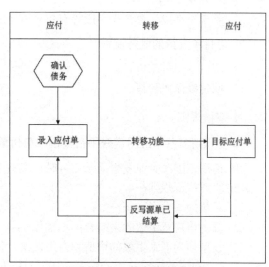

图 5-3　应付债务转移流程

↗ 应付任务池

1. 应付任务池概述

应付任务池提供一站式任务处理和绩效分析。其方便往来财务人员实时了解待处理的任务，提供链接切换进行业务处理，并通过报表统计往来财务人员的任务处理进度、工作量、工作效率及排名情况。

2. 应付任务池的主要功能

- ❑ 往来财务人员可以通过首页(工作台)查看本人需要处理的任务，包括已超期、处理中和待分配的单据。同时，其为用户提供列表页面，从不同维度展示不同业务类型(单据)的处理情况。
- ❑ 提供应付单及付款申请单、付款单序时簿页面。其显示按规则自动分配的审批任务，支持查询单据、影像、流程图及进行审核操作。
- ❑ 提供任务进度统计表、个人任务统计表、个人任务排名表等报表查询。其图文并茂，清晰地展示往来财务人员的任务处理进度、工作量、工作效率及排名情况。

3. 应付任务池的业务流程

- ❑ 查看单据的处理情况，主要是待处理情况。
- ❑ 处理单据，支持查询单据、影像、流程图，以及进行审核操作。
- ❑ 报表分析。

↗ 应付单

1. 应付单概述

应付单是用来确认债务的单据。它与传统意义上的发票不完全相同，因为确认债务的产生，有可能是入库即确认债务，不需要开出发票。系统采用应付单来统计应付的发生，也可通过应付单生成凭证传递到总账。

2. 应付单的主要功能

- ❑ 可维护采购发票、采购费用发票、其他应付单、应付借贷项调整单等多种类型的应付单。
- ❑ 支持价外税、价内税的多种算法，且价外税算法支持以含税字段计算不含税字段，或者以不含税字段计算含税字段等有效规避尾差的处理。

3. 应付单支持的业务流程

❑ 应付单—付款单。

❑ 应付单债务转移。

➚ 审批规则

1. 金蝶财务共享应用实践平台案例—应付单

(1) 适用范围：企业发生采购业务时，填写应付单确认应付款项。

(2) 主要审批规则：

❑ 税额须与发票税额一致；

❑ 须上传盖章生效的采购合同扫描件；

❑ 发票须为盖章生效的增值税专用发票，且开票方与往来户一致。

2. 金蝶财务共享应用实践平台案例—付款单

(1) 适用范围：企业支付往来款项时，填写付款单记录付款情况。

(2) 主要审批规则：

❑ 须上传盖章生效的采购合同扫描件；

❑ 须根据业务的真实情况填写付款类型；

❑ 不能跨月审批和付款。

3. 金蝶财务共享应用实践平台案例—付款申请单

(1) 适用范围：企业申请跨月支付往来款项时，填写付款申请单记录付款申请情况。

(2) 主要审批规则：

❑ 须上传盖章生效的采购合同扫描件；

❑ 须根据业务真实情况填写付款类型。

4. 金蝶财务共享应用实践平台案例—应付付款结算

(1) 适用范围：企业发生采购业务时，填写应付单确认应付款项，支付款项时关联生成付款单并进行付款结算。

(2) 主要审批规则：

❑ 税额须与发票税额一致；

❑ 须上传盖章生效的采购合同扫描件；

❑ 发票须为盖章生效的增值税专用发票，且开票方与往来户一致；

❑ 须根据业务真实情况填写付款类型。

5.2 实验练习

案例一　确认应付业务

➚ 应用场景

应付单是确认债务的重要凭据。若与物流系统联用，应付单审核时，可以反写核心单据行号的累计应付信息，供用户围绕核心单据进行管理。应付单可以关联生成付款单，且在付款时系统会自动结算，供用户进行准确的往来管理。

↗ 实验数据

环球洗涤用品深圳有限公司当年发生的业务中的有关应付业务，如表 5-2 所示。

表 5-2 确认应付业务

往来户	业务描述	金额(RMB)			
		应收	收款	应付	预付
广州市科萨商贸有限公司	7 月 5 日，环球洗涤用品深圳有限公司向广州市科萨商贸有限公司赊购 1 000 公斤清幽香精，含税单价为 96.05 元/公斤，税率为 13%，确认应付款为 96 050 元；环球洗涤用品深圳有限公司往来会计高倩兰(gql+学号)提交应付单			96 050	

↗ 流程图

确认应付业务的流程，如图 5-4 所示。

↗ 操作指导

1. 应付单提交

环球洗涤用品深圳有限公司往来会计高倩兰提交应付单。高倩兰进入金蝶 EAS 网页端，用户名为"gql+学号"，密码为空，单击【登录】按钮，进入我的工作台页面。单击 【高倩兰+学号】头像，然后单击"组织"下方的【切换】按钮，切换组织为"环球洗涤用品深圳有限公司+学号"。

依次单击【应用】—【财务会计】—【应付管理】—【应付单新增】选项，进入应付单新增页面，如图 5-5 所示。

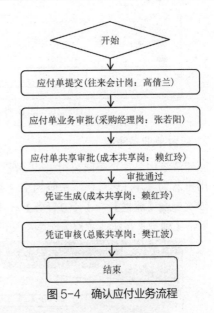

图 5-4 确认应付业务流程

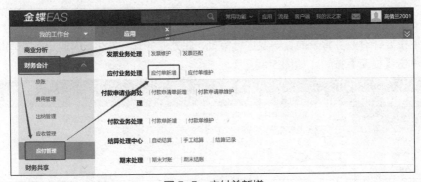

图 5-5 应付单新增

根据表 5-2 中的实验数据录入应付单。单据日期为 20××-07-05，往来户为"广州市科萨商贸有限公司+学号"；物料为"清幽香精+学号"，计量单位为"公斤(千克)"，数量为 1000，含税单价为 96.05，税率为 13%；添加采购发票、采购合同附件。录入完成后依次单击【保存】【提交】按钮，并记录应付单单据编号，如图 5-6 所示。

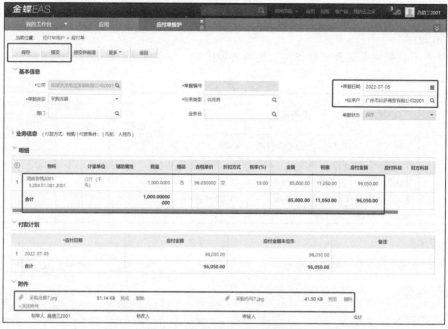

图 5-6 应付单录入完成并提交

2. 应付单业务审批

环球洗涤用品深圳有限公司采购经理张若阳进行应付单业务审批。张若阳进入金蝶 EAS 网页端，用户名为"zry+学号"，密码为空，单击【登录】按钮，进入我的工作台页面。

依次单击【流程】—【待办任务】—【常规待办】选项，进入常规待办任务页面，如图 5-7 所示。单击【处理】按钮或者双击刚刚提交的应付单(通过应付单单据编号确认)，进入单据审批页面。

图 5-7 常规待办任务查询

业务审批主要针对业务背景的真实性进行审批，此处业务真实发生，因此审批处理选择"同意"复选框，并单击【提交】按钮，如图 5-8 所示。

图 5-8 应付单业务审批

3. 应付单共享审批

环球洗涤用品深圳有限公司成本共享岗赖红玲进行应付单共享审批。赖红玲进入金蝶 EAS 网页端，用户名为"lhl+学号"，密码为空，单击【登录】按钮，进入我的工作台页面。依次单击【应用】—【财务共享】—【应付共享】—【应付任务池】选项，进入应付任务池页面，如图 5-9 所示。

图 5-9　应付任务池

依次单击【我的任务】—【应付单】—【更多】—【获取任务】选项，获取应付单。

单击相应单据主题(通过应付单单据编号确认)，进入单据处理页面。

成本共享岗赖红玲根据财务审批规则审批该案例。本案例符合财务审批规则，审批通过，单击【提交】按钮，如图 5-10 所示。

图 5-10　应付单共享审批

4. 应付单凭证生成

成本共享岗赖红玲关联应付单生成凭证。依次单击【应用】—【财务共享】—【应付共享】—【应付单维护】选项，进入应付单维护页面，如图 5-11 所示。

图 5-11　应付单维护

选择组织为"环球洗涤用品深圳有限公司+学号"，设置日期为 20××-01-01 至 20××-12-31，单击【确定】按钮，筛选应付单。如果列表单据过多，可通过搜索功能搜索单据编号，精确查找对应单据。勾选相应单据(通过应付单单据编号确认)，单击【生成凭证】按钮，如图 5-12 所示。

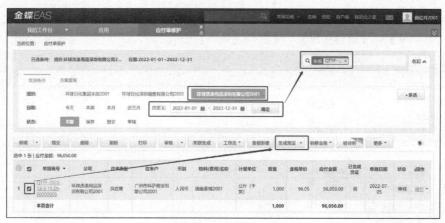

图 5-12　应付单生成凭证

单击【生成凭证】按钮后，系统会自动生成暂存凭证。依次单击单据最右侧的【操作】—【联查单据】选项，进入关联查询页面，可查看上下游单据。单击【下游单据】中对应的凭证后，下方显示凭证列表，刚关联生成的凭证处于"暂存"状态，单击对应的"凭证字号"，进入凭证查看页面。

在凭证查看页面，若需修改凭证，则单击【修改】按钮，进入凭证编辑页面。根据案例背景修改凭证。设置记账日期为 20××-07-05，业务日期为 20××-07-05，确认无误后依次单击【保存】【提交】按钮，如图 5-13 所示。

图 5-13　凭证录入完成并提交

凭证提交成功后，凭证状态由"暂存"变为"已提交"，并生成正式凭证字号，记录凭证字号，如图 5-14 所示。

图 5-14　记录凭证字号

5. 凭证审核

环球洗涤用品深圳有限公司总账共享岗樊江波审核记账凭证。樊江波进入金蝶 EAS 网页端，用户名为"fjb+学号"，密码为空，单击【登录】按钮，进入我的工作台页面。

依次单击【应用】—【财务共享】—【总账共享】—【凭证查询】选项，进入凭证查询页面，如图 5-15 所示。

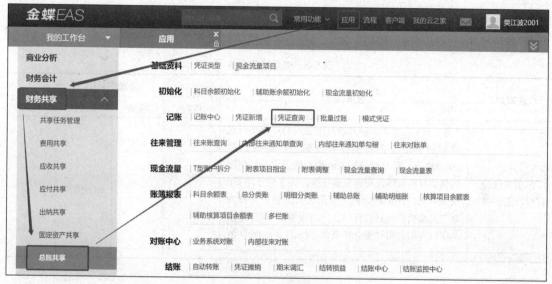

图 5-15　凭证查询

选择公司为"环球洗涤用品深圳有限公司+学号"，设置日期为 20××-07-01 至 20××-07-31，单击【确定】按钮，筛选凭证。如果列表凭证过多，还可通过搜索功能搜索凭证编号，精确查找对应凭证。勾选相应凭证(通过凭证编号确认)，单击【审核】按钮，如图 5-16 所示。

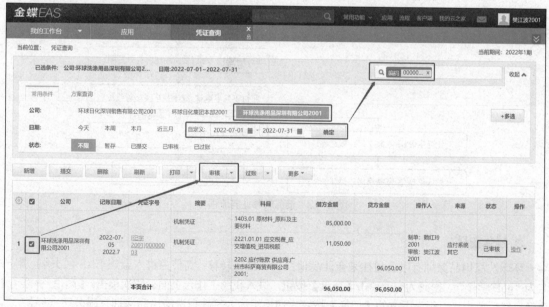

图 5-16　凭证审核

案例二 债务转移

↗ 应用场景

债务转移是将原对 A 的债务转移为对 B 的债务。这种情况仅用来处理转移到 B，但 B 并没有付款的情况。对于债务转移且 B 已经付款的情况，可以放在结算中进行处理。

↗ 实验数据

环球洗涤用品深圳有限公司当年发生的业务中的债务转移业务，如表 5-3 所示。

表 5-3　债务转移业务

往来户	业务描述	金额(RMB)			
		应收	收款	应付	预付
广州塑料包装材料有限公司	7月8日，广州市科萨商贸有限公司与广州塑料包装材料有限公司发生业务往来，产生应付款 100 000 元；环球洗涤用品深圳有限公司与广州塑料包装材料有限公司有商业往来，为了便于结算，决定将对广州市科萨商贸有限公司的债务转移为对广州塑料包装材料有限公司的债务；环球洗涤用品深圳有限公司往来会计高倩兰(gql+学号)确认债务转移			96 050	

↗ 流程图

债务转移业务流程，如图 5-17 所示。

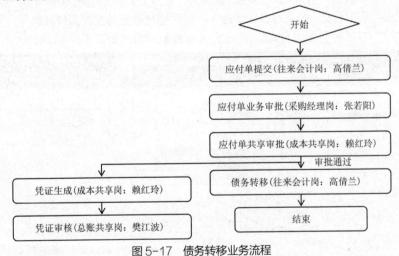

图 5-17　债务转移业务流程

↗ 操作指导

环球洗涤用品深圳有限公司往来会计高倩兰确认债务转移。高倩兰进入金蝶 EAS 网页端，用户名为"gql+学号"，密码为空，单击【登录】按钮，进入我的工作台页面。依次单击【高倩兰+学号】头像，然后单击"组织"下方的【切换】按钮，切换组织为"环球洗涤用品深圳有限公司+学号"。

依次单击【应用】—【财务会计】—【应付管理】—【应付单维护】选项，进入应付单维护页面，如图 5-18 所示。

图 5-18　应付单维护

选择组织为"环球洗涤用品深圳有限公司+学号"，设置日期为 20××-01-01 至 20××-12-31，单击【确定】按钮，筛选应付单，如图 5-19 所示。如果列表单据过多，可通过搜索功能搜索单据编号，精确查找对应单据。

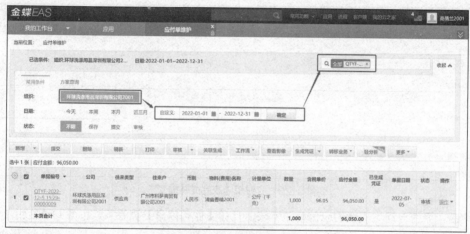

图 5-19　筛选应付单

勾选相应单据(通过应付单单据编号确认)，依次单击【转移业务】—【债务转移】选项，如图 5-20 所示。

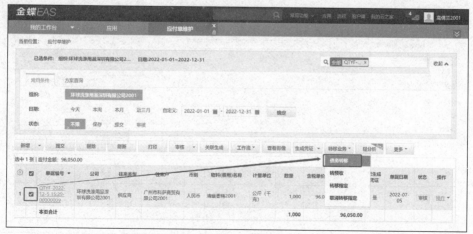

图 5-20　债务转移

在信息提示"更改往来户时是否同时修改往来户相关信息？"选择"否"，如图 5-21 所示。

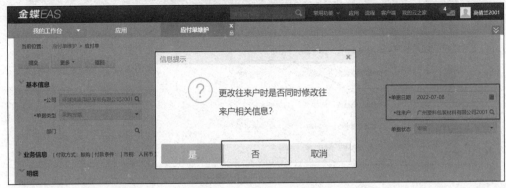

图 5-21　应付单修改提示

根据案例背景修改相关信息，设置单据日期为 20××-07-08，往来户为"广州塑料包装材料有限公司+学号"，修改完成后单击【提交】按钮，如图 5-22 所示。

图 5-22　应付单修改完成并提交

提交后，系统自动生成新的应付单并审核，且在【业务信息】页签下，可看到该应付单为"转移生成"，如图 5-23 所示。

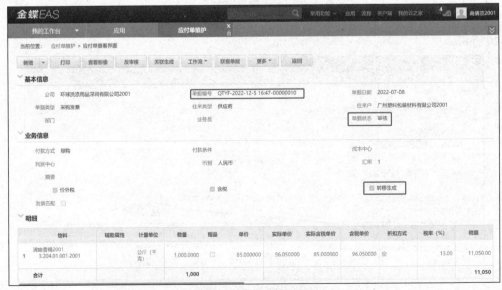

图 5-23　应付单查看

案例三　付款申请单

↗ 应用场景

付款申请单是为了处理应付系统跨月付款申请的业务而特别增加的一张单据。

↗ 实验数据

环球洗涤用品深圳有限公司当年发生的业务中的付款申请单业务，如表 5-4 所示。

表 5-4　付款申请单业务

往来户	业务描述	金额(RMB)			
		应收	收款	应付	预付
成都伊瓦有限公司	环球洗涤用品深圳有限公司即将生产一种新型产品，需要原料角鲨烷，8 月 26 日向珠海市博聪生物科技有限公司购买 100 公斤角鲨烷(原料膏体)，含税单价为 113 元/公斤，税率为 13%，计划 9 月 6 日付款；环球洗涤用品深圳有限公司往来会计高倩兰(gql+学号)提交付款申请单			11 300	

↗ 流程图

付款申请单业务流程，如图 5-24 所示。

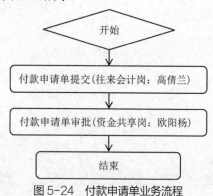

图 5-24　付款申请单业务流程

↗ 操作指导

1. 付款申请单提交

环球洗涤用品深圳有限公司往来会计高倩兰提交付款申请单。高倩兰进入金蝶 EAS 网页端，用户名为"gql+学号"，密码为空，单击【登录】按钮，进入我的工作台页面。单击【高倩兰+学号】头像，然后单击"组织"下方的【切换】按钮，切换组织为"环球洗涤用品深圳有限公司+学号"。

依次单击【应用】—【财务会计】—【应付管理】—【付款申请单新增】选项，进入付款申请单新增页面，如图 5-25 所示。

图 5-25　付款申请单新增

　　根据表 5-4 中的实验数据录入付款申请单。选择公司为"环球洗涤用品深圳有限公司+学号"，设置单据日期为 20××-08-26，申请人为"高倩兰+学号"；请款事由为"购买产品原料角鲨烷"；付款类型为"采购付款"，往来类型为"供应商"，往来户为"201.01.003.2001 珠海市博聪生物科技有限公司+学号"，申请付款金额为 11 300，付款日期为 20××-09-06；添加采购合同、采购发票附件。录入完成后依次单击【保存】【提交】按钮，如图 5-26 所示。

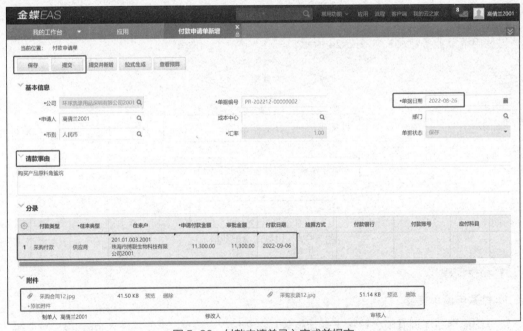

图 5-26　付款申请单录入完成并提交

2. 付款申请单审批

　　环球洗涤用品深圳有限公司资金共享岗欧阳杨共享审批付款申请单。欧阳杨进入金蝶 EAS 网页端，用户名为"oyy+学号"，密码为空，单击【登录】按钮，进入我的工作台页面。依次单击【应用】—【财务共享】—【共享任务管理】—【共享任务池】选项，进入共享任务池页面，如图 5-27 所示。

　　依次单击【我的任务】—【付款申请单】—【更多】—【获取任务】选项，获取付款申请单，如图 5-28 所示。

图 5-27　共享任务池

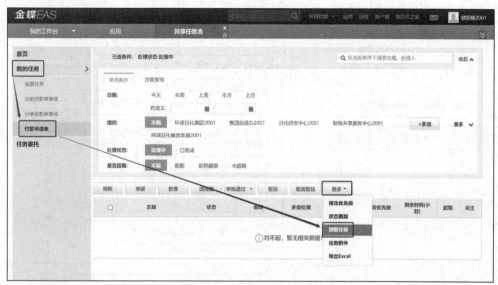

图 5-28　付款申请单获取

单击相应单据主题(通过付款申请单单据编号确认)，进入单据处理页面。

资金共享岗欧阳杨根据财务审批规则审批该案例。本案例符合财务审批规则，审批通过，单击【提交】按钮。

案例四　采购付款

↗ 应用场景

企业发生采购业务时，填写应付单确认应付款项，支付款项时关联生成付款单并进行付款结算。

↗ 实验数据

环球洗涤用品深圳有限公司当年发生的业务中的采购付款业务，如表 5-5 所示。

表 5-5　采购付款业务

往来户	业务描述	金额(RMB)			
		应收	收款	应付	预付
广州市蒂斯曼化工有限公司	9 月 17 日，环球洗涤用品深圳有限公司向广州市蒂斯曼化工有限公司赊购 5 000 公斤表面活性剂，含税单价为 25.6 元/公斤，税率为 13%，计划 9 月 20 日通过网银支付全部货款			128 000	

⬈ 流程图

采购付款业务流程，如图 5-29 所示。

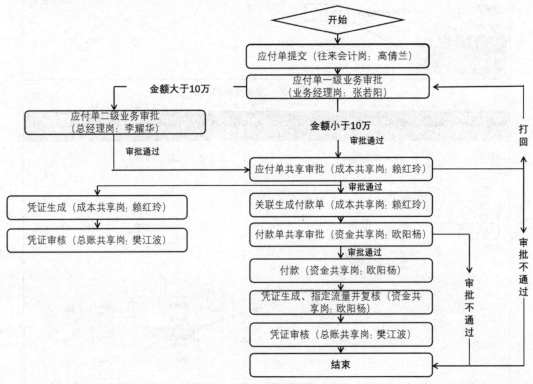

图 5-29　采购付款业务流程

⬈ 操作指导

1. 应付单提交

采购付款

环球洗涤用品深圳有限公司往来会计高倩兰提交应付单。高倩兰进入金蝶 EAS 网页端，用户名为 "gql+学号"，密码为空，单击【登录】按钮，进入我的工作台页面。单击 【高倩兰+学号】头像，然后单击 "组织" 下方的【切换】按钮，切换组织为 "环球洗涤用品深圳有限公司+学号"。

依次单击【应用】—【财务会计】—【应付管理】—【应付单新增】选项，进入应付单新增页面，如图 5-30 所示。

图 5-30　应付单新增

根据表 5-5 中的实验数据录入应付单。单据日期为 20××-09-17，往来户为"广州市蒂斯曼化工有限公司+学号"；物料为"表面活性剂+学号"，计量单位为"公斤(千克)"，数量为 5 000，含税单价 25.6，税率为 13%；应付日期为 20××-09-20；添加采购合同、采购发票附件。录入完成后依次单击【保存】【提交】按钮，并记录应付单单据编号，如图 5-31 所示。

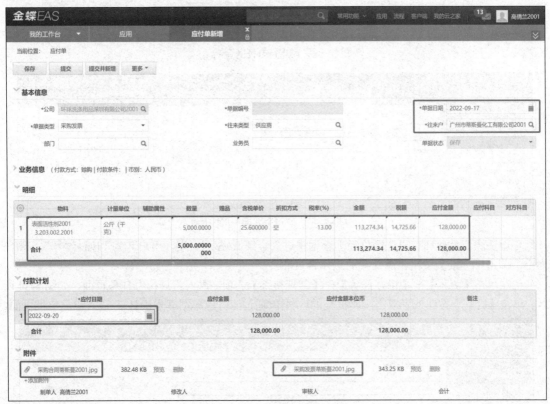

图 5-31 应付单录入完成并提交

2. 应付单业务审批

根据前期规划的应付单多级审批共享流程，洗涤公司往来会计提交应付单后，单据先流转到业务经理处进行一级业务审批，若单据应付金额小于 10 万元，流程自动进入共享审批节点；若单据应付金额大于或等于 10 万元，则在业务经理进行一级业务审批后，单据先流转到总经理进行二级业务审批，总经理审批通过后再流转进入共享审批节点。

因该应付单应付金额大于 10 万元，业务审批节点需经过"业务经理审批"和"总经理审批"两个节点。

环球洗涤用品深圳有限公司采购经理张若阳进行应付单业务审批。张若阳进入金蝶 EAS 网页端，用户名为"zry+学号"，密码为空，单击【登录】按钮，进入我的工作台页面。

依次单击【流程】—【待办任务】—【常规待办】选项，进入常规待办任务页面，如图 5-32 所示。单击【处理】按钮或者双击刚刚提交的应付单(通过应付单单据编号确认)，进入单据审批页面。

业务审批主要针对业务背景的真实性进行审批，此处业务真实发生，因此审批处理选择"同意"复选框，并单击【提交】按钮，如图 5-33 所示。

图 5-32　常规待办任务查询(a)

图 5-33　应付单业务审批(a)

环球洗涤用品深圳有限公司总经理李耀华进入金蝶 EAS 网页端,用户名为"lyh+学号",密码为空,单击【登录】按钮,进入我的工作台页面。

依次单击【流程】—【待办任务】—【常规待办】选项,进入常规待办任务页面,如图 5-34 所示。单击【处理】按钮或者双击刚刚提交的应付单(通过应付单单据编号确认),进入单据审批页面。

图 5-34　常规待办任务查询(b)

业务审批主要针对业务背景的真实性进行审批,此处业务真实发生,因此审批处理选择"同意"复选框,并单击【提交】按钮,如图 5-35 所示。

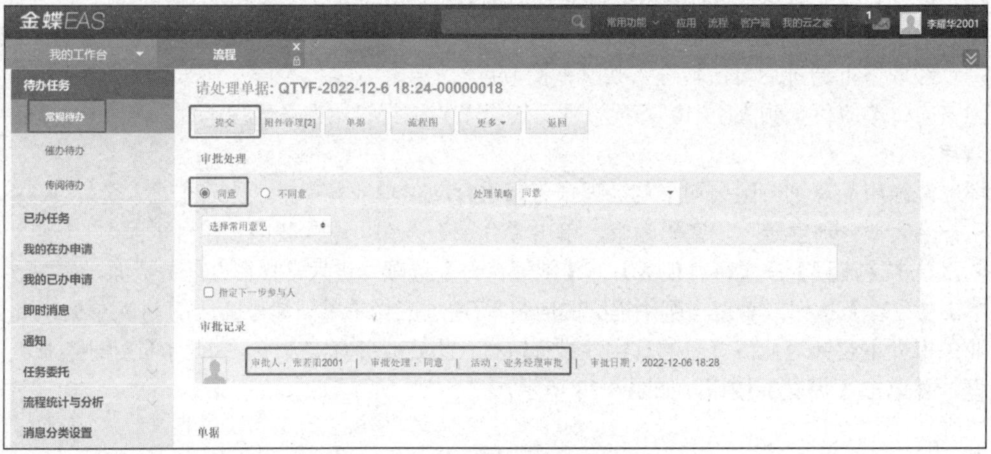

图 5-35　应付单业务审批(b)

3. 应付单共享审批

环球洗涤用品深圳有限公司成本共享岗赖红玲进行应付单共享审批。赖红玲进入金蝶 EAS 网页端，用户名为"lhl+学号"，密码为空，单击【登录】按钮，进入我的工作台页面。依次单击【应用】—【财务共享】—【应付共享】—【应付任务池】选项，进入应付任务池页面，如图 5-36 所示。

图 5-36　应付任务池

依次单击【我的任务】—【应付单】—【更多】—【获取任务】选项，获取应付单。

单击相应单据主题(通过应付单单据编号确认)，进入单据处理页面。

成本共享岗赖红玲根据财务审批规则审批该案例。本案例符合财务审批规则，审批通过，单击【提交】按钮，如图 5-37 所示。

图 5-37　应付单共享审批

4. 应付单生成凭证

成本共享岗赖红玲关联应付单生成凭证。依次单击【应用】—【财务共享】—【应付共享】—【应付单维护】选项，进入应付单维护页面，如图 5-38 所示。

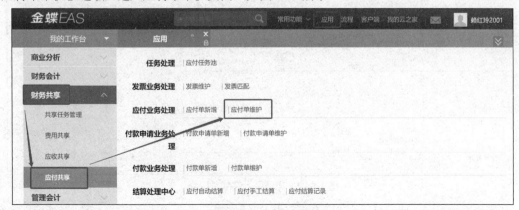

图 5-38　应付单维护

选择组织为"环球洗涤用品深圳有限公司+学号",设置日期为 20××-01-01 至 20××-12-31,单击【确定】按钮,筛选应付单。如果列表单据过多,可通过搜索功能搜索单据编号,精确查找对应单据。勾选相应单据(通过应付单单据编号确认),单击【生成凭证】按钮,如图 5-39 所示。

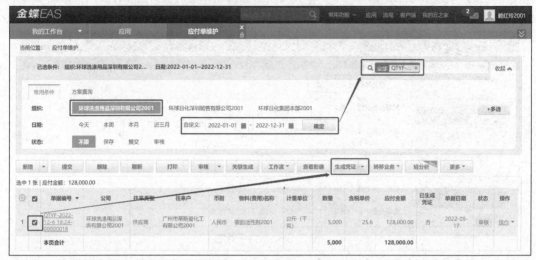

图 5-39 应付单生成凭证

单击【生成凭证】按钮后,系统会自动生成暂存凭证。依次单击单据最右侧的【操作】—【联查单据】选项,进入关联查询页面,可查看上下游单据。单击【下游单据】中对应的凭证后,下方显示凭证列表,刚关联生成的凭证处于"暂存"状态,单击对应的"凭证字号",进入凭证查看页面。

在凭证查看页面,若需修改凭证,则单击【修改】按钮,进入凭证编辑页面。根据案例背景修改凭证。设置记账日期为 20××-09-17,业务日期为 20××-09-17,确认无误后依次单击【保存】【提交】按钮,如图 5-40 所示。

图 5-40 凭证录入完成并提交

凭证提交成功后,凭证状态由"暂存"变为"已提交",并生成正式凭证字号,记录凭证字号,如图 5-41 所示。

图 5-41　记录凭证字号

5. 凭证审核

环球洗涤用品深圳有限公司总账共享岗樊江波审核记账凭证。樊江波进入金蝶 EAS 网页端，用户名为"fjb+学号"，密码为空，单击【登录】按钮，进入我的工作台页面。

依次单击【应用】—【财务共享】—【总账共享】—【凭证查询】选项，进入凭证查询页面，如图 5-42 所示。

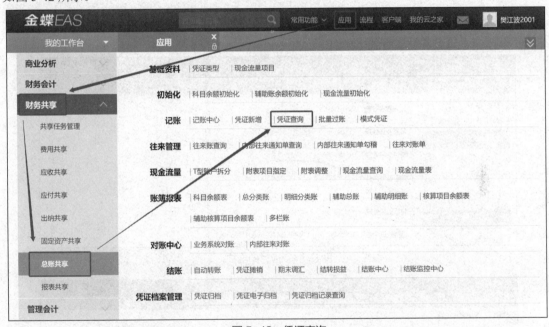

图 5-42　凭证查询

选择公司为"环球洗涤用品深圳有限公司+学号"，设置日期为 20××-09-01 至 20××-09-30，单击【确定】按钮，筛选凭证。勾选相应凭证(通过凭证编号确认)，单击【审核】按钮，如图 5-43 所示。

6. 关联生成付款单

成本共享岗赖红玲关联应付单生成付款单。赖红玲进入金蝶 EAS 网页端，用户名为"lhl+学号"，密码为空，单击【登录】按钮，进入我的工作台页面。依次单击【应用】—【财务共享】—【应付共享】—【应付单维护】选项，进入应付单维护页面，如图 5-44 所示。

选择组织为"环球洗涤用品深圳有限公司+学号"，设置日期为 20××-01-01 至 20××-12-31，单击【确定】按钮，筛选应付单。如果列表单据过多，可通过搜索功能搜索单据编号，精确查找对应单据。勾选相应单据(通过应付单单据编号确认)，单击【关联生成】选项进入关联生成页面，如图 5-45 所示。

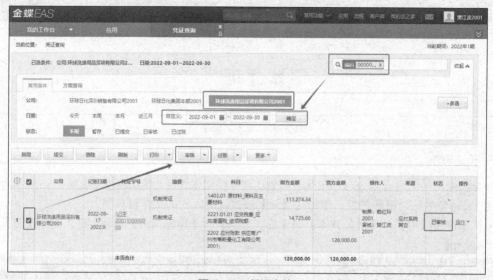

图 5-43　凭证审核

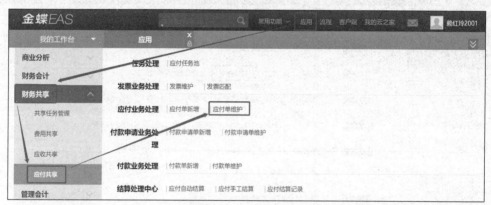

图 5-44　应付单维护

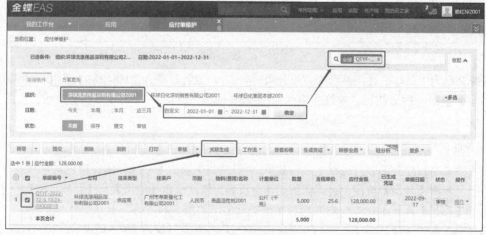

图 5-45　关联生成

选择目标单据为"付款单",转换规则为"应付单生成付款单 SSC+学号,单击【确定】按钮,进入付款单编辑页面,如图 5-46 所示。

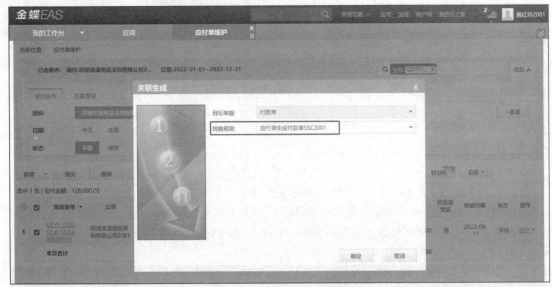

图 5-46 关联生成转换规则设置

根据实验数据录入相关信息。设置付款类型为"采购付款",业务日期为 20××-09-17,单据日期为 20××-09-20,选择付款账户为"招商银行时代广场支行+学号"。录入完成后依次单击【保存】【提交】按钮,并记录付款单单据编码,如图 5-47 所示。

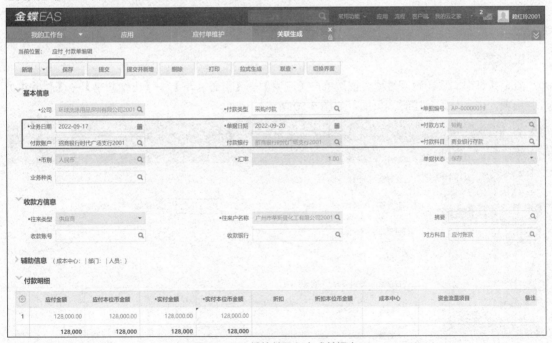

图 5-47 付款单录入完成并提交

7. 付款单共享审批

环球洗涤用品深圳有限公司资金共享岗欧阳杨共享审批付款单。欧阳杨进入金蝶 EAS 网页端,用户名为"oyy+学号",密码为空,单击【登录】按钮,进入我的工作台页面。依次单击【应用】—【财务共享】—【共享任务管理】—【共享任务池】选项,进入共享任务池页面,如图 5-48 所示。

图 5-48 共享任务池

依次单击【我的任务】—【出纳付款单审核】—【更多】—【获取任务】选项,获取付款单。单击相应单据主题(通过付款单单据编号确认),进入单据处理页面。

资金共享岗欧阳杨根据财务审批规则审批该案例。本案例符合财务审批规则,审批通过,单击【提交】按钮,如图 5-49 所示。

图 5-49 付款单共享审批

8. 付款

资金共享岗欧阳杨确认付款。依次单击【应用】—【财务共享】—【出纳共享】—【付款单处理】选项,进入付款单序时簿页面,如图 5-50 所示。

图 5-50 付款单处理

选择公司为"环球洗涤用品深圳有限公司+学号",设置日期为 20××-01-01 至 20××-12-31,单

击【确定】按钮，筛选付款单。如果列表单据过多，可通过搜索功能搜索单据编号，精确查找对应
单据。勾选相应单据(通过付款单单据编号确认)，单击【付款】按钮，如图 5-51 所示。

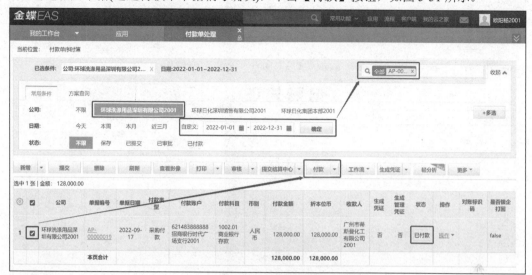

图 5-51　付款单付款

9. 付款单生成凭证、指定现金流量并复核

资金共享岗欧阳杨关联付款单生成凭证。在付款单序时簿页面，选择公司为"环球洗涤用品深
圳有限公司+学号"，设置日期为 20××-01-01 至 20××-12-31，单击【确定】按钮，筛选付款单。如
果列表单据过多，可通过搜索功能搜索单据编号，精确查找对应单据。勾选相应单据(通过付款单单
据编号确认)，单击【生成凭证】按钮，如图 5-52 所示。

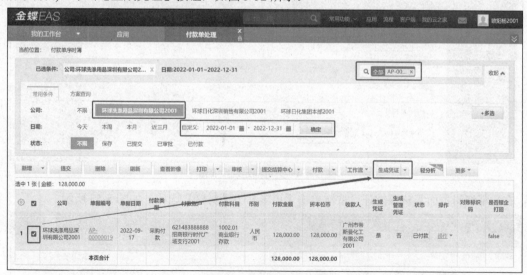

图 5-52　付款单生成凭证

单击【生成凭证】按钮后，系统会自动生成暂存凭证，依次单击单据最右侧的【操作】—【联
查单据】选项，进入关联查询页面，可查看上下游单据。单击【下游单据】中对应的凭证后，下方
显示凭证列表，刚关联生成的凭证处于"暂存"状态，单击对应的"凭证字号"进入凭证查看页面。

在凭证查看页面，若需修改凭证，则单击【修改】按钮，进入凭证编辑页面。根据案例背景修

改凭证。设置记账日期为 20××-09-20，业务日期为 20××-09-20，确认无误后依次单击【保存】【提交】按钮，如图 5-53 所示。

图 5-53　凭证录入完成并提交

系统自动弹出现金流量指定窗口，选择主表项目为"购买商品、接受劳务支付的现金"，单击【保存】按钮后，凭证自动提交成功，如图 5-54 所示。

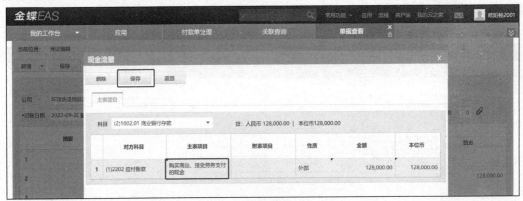

图 5-54　凭证指定现金流量

在凭证编辑页面复核该凭证，依次单击【更多】—【复核】选项，如图 5-55 所示。

图 5-55　凭证复核

如果在该页面复核不成功，提示"请设置登账参数"，则依次单击【应用】—【财务共享】—【出纳共享】—【凭证复核】选项，进入凭证复核页面，选择复核的公司，单击【登账设置】按钮，确认该组织的登账参数后，单击【确定】按钮，如图 5-56 所示。然后，再执行复核。

图 5-56　登账参数设置

凭证提交成功后，凭证状态由"暂存"变为"已提交"，并生成正式凭证字号，记录凭证字号，如图 5-57 所示。

图 5-57　记录凭证字号

10. 凭证审核

总账共享岗樊江波审核记账凭证。樊江波进入金蝶 EAS 网页端，用户名为"fjb+学号"，密码为空，单击【登录】按钮，进入我的工作台页面。

依次单击【应用】—【财务共享】—【总账共享】—【凭证查询】选项，进入凭证查询页面，如图 5-58 所示。

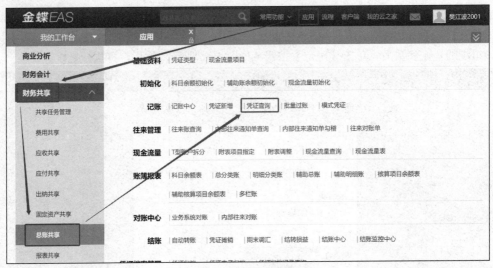

图 5-58 凭证查询

选择公司为"环球洗涤用品深圳有限公司+学号",设置日期为 20××-09-01 至 20××-09-30,单击【确定】按钮,筛选凭证。如果列表凭证过多,可通过搜索功能搜索凭证编号,精确查找对应凭证。勾选相应凭证(通过凭证编号确认),单击【审核】按钮,如图 5-59 所示。

图 5-59 凭证审核

↗ 练习任务

11 月 9 日,环球洗涤用品深圳有限公司向珠海市博聪生物科技有限公司赊购 200 千克鲜梨花香精,含税单价为 63.28 元/千克,税率为 13%,计划 11 月 11 日付款。

第6章

费用共享

6.1 模块概述

⤴ 模块简介

费用共享系统提供费用任务池、费用核算、费用记账等费用会计功能，以及预算控制、下推付款单等财务管理功能，帮助财务共享服务中心的财务人员实现高效准确的费用审核、费用记账工作。费用共享系统能够有效地提高财务处理效率，降低财务处理成本，推动财务转型，提升财务管理价值。该系统既可以独立运行，也可以与报表共享、出纳共享、费用共享、资产共享、应收共享、应付共享等模块结合使用，提供更完整、全面的财务共享管理解决方案。

费用共享常用的单据包括：借款单、费用报销单、出差借款单和差旅费报销单等。

⤴ 费用共享的管理模式

费用共享管理模式，如图 6-1 所示。

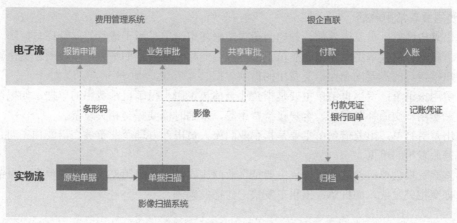

图 6-1　费用共享管理模式

⤴ 系统应用价值

1. 效率方面

(1) 规范单据填写，确保审批流程顺畅。

(2) 费用管理与财务集成，提高财务工作效率。

2. 业绩方面

(1) 能对费用进行有效的控制，提升企业利润率。

(2) 防止不合理费用产生。

(3) 通过各种监控,确保资金的合理利用。

3. 规避风险方面

建立规范的费用报销制度,防止舞弊行为。

4. 决策方面

(1) 即时费用分析,使决策有据可依。

(2) 利润中心考核更加准确,给经营决策提供依据。

↗ 费用共享的主要功能

1. 费用任务池

业务员只能处理分配到自己名下的任务。业务员登录后可通过首页(工作台)查询个人任务统计表、个人任务排名表,监控自己名下的任务处理情况、任务处理效率及排名情况,单击首页相应的选项,可进入相应的处理单据页面。

2. 费用核算

费用核算功能即提供会计处理工作平台,主要包括借款单、出差借款单、费用报销单、差旅费报销单等 9 类单据序时簿,支持挂账、生成凭证、删除凭证、生成付款单。

3. 费用记账

费用记账功能即提供凭证生成工作台,支持组织切换,可以对费用报销模块符合条件的单据批量生成凭证。

↗ 费用共享常用单据

- ❑ 出差申请单:员工出差前,须向公司提交出差申请单,用于进行差旅管理与控制。
- ❑ 借款单:借款单主要是指企业员工因办理企业相关事务,如举办市场活动、文化建设、客户接待等的需要向企业借支费用的借款单据。
- ❑ 费用报销单:费用报销单主要是指企业全体员工用于报销日常费用的单据,如报销手机补贴费用、交通补贴费用、客户接待费用等,报销时需要提交相关发票。
- ❑ 出差借款单:出差借款单主要是指企业商旅人员出差办理企业事务,需要预先向企业借支差旅费用的单据。
- ❑ 差旅费报销单:差旅费报销单主要是企业商旅人员用于报销差旅费用的单据,报销时需要提交相关发票,如机票、出租车发票、住宿发票等。

6.2 实验练习

案例一 费用报销

↗ 审批规则

金蝶财务共享应用实践平台操作案例—费用报销单

适用范围:手机补贴费、交通补贴费、招待费、部门活动费、办公用品费、广告费、品牌费、招聘费等员工费用的报销。

主要审批规则：

- □ 各类型费用报销须在规定报销标准内进行，超过标准不予报销，如手机费补贴为"普通员工 300 元，总监、经理及以上 500 元"；
- □ 招待费一般为餐饮娱乐业发票，须以实际发生费用的票据报销；
- □ 广告费发票应为增值税专用发票，若不能开具增值税专用发票，则要扣减税点后支付。

↗ 实验数据

7 月 5 日，环球洗涤用品深圳有限公司采购员李霞在京东采购了一台佳能(Canon) C3020/3520 系列打印一体机，采购费用为 14 399 元，李霞(lx+学号)提交费用报销单。7 月 15 日，支付李霞报销费用。

↗ 流程图

费用报销业务流程，如图 6-2 所示。

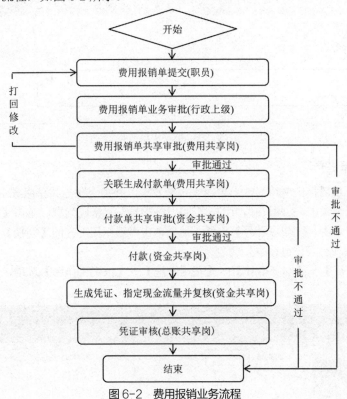

图 6-2 费用报销业务流程

↗ 操作指导

1. 收款信息新增

员工提交报销前需要先录入员工个人收款信息。

员工李霞进入金蝶 EAS 网页端，用户名为"lx+学号"，密码为空，单击【登录】按钮，进入我的工作台页面。单击 【李霞+学号】头像，然后单击"组织" 下方的【切换】按钮，切换组织为"环球洗涤用品深圳有限公司+学号"。

依次单击【应用】—【财务会计】—【费用管理】—【收款信息】选项，进入收款信息页面，如图 6-3 所示。

图 6-3 收款信息查询

单击【新增】按钮，录入收款人为"李霞+学号"，收款银行为"招商银行深圳分行"，银行账号为"633357887899+学号"，填写完成后单击【保存】按钮，如图 6-4 所示。

图 6-4 收款信息新增

2. 费用报销单提交

员工李霞进行费用报销单填写，上传相关报销发票，并提交财务共享服务中心审批。

员工李霞进入金蝶 EAS 网页端，用户名为"lx+学号"，密码为空，单击【登录】按钮，进入我的工作台页面。单击 【李霞+学号】头像，然后单击"组织"下方的【切换】按钮，切换组织为"环球洗涤用品深圳有限公司+学号"。

依次单击【应用】—【财务会计】—【费用管理】—【报销工作台】选项，进入报销工作台页面，如图 6-5 所示。

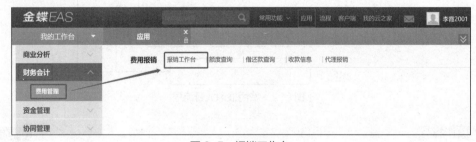

图 6-5 报销工作台

单击【费用报销】按钮，新增费用报销单，如图 6-6 所示。

图 6-6 费用报销单新增

根据实验数据录入费用报销单。报销人为"李霞+学号",申请日期为 20××-07-05;事由为"报销打印一体机采购费";业务类别为"管理费用",费用类型为"办公费",发生时间为 20××-07-05,报销金额为 14 399,费用承担部门为"采购部+学号";选择收款人为"李霞+学号";添加打印机发票附件。录入完成后依次单击【保存】【提交】按钮,并记录单据编号,如图 6-7 所示。

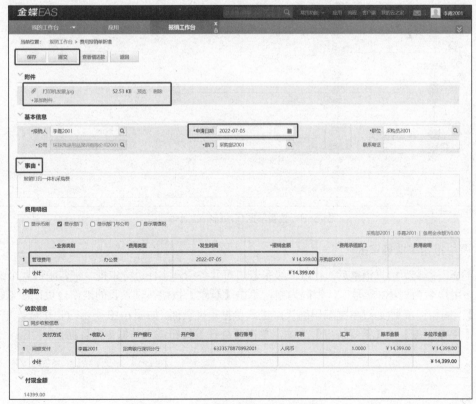

图 6-7 费用报销单录入完成并提交

在报销工作台页面，依次单击【报销中】—【刷新】按钮，可以查看该费用报销单处于"已提交"状态，单击【流程图】按钮，可以查看单据在系统中的流转节点，如图 6-8 和图 6-9 所示。

图 6-8　费用报销单流程节点查看

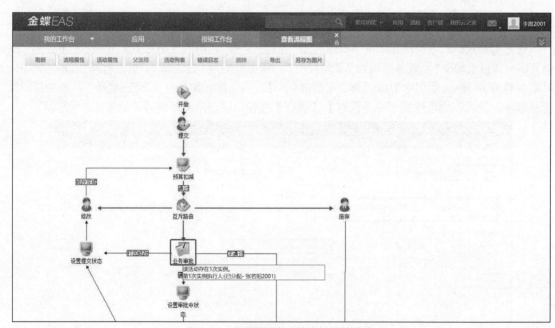

图 6-9　查看单据在系统中的流转节点

3. 费用报销单业务审批

员工李霞提交费用报销单后，行政上级张若阳对业务的真实性进行审批。张若阳进入金蝶 EAS 网页端，用户名为"zry+学号"，密码为空，单击【登录】按钮，进入我的工作台页面。双击【待办事项】下的相应单据(通过单据编码确认)，进入单据审批页面，如图 6-10 所示。(也可依次单击【流程】—【待办任务】—【常规待办】选项，单击【处理】按钮进入单据审批页面)

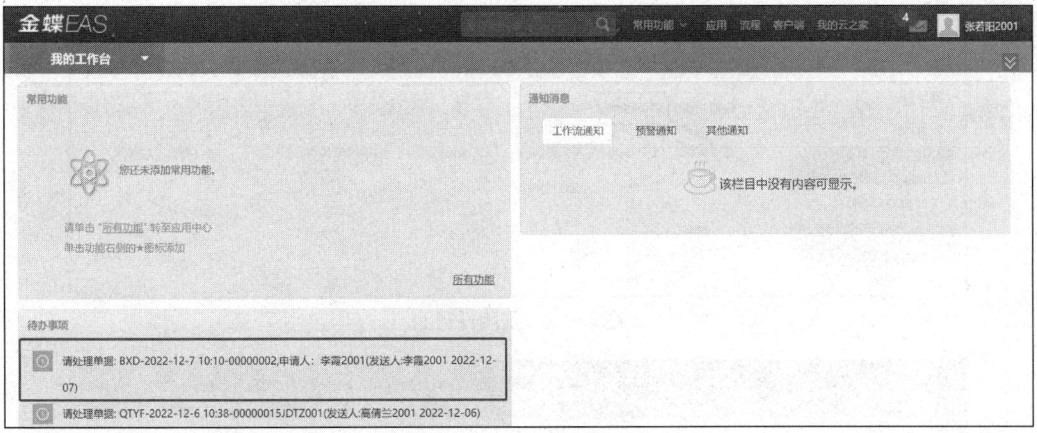

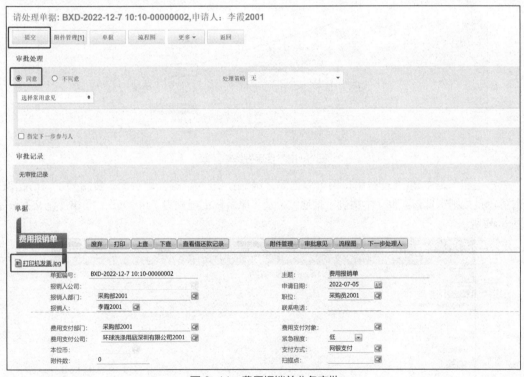

图 6-10 待办事项查看

行政上级张若阳对业务的真实性进行审批。本案例真实发生，审批处理选择"同意"，单击【提交】按钮，如图 6-11 所示。

图 6-11 费用报销单业务审批

4. 费用报销单共享审批

费用共享岗马超俊根据财务审批规则审批获取到的单据。马超俊进入金蝶 EAS 网页端，用户名为"mcj+学号"，密码为空，单击【登录】按钮，进入我的工作台页面。依次单击【应用】—【财务共享】—【费用共享】—【费用任务池】选项，进入费用任务池页面，如图 6-12 所示。

依次单击【我的任务】—【费用报销】—【更多】—【获取任务】选项，获取费用报销单，如图 6-13 所示。

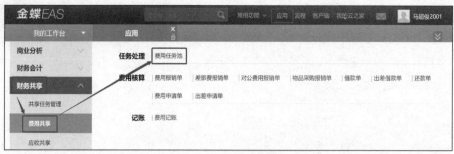

图 6-12　费用任务池

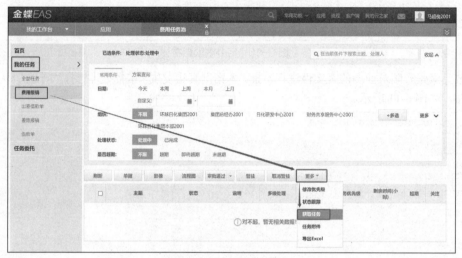

图 6-13　费用报销单获取

单击相应单据主题(通过费用报销单单据编号确认),进入单据处理页面。费用共享岗马超俊根据财务审批规则审批该案例。本案例审批通过,录入原币核定金额为"14 399",单击【提交】按钮,如图 6-14 所示。

图 6-14　费用报销单原币核定金额录入

5. 关联生成付款单

费用共享岗马超俊根据审批后的费用报销单下推付款单。依次单击【应用】—【财务共享】—【费用共享】—【费用报销单】选项，进入费用报销单页面，如图 6-15 所示。

图 6-15　费用报销单查询

选择公司为"环球洗涤用品深圳有限公司+学号"，设置日期为 20××-01-01 至 20××-12-31，单击【确定】按钮，筛选费用报销单。如果列表单据过多，可通过搜索功能搜索单据编号，精确查找对应单据。勾选相应单据(通过费用报销单单据编号确认)，单击【关联生成】按钮，如图 6-16 所示。

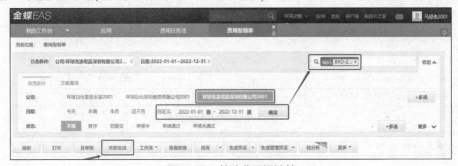

图 6-16　筛选费用报销单

选择目标单据为"付款单"，转换规则为"SSC 报销单到付款单"，单击【确定】按钮，进入付款单编辑页面，如图 6-17 所示。

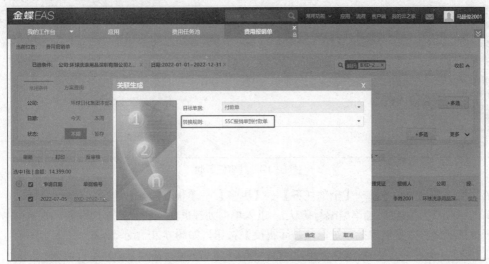

图 6-17　关联生成转换规则设置

根据实验数据录入相关信息。付款公司为"环球洗涤用品深圳有限公司+学号",业务日期为 20××-07-15,付款类型为"其他",选择付款账户为"招商银行时代广场支行+学号";付款科目为"商业银行存款",结算方式为"网银支付",对方科目为"6602.02 管理费用_管理费用_办公费",录入完成后依次单击【保存】【提交】按钮,并记录单据编号,如图 6-18 所示。

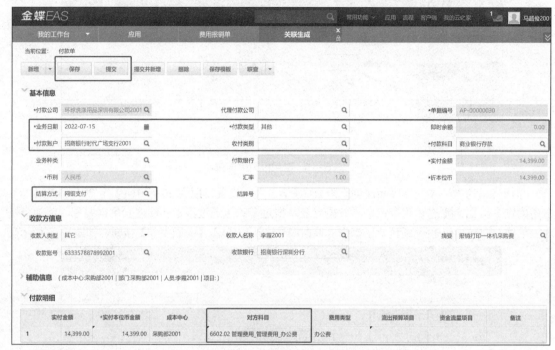

图 6-18　付款单录入完成并提交

6. 付款单共享审批

资金共享岗欧阳杨审批付款单并付款。欧阳杨进入金蝶 EAS 网页端,用户名为"oyy+学号",密码为空,单击【登录】按钮,进入我的工作台页面。依次单击【应用】—【财务共享】—【共享任务管理】【共享任务池】选项,进入共享任务池页面,如图 6-19 所示。

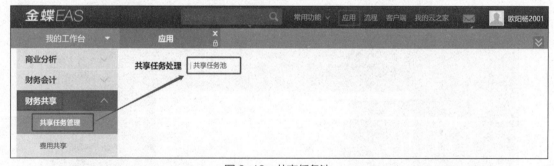

图 6-19　共享任务池

依次单击【我的任务】—【全部任务】—【更多】—【获取任务】选项,获取付款单。

单击相应单据主题(通过单据编号确认),进入单据处理页面。资金共享岗欧阳杨根据财务审批规则审批该案例,本案例审批通过,单击【提交】按钮,如图 6-20 所示。

图 6-20 付款单共享审批

7. 付款

资金共享岗欧阳杨确认付款。依次单击【应用】—【财务共享】—【出纳共享】—【付款单处理】选项，进入付款单序时簿页面，如图 6-21 所示。

图 6-21 付款单处理

选择公司为"环球洗涤用品深圳有限公司+学号"，设置日期为 20××-01-01 至 20××-12-31，单击【确定】按钮，筛选付款单。如果列表单据过多，可通过搜索功能搜索单据编号，精确查找对应单据。勾选相应单据(通过单据编号确认)，单击【付款】按钮，如图 6-22 所示。

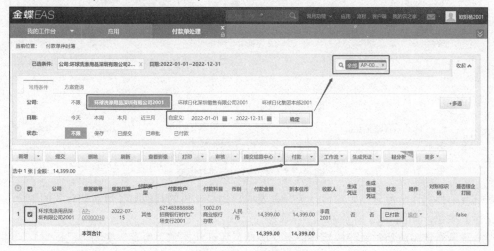

图 6-22 付款单付款

8. 生成凭证、指定现金流量并复核

付款完成后，勾选相应单据(通过单据编号确认)，单击【生成凭证】按钮，如图 6-23 所示。

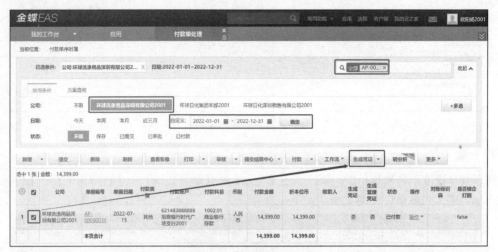

图 6-23　付款单生成凭证

单击【生成凭证】按钮后，系统会自动生成暂存凭证。依次单击单据最右侧的【操作】—【联查单据】选项，进入关联查询页面，可查看上下游单据。单击下游单据中的对应凭证后，下方显示凭证列表，刚关联生成的凭证处于"暂存"状态，单击对应的"凭证字号"，进入凭证查看页面。

在凭证查看页面，若需修改凭证，则单击【修改】按钮，进入凭证编辑页面。根据案例背景修改凭证，设置记账日期为 20××-07-15，业务日期为 20××-07-15，确认无误后依次单击【保存】【提交】按钮，如图 6-24 所示。

图 6-24　凭证录入完成并提交

系统自动弹出现金流量指定窗口，选择主表项目为"支付的其他与经营活动有关的现金"，单击【保存】按钮，如图 6-25 所示。

现金流量指定完成后，系统提示凭证提交成功。凭证状态由"暂存"变为"已提交"，并生成正式凭证字号，记录凭证字号，如图 6-26 所示。

在凭证编辑页面复核该凭证，依次单击【更多】—【复核】选项，如图 6-27 所示。

图 6-25　凭证指定现金流量

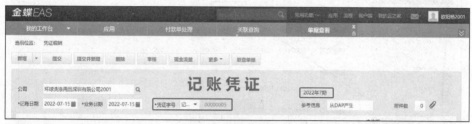

图 6-26　记录凭证字号

图 6-27　凭证复核

如果在该页面复核不成功，则依次单击【应用】—【财务共享】—【出纳共享】—【凭证复核】选项，进入凭证复核页面，选择复核的公司，单击【登账设置】按钮，确认该组织的登账参数后单击【确定】按钮，如图 6-28 所示。然后，再执行复核。

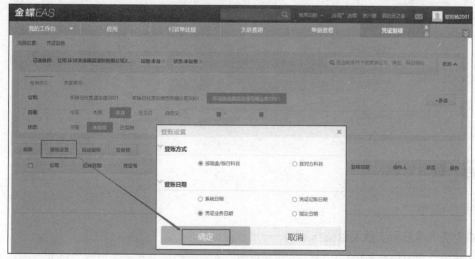

图 6-28　登账参数设置

9. 凭证审核

总账共享岗樊江波审核记账凭证。樊江波进入金蝶 EAS 网页端，用户名为"fjb+学号"，密码为空，单击【登录】按钮，进入我的工作台页面。

依次单击【应用】—【财务共享】—【总账共享】—【凭证查询】选项，进入凭证查询页面，如图 6-29 所示。

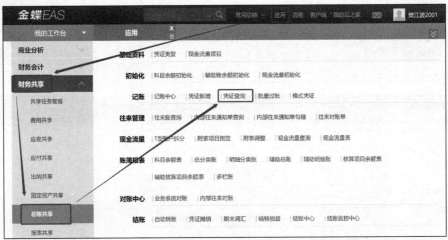

图 6-29　凭证查询

选择公司为"环球洗涤用品深圳有限公司+学号"，设置日期为 20××-07-01 至 20××-07-31，单击【确定】按钮，筛选凭证。如果列表凭证过多，可通过搜索功能搜索凭证编号，精确查找对应凭证。勾选相应凭证(通过凭证编号确认)，单击【审核】按钮，如图 6-30 所示。

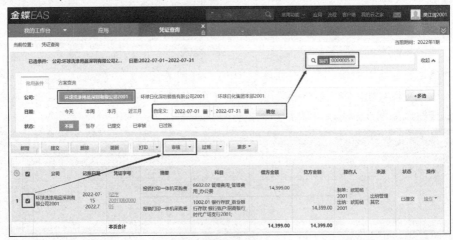

图 6-30　凭证审核

案例二　费用借款

↗ 审批规则

金蝶财务共享应用实践平台操作案例——出差借款单

适用范围：所有出差费用的申请，出差的机票、车票、船票及住宿费借款，以及为项目出差发生的房租、水电费等借款。

主要审批规则：

❑ 2 000 元及以下的支出不予借款；

❑ 需事前借款，要在出差事由中描述具体原因及预计出差费用；

❑ 借款时只考虑交通和住宿的合理费用，出差补贴及其他零星费用不予借支，前款不清，后
款不借；

❑ 出差地点更换时，需要分行填写明细信息。

↗ **实验数据**

环球日化深圳销售有限公司销售经理郝晓娇计划在 8 月 3 日—8 月 6 日连续出差重庆、成都、眉山了解各地销售情况，8 月 2 日郝晓娇(hxj+学号)提交出差借款单，预计费用如表 6-1 所示。

表 6-1 出差借款明细

日期	地点	始终行程	长途交通费	市内交通费	住宿费	出差补贴
8 月 3 日	深圳	深圳-重庆	1000	100	350	100
8 月 4 日	重庆	重庆-成都	100	100	350	100
8 月 5 日	成都	成都-眉山	50	100	300	100
8 月 6 日	眉山	眉山-成都	50			
8 月 6 日	成都	成都-深圳	1000			

↗ **流程图**

出差借款业务流程，如图 6-31 所示。

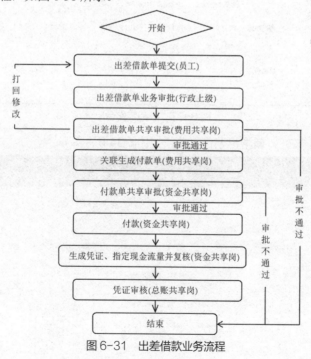

图 6-31　出差借款业务流程

↗ **操作指导**

1. 出差借款单提交

员工提交借款申请前需要先录入员工个人收款信息。郝晓娇进入金蝶 EAS 网页端，用户名为

"hxj+学号",密码为空,单击【登录】按钮,进入我的工作台页面。依次单击【应用】—【财务会计】—【费用管理】—【收款信息】选项,进入收款信息维护页面,单击【新增】按钮,设置收款信息,收款人为"郝晓娇+学号",收款银行为"招商银行深圳分行",银行账号自定义,设置完成后单击【保存】按钮,如图 6-32 所示。

图 6-32　收款信息新增

依次单击【应用】—【财务会计】—【费用管理】—【报销工作台】选项,进入报销工作台页面,如图 6-33 所示。

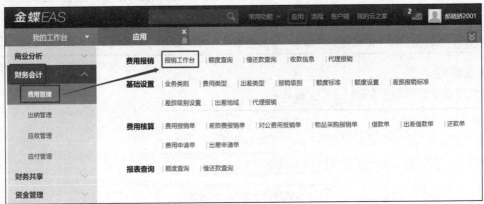

图 6-33　报销工作台

单击【出差借款】按钮,新增出差借款单,如图 6-34 所示。

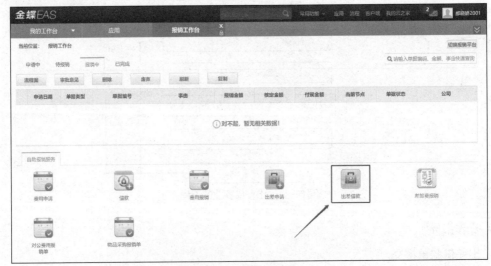

图 6-34　出差借款单新增

　　根据实验数据录入出差借款单。申请人为"郝晓娇+学号"，申请日期为 20××-08-02，职位为"销售经理+学号"，部门为"营销中心+学号"，费用承担公司为"环球日化深圳销售有限公司+学号"；在【收款信息】页签下，支付方式为"网银支付"，收款人填写"郝晓娇+学号"，收款银行为"招商银行深圳分行"，银行账号为"621466666666+学号"，勾选"同步收款信息"；事由为"连续出差重庆、成都、眉山了解各地销售情况"；根据实验数据录入借款明细，出差补贴录入"其他费用"列，录入完成后依次单击【保存】【提交】按钮，并记录单据编号，如图 6-35 所示。

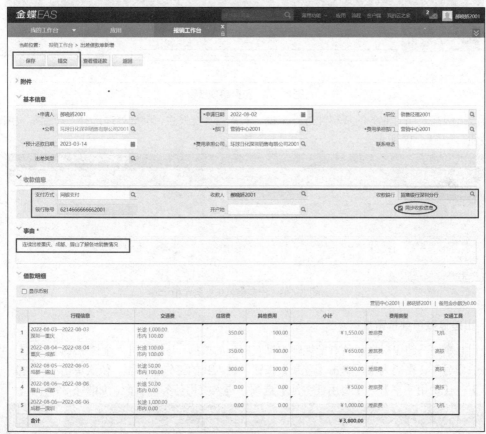

图 6-35　出差借款单录入完成并提交

　　在报销工作台页面，依次单击【申请中】—【刷新】按钮，在"当前节点"下方可以查看该出差借款单的下一个流程节点，如图 6-36 所示。

图 6-36　出差借款单流程节点查看

2. 出差借款单业务审批

销售经理郝晓娇提交出差借款单后,行政上级高宏明对业务的真实性进行审批。高宏明进入金蝶 EAS 网页端,用户名为"ghm+学号",密码为空,单击【登录】按钮,进入我的工作台页面。

单击【流程】—【待办任务】—【常规待办】选项,进入常规待办任务页面,单击【处理】按钮或双击【待办事项】下的相应单据(通过单据编码确认),进入单据审批页面,如图 6-37 所示。

图 6-37　待办事项查看

行政上级高宏明对业务的真实性进行审批。本案例真实发生,审批处理选择"同意",单击【提交】按钮,如图 6-38 所示。

图 6-38　出差借款单业务审批

3. 出差借款单共享审批

费用共享岗马超俊根据财务审批规则审批获取到的单据。马超俊进入金蝶 EAS 网页端,用户名为"mcj+学号",密码为空,单击【登录】按钮,进入我的工作台页面。依次单击【应用】—【财务共享】—【费用共享】—【费用任务池】选项,进入费用任务池页面,如图 6-39 所示。

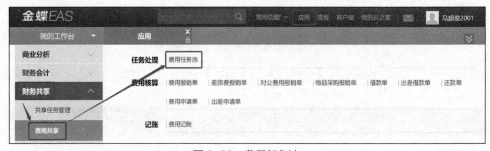

图 6-39　费用任务池

依次单击【我的任务】—【出差借款单】—【更多】—【获取任务】选项,获取出差借款单。单击相应单据主题(通过费用报销单单据编号确认),进入单据处理页面。费用共享岗马超俊根据财务审批规则审批该案例。本案例被退回,决策项为"打回上一级",处理意见为"出差补贴及其他零星费用不予借支",单击【提交】按钮,如图 6-40 所示。

在费用任务池页面,依次单击【我的任务】—【出差借款单】选项,处理状态选择"已完成",筛选出差借款单。勾选相应单据(通过单据编号确认),单击【流程图】按钮,可以查看该出差借款单的流程图,如图 6-41 所示。

图 6-40 出差借款单共享审批

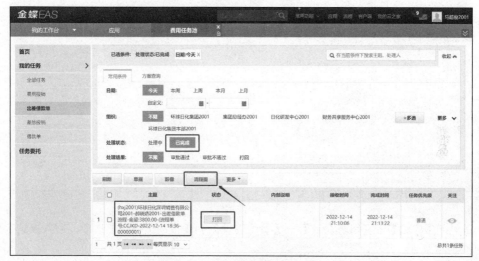

图 6-41 出差借款单流程图查看

在流程图(见图 6-42)中,可看到目前该单据的流转节点为"修改单据",执行人为"郝晓娇+学号"。

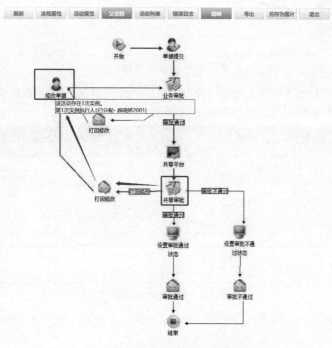

图 6-42 出差借款单流程图

　　单据被打回后，销售经理郝晓娇收到打回通知，修改后重新提交单据。郝晓娇进入金蝶 EAS 网页端，用户名为"hxj+学号"，密码为空，单击【登录】按钮，进入我的工作台页面。依次单击【流程】—【通知】选项，查看打回通知，如图 6-43 所示。

图 6-43　通知查看

　　依次单击【应用】—【财务会计】—【费用管理】—【报销工作台】选项，进入报销工作台页面，如图 6-44 所示。

图 6-44　报销工作台

　　依次单击【申请中】—【刷新】按钮，获取被打回的出差借款单(可搜索单据编号精确查找)，单击单据编号进入单据编辑页面，如图 6-45 所示。

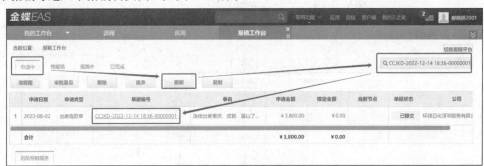

图 6-45　查找待修改单据

　　单击"行程信息"下的编辑图标，逐条修改【借款明细】栏目下的"其他费用"为 0，修改完毕后单击【提交】按钮，如图 6-46 所示。

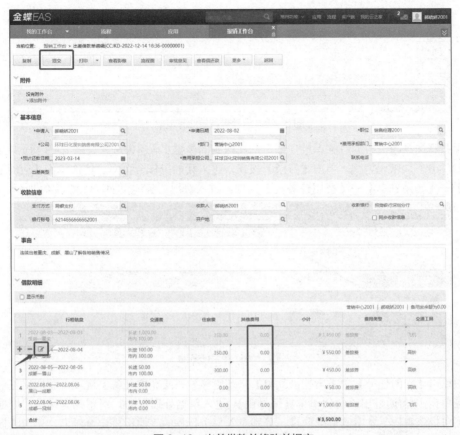

图 6-46 出差借款单修改并提交

销售经理郝晓娇重新提交出差借款单后，行政上级高宏明对业务的真实性进行审批。高宏明进入金蝶 EAS 网页端，用户名为"ghm+学号"，密码为空，单击【登录】按钮，进入我的工作台页面。双击【待办事项】下的相应单据(通过单据编码确认)，进入单据审批页面，如图 6-47 所示。

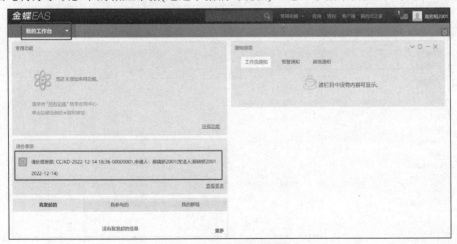

图 6-47 待办事项查看

行政上级高宏明对业务的真实性进行审批。本案例真实发生，审批处理选择"同意"，单击【提交】按钮，如图 6-48 所示。

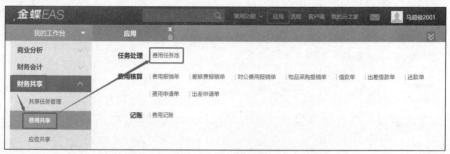

图 6-48 出差借款单业务审批

费用共享岗马超俊根据财务审批规则审批获取到的单据。马超俊进入金蝶 EAS 网页端,用户名为"mcj+学号",密码为空,单击【登录】按钮,进入我的工作台页面。依次单击【应用】—【财务共享】—【费用共享】—【费用任务池】选项,进入费用任务池页面,如图 6-49 所示。

图 6-49 费用任务池

依次单击【我的任务】—【出差借款单】—【更多】—【获取任务】选项,获取出差借款单。单击相应单据主题(通过出差借款单单据编号确认)进入单据处理页面。费用共享岗马超俊根据财务审批规则审批该案例。本案例审批通过,分别录入每个行程的"原币核定金额",单击【提交】按钮,如图 6-50 所示。

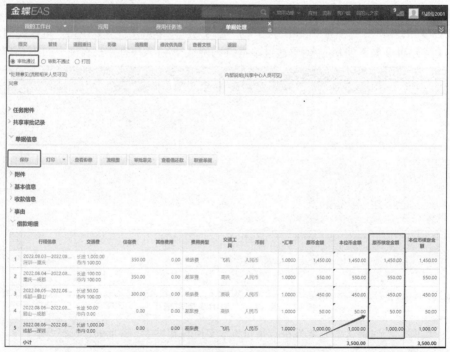

	行程信息	交通费	住宿费	其他费用	费用类型	交通工具	币别	＊汇率	原币金额	本位币金额	原币核定金额	本位币核定金额
1	2022.08.03—2022.08... 深圳—重庆	长途 1,000.00 市内 100.00	350.00	0.00	差旅费	飞机	人民币	1.0000	1,450.00	1,450.00	1,450.00	1,450.00
2	2022.08.04—2022.08... 重庆—成都	长途 100.00 市内 100.00	350.00	0.00	差旅费	高铁	人民币	1.0000	550.00	550.00	550.00	550.00
3	2022.08.05—2022.08... 成都—眉山	长途 50.00 市内 100.00	300.00	0.00	差旅费	高铁	人民币	1.0000	450.00	450.00	450.00	450.00
4	2022.08.06—2022.08... 眉山—成都	长途 50.00 市内 0.00	0.00	0.00	差旅费	高铁	人民币	1.0000	50.00	50.00	50.00	50.00
5	2022.08.06—2022.08... 成都—深圳	长途 1,000.00 市内 0.00	0.00	0.00	差旅费	飞机	人民币	1.0000	1,000.00	1,000.00	1,000.00	1,000.00
小计										3,500.00		3,500.00

图 6-50 出差借款单录入原币核定金额

4. 关联生成付款单

费用共享岗马超俊根据审批后的出差借款单下推付款单。依次单击【应用】—【财务共享】—【费用共享】—【出差借款单】选项，进入出差借款单页面，如图 6-51 所示。

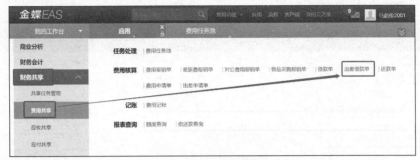

图 6-51 出差借款单查询

选择公司为"环球日化深圳销售有限公司+学号"，设置日期为 20××-01-01 至 20××-12-31，单击【确定】按钮，筛选出差借款单。如果列表单据过多，可通过搜索功能搜索单据编号，精确查找对应单据。勾选相应单据(通过出差借款单单据编号确认)，单击【关联生成】按钮，如图 6-52 所示。

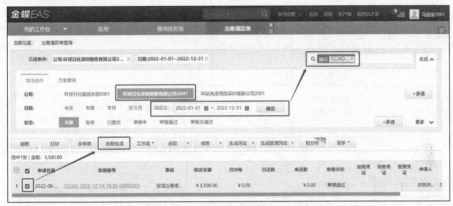

图 6-52 出差借款单关联生成付款单

选择目标单据为"付款单"，转换规则为"出差借款单到付款单(付款)SSC"，单击【确定】按钮进入付款单编辑页面，如图 6-53 所示。

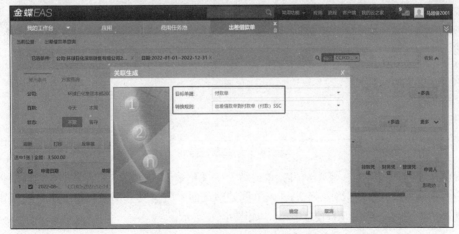

图 6-53 关联生成转换规则设置

根据实验数据录入相关信息。付款公司为"环球日化深圳销售有限公司+学号",业务日期为 20××-08-02,付款类型为"费用报销",选择付款账户为"招商银行龙华支行+学号",付款科目为"商业银行存款";对方科目为"1221 其他应收款",录入完成后依次单击【保存】【提交】按钮,并记录单据编号,如图 6-54 所示。

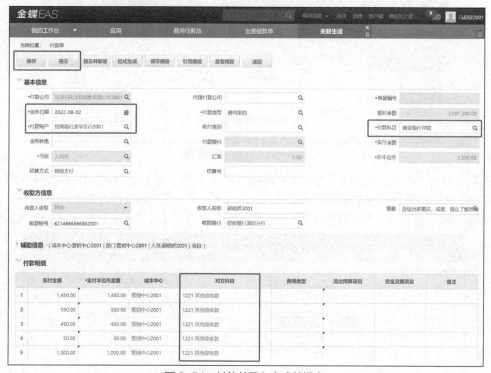

图 6-54 付款单录入完成并提交

5. 付款单共享审批

资金共享岗欧阳杨审批付款单并付款。欧阳杨进入金蝶 EAS 网页端,用户名为"oyy+学号",密码为空,单击【登录】按钮,进入我的工作台页面。依次单击【应用】—【财务共享】—【共享任务管理】—【共享任务池】选项,进入共享任务池页面,如图 6-55 所示。

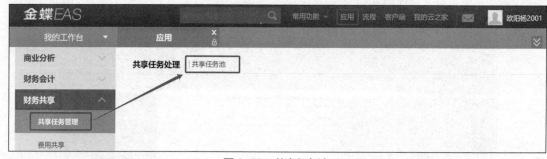

图 6-55 共享任务池

依次单击【我的任务】—【出纳付款单审核】—【更多】—【获取任务】选项,获取付款单。单击相应单据主题(通过单据编号确认)进入单据处理页面。资金共享岗根据财务审批规则审批该案例。本案例审批通过,单击【提交】按钮,如图 6-56 所示。

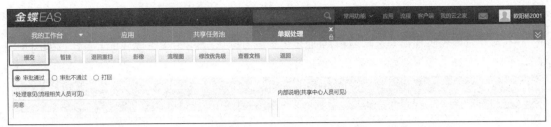

图 6-56 付款单共享审批

6. 付款

资金共享岗欧阳杨确认付款。依次单击【应用】—【财务共享】—【出纳共享】—【付款单处理】选项，进入付款单序时簿页面，如图 6-57 所示。

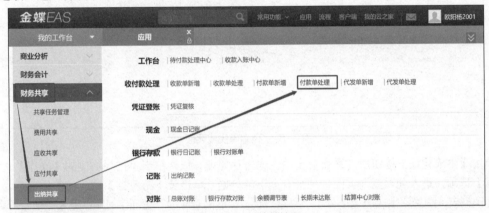

图 6-57 付款单处理

选择公司为"环球日化深圳销售有限公司+学号"，设置日期为 20××-01-01 至 20××-12-31，单击【确定】按钮，筛选付款单。如果列表单据过多，可通过搜索功能搜索单据编号，精确查找对应单据。勾选相应单据(通过单据编号确认)，单击【付款】按钮，如图 6-58 所示。

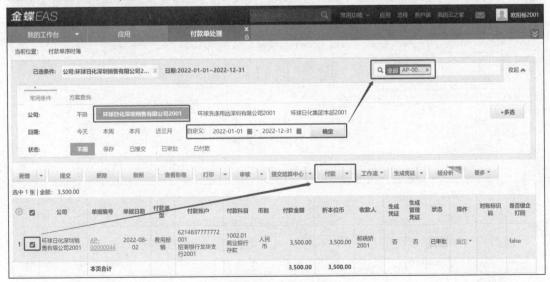

图 6-58 付款单付款

7. 生成凭证、指定现金流量并复核

在付款单序时簿页面，勾选相应单据(通过单据编号确认)，单击【生成凭证】按钮，如图 6-59 所示。

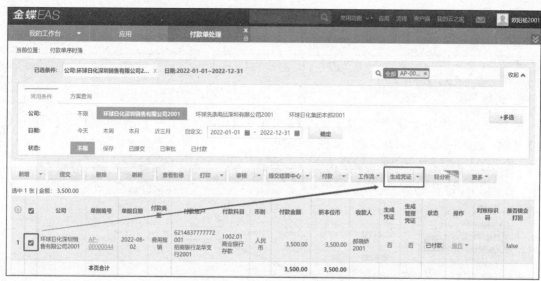

图 6-59　付款单生成凭证

单击【生成凭证】按钮后，系统会自动生成暂存凭证。依次单击单据最右侧的【操作】—【联查单据】选项，进入关联查询页面，可查看上下游单据。单击【下游单据】中对应的凭证后，下方显示凭证列表，刚关联生成的凭证处于"暂存"状态，单击对应的"凭证字号"，进入凭证查看页面。

在凭证查看页面，若需修改凭证，则单击【修改】按钮，进入凭证编辑页面。根据案例背景修改凭证，设置记账日期为 20××-08-02，业务日期为 20××-08-02，确认无误后依次单击【保存】【提交】按钮，如图 6-60 所示。

图 6-60　凭证录入完成并提交

系统自动弹出现金流量指定窗口，选择主表项目为"支付的其他与经营活动有关的现金"，单击【保存】按钮后，凭证自动提交成功，如图 6-61 所示。

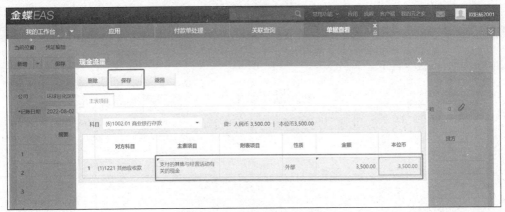

图 6-61 凭证指定现金流量

在凭证编辑页面复核该凭证，依次单击【更多】—【复核】选项，如图 6-62 所示。

图 6-62 凭证复核

如果在该页面复核不成功，请依次单击【应用】—【财务共享】—【出纳共享】—【凭证复核】选项，进入凭证复核页面，选择复核的公司，单击【登账设置】按钮，确认该组织的登账参数后，单击【确定】按钮，如图 6-63 所示。然后，再执行复核。

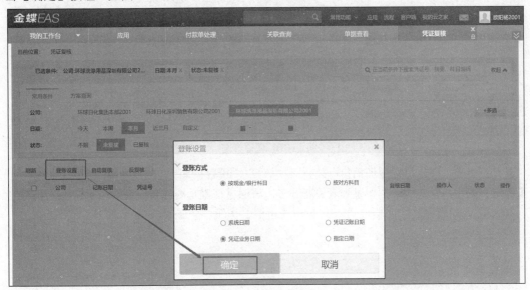

图 6-63 登账参数设置

凭证提交成功后，凭证状态由"暂存"变为"已提交"，并生成正式凭证字号，记录凭证字号，如图 6-64 所示。

图 6-64　记录凭证字号

8. 凭证审核

总账共享岗樊江波审核记账凭证。樊江波进入金蝶 EAS 网页端，用户名为"fjb+学号"，密码为空，单击【登录】按钮，进入我的工作台页面。

依次单击【应用】—【财务共享】—【总账共享】—【凭证查询】选项，进入凭证查询页面，如图 6-65 所示。

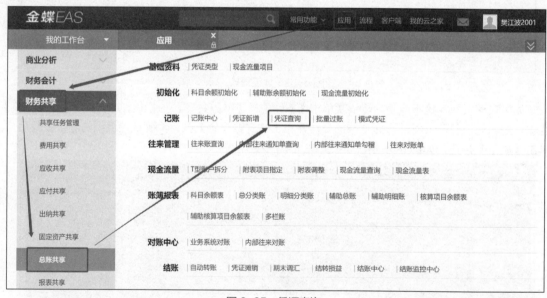

图 6-65　凭证查询

选择公司为"环球日化深圳销售有限公司+学号"，设置日期为 20××-08-01 至 20××-12-31，单击【确定】按钮，筛选凭证。如果列表凭证过多，可通过搜索功能搜索凭证编号，精确查找对应凭证。勾选相应凭证(通过凭证编号确认)，单击【审核】按钮，如图 6-66 所示。

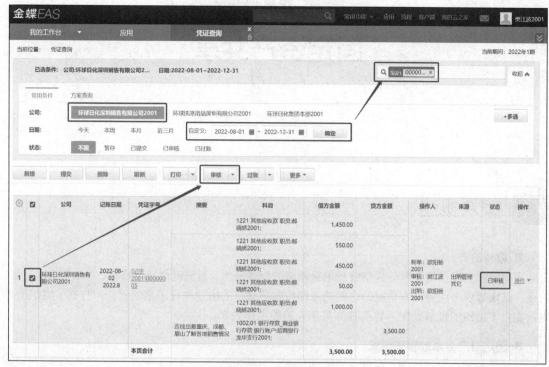

图 6-66 凭证审核

↗ 练习任务

8 月 3 日，环球日化集团本部研发部某员工因工住院，副总经理高宏明(ghm+学号)送去公司慰问金 3 000 元，提交费用报销单。

第 7 章

固定资产共享

7.1 模块概述

↗ 模块简介

固定资产共享系统是财务共享管理信息系统的组成模块。系统提供日常核算、折旧管理、记账、对账、结账等资产业务基本功能。这些功能都按财务共享的场景进行了重新设计，打破了组织的界限，提供多组织的批量处理，旨在提高共享人员的工作效率。

↗ 固定资产共享的管理模式

固定资产共享管理模式，如图 7-1 所示。

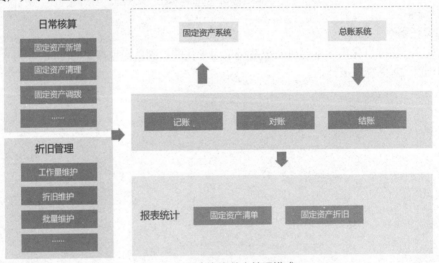

图 7-1 固定资产共享管理模式

↗ 固定资产共享常用单据

(1) 固定资产卡片：固定资产卡片是记录固定资产信息的载体，通过新增卡片，用户可以对增加的资产进行登记处理。

(2) 固定资产清理：当因报废、出售、投资、捐赠等发生固定资产减少的情况时，需要进行固定资产的清理。

(3) 固定资产变更：当企业固定资产信息发生变化时，可以通过固定资产变更单进行变更。

(4) 固定资产调拨：当集团内部公司间发生固定资产转移的时候，可以进行资产的调拨处理，从而提高固定资产的使用效率。

7.2 实验练习

案例一 固定资产卡片新增业务

↗ 审批规则

金蝶财务共享应用实践平台案例——固定资产卡片

(1) 适用范围：企业发生固定资产新增时，填写固定资产卡片，记录固定资产信息。

(2) 主要审批规则：

❑ 采购固定资产的发票须为盖章生效的增值税发票，且开票方与往来户一致；

❑ 收到捐赠的固定资产需要上传捐赠单位的增值税发票。

↗ 实验数据

20××年 1 月 3 日，环球洗涤用品深圳有限公司生产部向博思科技有限公司购入一台洗涤用品合成机，原值 35 000 元，具体资产信息如表 7-1 所示。环球洗涤用品深圳有限公司固定资产会计崔文涛(cwt+学号)提交固定资产卡片。

表 7-1 洗涤用品合成机资产信息

资产类别	专用设备		资产名称	洗涤用品合成机	
公司			环球洗涤用品深圳有限公司+姓名		
基本信息					
资产数量	1	计量单位	台	实物入账日期	20××-01-03
来源方式	购入	使用状态	使用中	财务入账日期	20××-01-03
存放地点	中国广东深圳高新南十二路	经济用途	生产经营用	管理部门	环球洗涤用品深圳有限公司+姓名
来源类型	供应商		来源单位	深圳市博思科技有限公司+学号	
原值与折旧					
币别	人民币		原币金额	35 000	
交付日期	20××-01-03	开始使用日期	20××-01-03	已折旧期间数	0
预计使用年限	5		预计使用期间数	60	
累计折旧	0	预计净残值	1 750	净残值率	5%
折旧方法	平均年限法(基于净值)		全寿命累计折旧	0	
核算信息					
固定资产科目			固定资产_用设备		
累计折旧科目			累计折旧_专用设备		
减值准备科目			固定资产减值准备_专用设备		
折旧费用分摊					
折旧费用分摊科目	制造费用_折旧费		分摊比例	100%	
使用部门/成本中心					
生产部+姓名					

⊿ 流程图

固定资产新增业务流程，如图 7-2 所示。

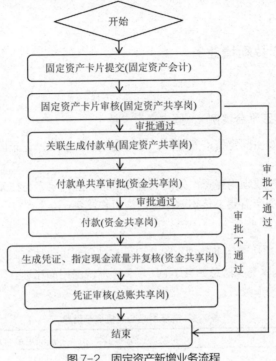

图 7-2 固定资产新增业务流程

⊿ 操作指导

1. 固定资产卡片提交

卡片新增业务

环球洗涤用品深圳有限公司固定资产会计崔文涛提交固定资产卡片。崔文涛进入金蝶 EAS 网页端，用户名为"cwt+学号"，密码为空，单击【登录】按钮，进入我的工作台页面。单击 【崔文涛+学号】头像，然后单击"组织"下方的【切换】按钮，切换组织为"环球洗涤用品深圳有限公司+学号"，单击【确定】按钮。依次单击【应用】—【财务会计】—【固定资产】—【固定资产新增】选项，新增固定资产卡片，如图 7-3 所示。

图 7-3 固定资产新增

根据实验数据录入【实物信息】页签，如图 7-4 所示。

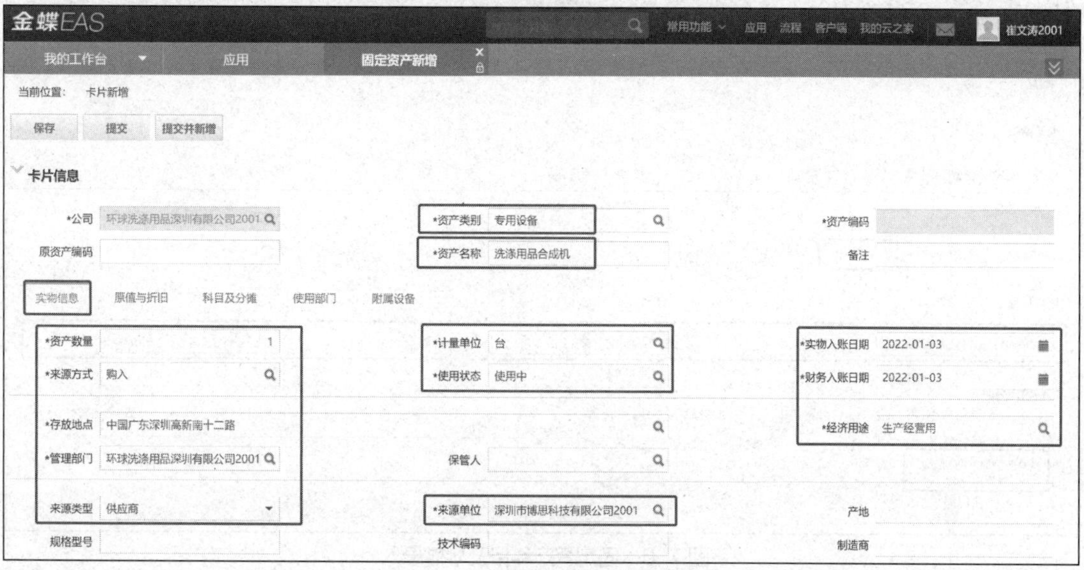

图 7-4 固定资产实物信息录入

根据实验数据录入【原值与折旧】页签，如图 7-5 所示。

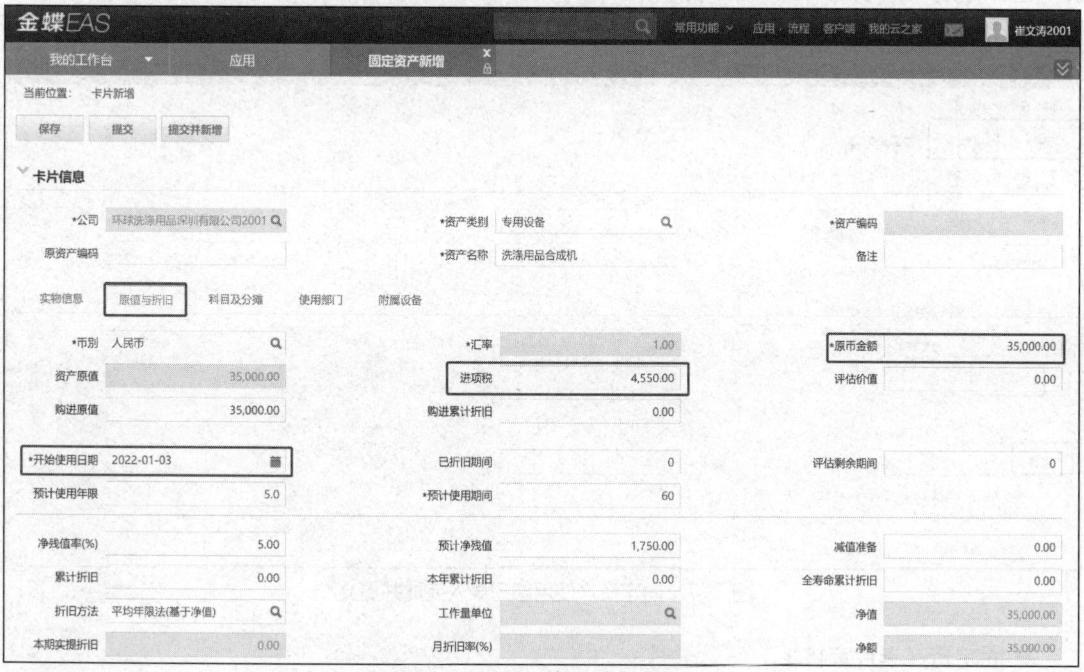

图 7-5 固定资产原值与折旧录入

根据实验数据录入【科目及分摊】页签，如图 7-6 所示。

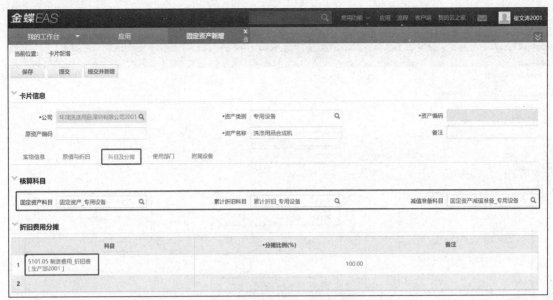

图 7-6   固定资产科目及分摊录入

根据实验数据录入【使用部门】页签,添加发票附件,并依次单击【保存】【提交】按钮,记录提交后的资产编码,如图 7-7 所示。

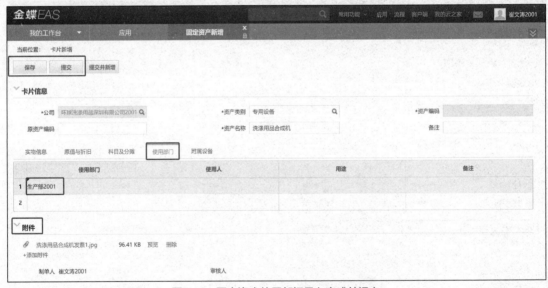

图 7-7   固定资产使用部门录入完成并提交

2. 固定资产卡片审核

固定资产共享岗齐振英审核固定资产卡片。齐振英进入金蝶 EAS 网页端,用户名为"qzy+学号",密码为空,单击【登录】按钮,进入我的工作台页面。依次单击【应用】—【财务共享】—【固定资产共享】—【固定资产查询】选项,进入固定资产卡片序时簿页面,如图 7-8 所示。

选择公司为"环球洗涤用品深圳有限公司+学号",设置日期为 20××-01-01 至 20××-01-31,单击【确定】按钮,筛选固定资产卡片。如果列表单据过多,可通过搜索功能搜索资产编码,精确查找对应资产卡片。勾选相应固定资产卡片(通过资产编码确认),单击【审核】按钮,如图 7-9 所示。

图 7-8 固定资产查询

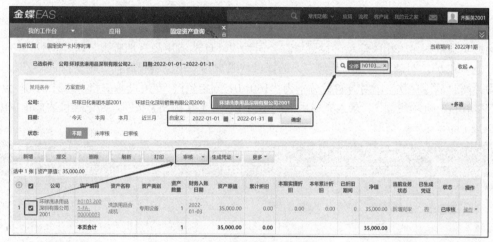

图 7-9 固定资产卡片审核

3. 关联生成付款单

固定资产共享岗齐振英根据审核后的固定资产卡片下推付款单。勾选相应固定资产卡片(通过资产编码确认),依次单击【更多】—【关联生成】选项,如图 7-10 所示。

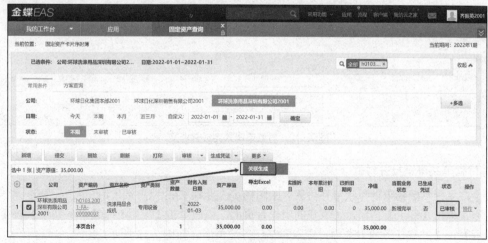

图 7-10 固定资产卡片下推付款单

选择目标单据为"付款单",转换规则为"卡片生成付款单",单击【确定】按钮,进入付款单编辑页面,如图 7-11 所示。

图 7-11　关联生成转换规则设置

根据实验数据录入相关信息。设置付款公司为"环球洗涤用品深圳有限公司+学号",业务日期为 20××-01-03,付款类型为"其他",选择付款账户为"招商银行时代广场支行+学号",付款科目为"商业银行存款";对方科目分别为"1601.02 固定资产_专用设备"和"2221.01.01 应交税费_应交增值税_进项税额",录入完成后依次单击【保存】【提交】按钮,并记录付款单单据编号,如图 7-12 所示。

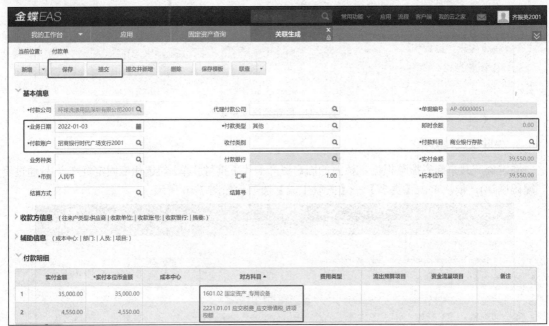

图 7-12　付款单录入完成并提交

4. 付款单共享审批并付款

资金共享岗欧阳杨审批付款单并付款。欧阳杨进入金蝶 EAS 网页端,用户名为"oyy+学号",密码为空,单击【登录】按钮,进入我的工作台页面。依次单击【应用】—【财务共享】—【共享任务管理】—【共享任务池】选项,进入共享任务池页面,如图 7-13 所示。

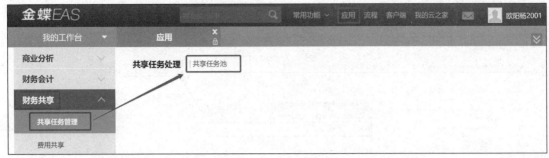

图 7-13 共享任务池

依次单击【我的任务】—【出纳付款单审核】—【更多】—【获取任务】选项，获取付款单。单击相应单据主题(通过单据编号确认)，进入单据处理页面。

资金共享岗欧阳杨根据财务审批规则审批该案例。本案例审批通过，单击【提交】按钮，如图 7-14 所示。

图 7-14 付款单共享审批

资金共享岗欧阳杨对已审批的付款单执行付款。依次单击【应用】—【财务共享】—【出纳共享】—【付款单处理】选项，进入付款单序时簿页面，如图 7-15 所示。

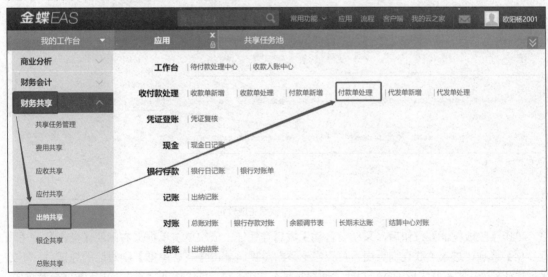

图 7-15 付款单处理

选择公司为"环球洗涤用品深圳有限公司+学号"，设置日期为 20××-01-01 至 20××-01-31，单击【确定】按钮，筛选付款单。如果列表单据过多，可通过搜索功能搜索单据编号，精确查找对应单据。勾选相应单据(通过单据编号确认)，单击【付款】按钮，如图 7-16 所示。

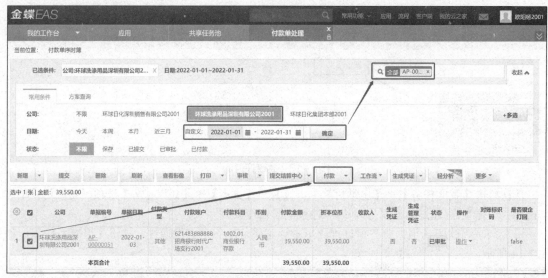

图 7-16　付款单付款

5. 生成凭证、指定现金流量并复核

资金共享岗欧阳杨根据审批后的付款单进行凭证处理。在付款单序时簿页面，勾选相应单据(通过单据编号确认)，单击【生成凭证】按钮，如图 7-17 所示。

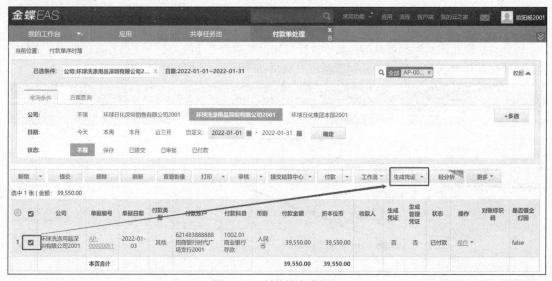

图 7-17　付款单生成凭证

单击【生成凭证】按钮后，系统会自动生成暂存凭证，依次单击单据最右侧的【操作】—【联查单据】选项，进入关联查询页面，可查看上下游单据。单击【下游单据】中对应的凭证后，下方显示凭证列表，刚关联生成的凭证处于"暂存"状态，单击对应的"凭证字号"，进入凭证查看页面。

在凭证查看页面，若需修改凭证，则单击【修改】按钮，进入凭证编辑页面。根据案例背景修改凭证。设置记账日期为 20××-01-03，业务日期为 20××-01-03，确认无误后依次单击【保存】【提交】按钮，如图 7-18 所示。

图 7-18　凭证录入完成并提交

系统自动弹出现金流量指定窗口，选择主表项目分别为"购建固定资产、无形资产和其他长期资产所支付的现金"及"支付的各项税费"，单击【保存】按钮，如图 7-19 所示。

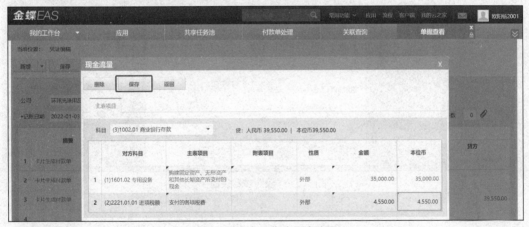

图 7-19　凭证指定现金流量

现金流量指定完成后，凭证提交成功，凭证状态由"暂存"变为"已提交"，并生成正式凭证字号，记录凭证字号，如图 7-20 所示。

图 7-20　记录凭证字号

依次单击【更多】—【复核】选项，进入凭证复核页面，如图 7-21 所示。

图 7-21 凭证复核

如果在该页面复核不成功，则依次单击【应用】—【财务共享】—【出纳共享】—【凭证复核】选项，进入凭证复核页面，选择复核的公司，单击【登账设置】按钮，确认该组织的登账参数后，单击【确定】按钮，如图 7-22 所示。然后，再执行复核。

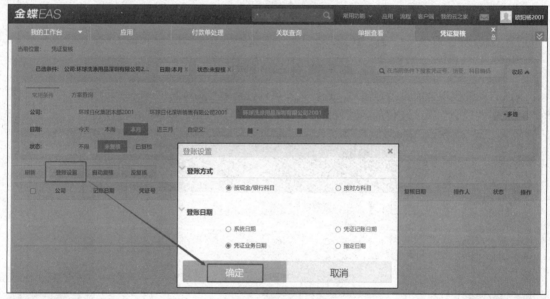

图 7-22 登账参数设置

6. 凭证审核

总账共享岗樊江波审核记账凭证。樊江波进入金蝶 EAS 网页端，用户名为"fjb+学号"，密码为空，单击【登录】按钮，进入我的工作台页面。

依次单击【应用】—【财务共享】—【总账共享】—【凭证查询】选项，进入凭证查询页面，如图 7-23 所示。

选择公司为"环球洗涤用品深圳有限公司+学号"，设置日期为 20××-01-01 至 20××-01-31，单击【确定】按钮，筛选凭证。如果列表凭证过多，可通过搜索功能搜索凭证编号，精确查找对应凭证。勾选相应凭证(通过凭证编号确认)，单击【审核】按钮，如图 7-24 所示。

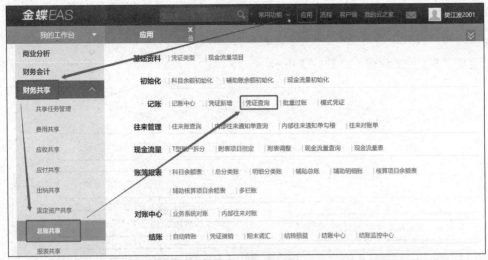

图 7-23 凭证查询

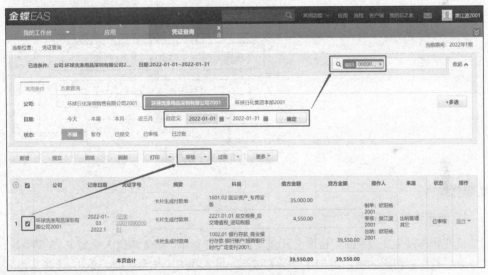

图 7-24 凭证审核

案例二 固定资产卡片变更业务

↗ 审批规则

金蝶财务共享应用实践平台案例——固定资产变更单

(1) 适用范围：当企业固定资产信息发生变化时，可以通过固定资产变更单进行变更。

(2) 主要审批规则：

☐ 进行固定资产变更的卡片须附有盖章生效的发票。

↗ 实验数据

20××年 1 月 5 日，环球洗涤用品深圳有限公司发现案例一新购入的一台洗涤用品合成机故障，返厂维修，变更固定资产的使用状态为"大修中"。固定资产会计崔文涛(cwt+学号)提交固定资产变更单。

↗ **流程图**

固定资产变更业务流程，如图 7-25 所示。

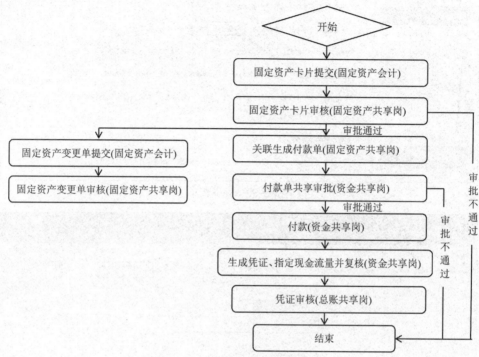

图 7-25　固定资产变更业务流程

↗ **操作指导**

1. 固定资产变更单提交

固定资产状态发生变更，固定资产会计崔文涛提交变更单。崔文涛进入金蝶 EAS 网页端，用户名为"cwt+学号"，密码为空，单击【登录】按钮，进入我的工作台页面。单击 【崔文涛+学号】头像，然后单击"组织"下方的【切换】按钮，切换组织为"环球洗涤用品深圳有限公司+学号"，如图 7-26 所示。

图 7-26　切换组织

依次单击【应用】—【财务会计】—【固定资产】—【固定资产变更】选项，进入固定资产变更页面，如图 7-27 所示。

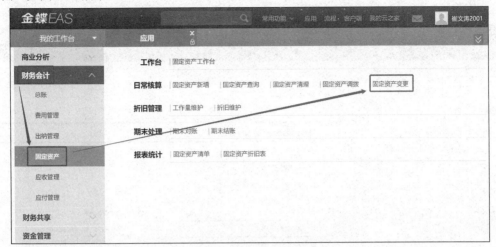

图 7-27　固定资产变更

单击【新增】按钮，进入固定资产卡片序时簿页面，如图 7-28 所示。

图 7-28　固定资产变更单新增

根据实验数据勾选需要变更的固定资产卡片，单击【确定】按钮，新增变更单，如图 7-29 所示。

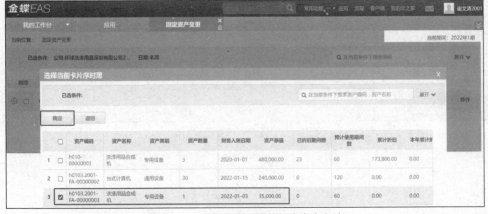

图 7-29　选择需要变更的固定资产卡片

根据案例背景修改相关信息。设置变更日期为 20××-01-05，变更方式为"变更"，使用状态为"大修中"，修改完成后依次单击【保存】【提交】按钮，并记录提交之后的单据编码，如图 7-30 所示。

图 7-30 固定资产变更单录入完成并提交

2. 固定资产变更单审核

固定资产共享岗齐振英审核变更单。齐振英进入金蝶 EAS 网页端，用户名为"qzy+学号"，密码为空，单击【登录】按钮，进入我的工作台界面。依次单击【应用】—【财务共享】—【固定资产共享】—【固定资产变更】选项，进入固定资产变更单查询页面，如图 7-31 所示。

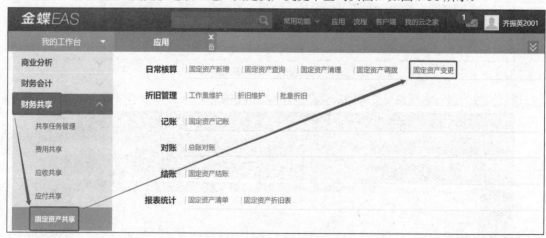

图 7-31 固定资产变更单查询

选择公司为"环球洗涤用品深圳有限公司+学号"，设置日期为 20××-01-01 至 20××-01-31，单击【确定】按钮，筛选固定资产变更单。如果列表单据过多，可通过搜索功能搜索单据编号，精确查找对应单据。勾选相应单据(通过单据编号确认)，单击【审核】按钮，如图 7-32 所示。

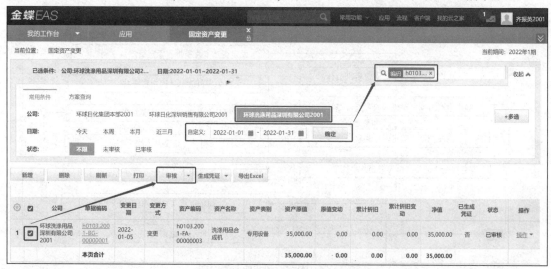

图 7-32　固定资产变更单审核

案例三　固定资产卡片清理业务

↗ 审批规则

金蝶财务共享应用实践平台案例—固定资产清理单

(1) 适用范围：当因报废、出售、投资、捐赠等原因发生减少固定资产的情况时，需要新增固定资产清理单。

(2) 主要审批规则：

❑ 进行清理的固定资产卡片须附有盖章生效的发票；

❑ 因报废进行清理的资产须提供固定资产报废申请单；

❑ 因出售进行清理的资产须提供收据等证明文件。

↗ 实验数据

20××年 1 月 31 日，环球洗涤用品深圳有限公司生产部有一台期初的洗涤用品合成机报废，出售残料收到现金 1 200 元。环球洗涤用品深圳有限公司固定资产会计崔文涛(cwt+学号)提交固定资产清理单。

↗ 流程图

固定资产清理业务流程，如图 7-33 所示。

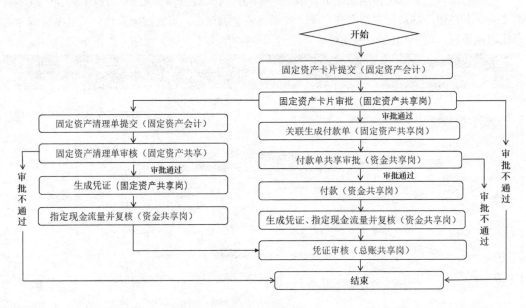

图 7-33 固定资产清理业务流程

↗ 操作指导

1. 固定资产清理单提交

环球洗涤用品深圳有限公司固定资产会计崔文涛提交固定资产清理单。崔文涛进入 EAS 网页端，用户名为"cwt+学号"，密码为空，单击【登录】按钮进入我的工作台页面。单击【崔文涛+学号】头像，然后单击"组织"下方的【切换】按钮，切换组织为"环球洗涤用品深圳有限公司+学号"。

依次单击【应用】—【财务会计】—【固定资产】—【固定资产清理】选项，进入固定资产清理单序时簿页面，如图 7-34 所示。

图 7-34 固定资产清理

单击【新增】按钮，进入固定资产卡片序时簿页面，勾选需要清理的洗涤用品合成机期初固定资产卡片，单击【确定】按钮，新增固定资产清理单，如图 7-35 所示。

图 7-35 选择需要清理的固定资产卡片

根据实验数据录入相关信息。设置清理日期为 20××-01-31，清理方式为"报废"；在【资产明细】页签下，设置清理数量为"1"，处置收入为 1200；添加报废申请单附件。录入完成后依次单击【保存】【提交】按钮，并记录单据编号，如图 7-36 所示。

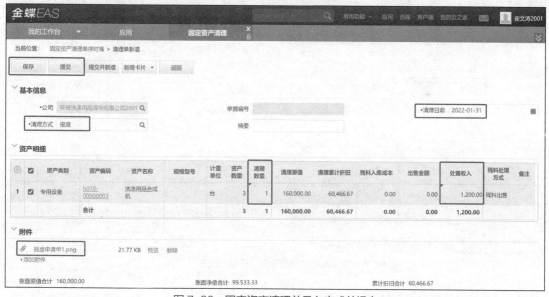

图 7-36 固定资产清理单录入完成并提交

2. 固定资产清理单审核

固定资产共享岗齐振英审核清理单，如果不符合审核规则，则不审核。齐振英进入金蝶 EAS 网页端，用户名为"qzy+学号"，密码为空，单击【登录】按钮，进入我的工作台页面。依次单击【应用】—【财务共享】—【固定资产共享】—【固定资产清理】选项，进入固定资产清理单序时簿页面，如图 7-37 所示。

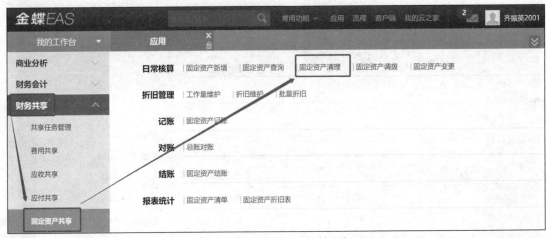

图 7-37　固定资产清理单查询

选择公司为"环球洗涤用品深圳有限公司+学号",设置清理日期为 20××-01-01 至 20××-01-31,单击【确定】按钮,筛选固定资产清理单。如果列表单据过多,可通过搜索功能搜索单据编号,精确查找对应单据。勾选相应单据(通过单据编码确认),单击【审核】按钮,如图 7-38 所示。

图 7-38　固定资产清理单审核

3. 固定资产清理单生成凭证

单据审核后,单击【生成凭证】按钮,如图 7-39 所示。

单击【生成凭证】按钮后,系统会自动生成暂存凭证。依次单击单据最右侧的【操作】—【联查】选项,进入关联查询页面,可查看上下游单据。单击【下游单据】中对应的凭证后,下方显示凭证列表,刚关联生成的凭证处于"暂存"状态,单击对应的"凭证字号",进入凭证查看页面。

在凭证查看页面,若需修改凭证,则单击【修改】按钮,进入凭证编辑页面。设置记账日期为 20××-01-31,修改固定资产清理科目的借方金额为 98 333.33;新增一行分录,科目为人民币,借方金额为 1 200,录入完成后单击【保存】按钮,记录暂存的凭证字号,如图 7-40 所示。

图 7-39　固定资产清理单生成凭证

图 7-40　凭证录入完成并保存

4. 提交凭证、指定现金流量并复核

资金共享岗欧阳杨对已生成的凭证指定现金流量并复核。欧阳杨进入金蝶 EAS 网页端，用户名为"oyy+学号"，密码为空，单击【登录】按钮，进入我的工作台页面。依次单击【应用】—【财务共享】—【总账共享】—【凭证查询】选项，进入凭证查询页面，如图 7-41 所示。

图 7-41 凭证查询

选择公司为"环球洗涤用品深圳有限公司+学号",设置日期为 20××-01-01 至 20××-01-31,单击【确定】按钮,筛选凭证。单击相应凭证(通过凭证编码确认),进入凭证查看页面,如图 7-42 所示。

图 7-42 凭证查看

在凭证查看页面,单击【修改】按钮,然后单击【现金流量】按钮,进入现金流量页面,如图 7-43 所示。

图 7-43 凭证查看

选择主表项目为"收到的其他与经营活动有关的现金",单击【保存】按钮,如图 7-44 所示。

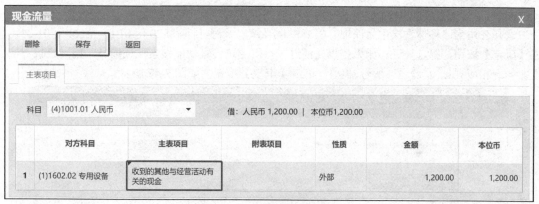

图 7-44 凭证指定现金流量

现金流量指定完成后,单击【提交】按钮。提交成功后,在凭证编辑页面复核该凭证,依次单击【更多】—【复核】选项,复核后记录正式的凭证字号,如图 7-45 所示。

图 7-45 凭证复核

5. 凭证审核

总账共享岗樊江波审核记账凭证。樊江波进入金蝶 EAS 网页端,用户名为"fjb+学号",密码为空,单击【登录】按钮,进入我的工作台页面。

依次单击【应用】—【财务共享】—【总账共享】—【凭证查询】选项,进入凭证查询页面,如图 7-46 所示。

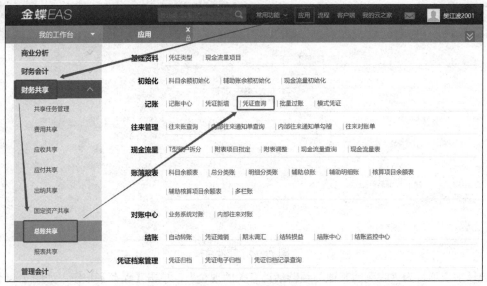

图 7-46　凭证查询

选择公司为"环球洗涤用品深圳有限公司+学号"，设置日期为 20××-01-01 至 20××-01-31，单击【确定】按钮，筛选凭证。如果列表凭证过多，可通过搜索功能搜索凭证编号，精确查找对应凭证。勾选相应凭证(通过凭证编号确认)，单击【审核】按钮，如图 7-47 所示。

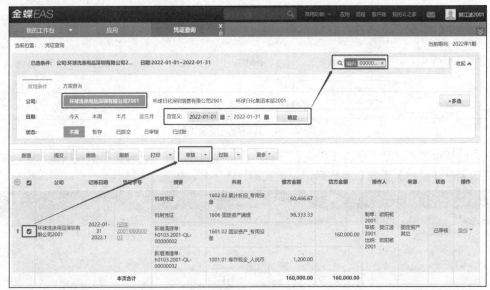

图 7-47　凭证审核

案例四　折旧业务

↗ 实验数据

20××年 1 月底，固定资产共享岗齐振英(qzy+学号)批量完成各个分、子公司折旧的计提。

↗ 流程图

固定资产折旧业务流程，如图 7-48 所示。

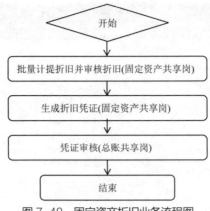

图 7-48 固定资产折旧业务流程图

↗ **操作指导**

1. 批量计提折旧并审核折旧

固定资产共享岗齐振英使用批量折旧功能，批量计提各个分、子公司资产折旧。齐振英进入金蝶 EAS 网页端，用户名为"qzy+学号"，密码为空，单击【登录】按钮，进入我的工作台页面。依次单击【应用】—【财务共享】—【固定资产共享】—【批量折旧】选项，进入批量折旧页面，如图 7-49 所示。

图 7-49 批量折旧页面

在批量折旧页面，勾选公司为"环球日化集团本部+学号""环球日化深圳销售有限公司+学号""环球洗涤用品深圳有限公司+学号"，单击【计提折旧】按钮，如图 7-50 所示。

图 7-50 批量计提折旧

折旧已计提后，再次勾选上述各公司，单击【审核】按钮，如图 7-51 所示。

图 7-51　批量折旧审核

2. 生成折旧凭证

固定资产共享岗齐振英分别生成各个分、子公司的折旧凭证。依次单击【应用】—【财务共享】—【固定资产共享】—【折旧维护】选项，进入折旧维护页面，如图 7-52 所示。

图 7-52　折旧维护

选择公司为"环球日化集团本部+学号"，单击【确定】按钮，筛选固定资产卡片。选择相应固定资产卡片，单击【生成凭证】按钮，然后单击【联查】按钮进入关联查询页面，可查看对应凭证，如图 7-53 所示。

图 7-53　环球日化集团本部生成折旧凭证

单击【下游单据】中对应的凭证后，下方显示凭证列表，刚关联生成的凭证处于"暂存"状态，单击对应的"凭证字号"，进入凭证查看页面。

单击【修改】按钮，进入凭证编辑页面，输入记账日期为 20××-01-31，业务日期为 20××-01-31，依次单击【保存】【提交】按钮，如图 7-54 所示。

图 7-54　凭证录入完成并提交

返回折旧维护页面，选择公司为"环球日化深圳销售有限公司+学号"，单击【确定】按钮，筛选固定资产卡片。选择相应固定资产卡片，单击【生成凭证】按钮，然后单击【联查】按钮，进入关联查询页面，可查看对应凭证，如图 7-55 所示。

图 7-55　环球日化深圳销售有限公司生成折旧凭证

单击【下游单据】中对应的凭证后，下方显示凭证列表，刚关联生成的凭证处于"暂存"状态，单击对应的"凭证字号"，进入凭证查看页面。

单击【修改】按钮，进入凭证编辑页面，输入记账日期为 20××-01-31，业务日期为 20××-01-31，依次单击【保存】【提交】按钮，如图 7-56 所示。

图 7-56　凭证录入完成并提交

返回折旧维护页面，选择公司为"环球洗涤用品深圳有限公司+学号"，单击【确定】按钮，筛选固定资产卡片。选择相应固定资产卡片，单击【生成凭证】按钮，然后单击【联查】按钮，进入关联查询页面，可查看对应凭证，如图 7-57 所示。

单击【下游单据】中对应的凭证后，下方显示凭证列表，刚关联生成的凭证处于"暂存"状态，单击对应的"凭证字号"，进入凭证查看页面。

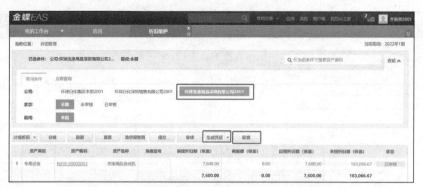

图 7-57 环球洗涤用品深圳有限公司生成折旧凭证

单击【修改】按钮进入凭证编辑页面,输入记账日期为 20××-01-31,业务日期为 20××-01-31,依次单击【保存】【提交】按钮,如图 7-58 所示。

图 7-58 凭证录入完成并提交

3. 凭证审核

总账共享岗樊江波审核折旧凭证。樊江波进入金蝶 EAS 网页端,用户名为"fjb+学号",密码为空,单击【登录】按钮,进入我的工作台页面。依次单击【应用】—【财务共享】—【总账共享】—【凭证查询】选项,进入凭证查询页面,如图 7-59 所示。

图 7-59 凭证查询

在凭证查询页面,选择公司为"环球日化集团本部+学号",设置日期为 20××-01-01 至 20××-01-31,单击【确定】按钮,筛选凭证。勾选相应凭证,单击【审核】按钮,如图 7-60 所示。

在凭证查询页面,选择公司为"环球日化深圳销售有限公司+学号",设置日期为 20××-01-01 至 20××-01-31,单击【确定】按钮,筛选凭证。勾选相应凭证,单击【审核】按钮,如图 7-61 所示。

图 7-60 环球日化集团本部凭证审核

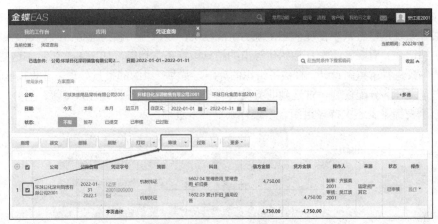

图 7-61 环球日化深圳销售有限公司凭证审核

在凭证查询页面,选择公司为"环球洗涤用品深圳有限公司+学号",设置日期为 20××-01-01 至 20××-01-31,单击【确定】按钮,筛选凭证。勾选相应凭证,单击【审核】按钮,如图 7-62 所示。

图 7-62 环球洗涤用品深圳有限公司凭证审核

↗ 练习任务

20××年 1 月 31 日,环球日化深圳销售有限公司固定资产报废 10 台期初的笔记本电脑。固定资产会计周爱明(zam+学号)新增固定资产清理单。

第 8 章

出纳总账报表共享

8.1 模块概述

↗ 模块简介

出纳共享系统是财务共享管理信息系统的组成模块，系统提供收付业务处理，日记账查询，凭证登账、出纳记账、对账、结账、初始化等出纳结算核算基本功能，如图 8-1 所示。这些功能都按财务共享的场景进行了重新设计，打破了组织的界限，提供多组织的批量处理。借助共享服务平台，能够支持自定义任务分配规则，推送到业务员处理平台，提高业务员处理效率等。另外，银行日记账、资金汇总表等账表还支持多组织、多银行账户批量查询。

图 8-1 出纳共享管理模式

财务共享模式下，财务人员会负责多家公司多种凭证的处理工作，记账中心提供一站式凭证处理，用户可以在记账中心一目了然地掌握所有待处理凭证，快速找到单据进行多组织批量处理，如图 8-2 所示。

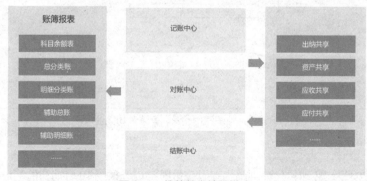

图 8-2 核算共享管理模式

　　财务共享模式下，一个财务人员每月负责集团多家公司报表的编制、审批、上报工作，通过金蝶 EAS 报表平台，不需要频繁切换财务组织、报表周期，可以实现多组织报表的集中批量处理，随时监控各家公司报表编制进度。对于固定模板的报表，还可以实现自动批量编报，大大提高了报表编制的及时性和准确性，实时监控各成员单位的财务状况和经营成果，如图 8-3 所示。

图 8-3　报表共享管理模式

↗ 费用共享主要功能

　　(1) 收付款处理。收付款单是企业日常运作过程中必不可少的单据之一，通过收付款单可以记录所有收付款业务，完成收入或支出的确认。其在业务流程中起到核心的作用。

　　(2) 凭证登账。凭证复核功能，是出纳人员根据总账的现金凭证、银行存款凭证记录的现金收支、银行存款收付业务信息，登记现金日记账、银行日记账。

　　(3) 出纳记账。出纳记账功能，是出纳记账人员根据出纳收付业务单据，集中批量生成凭证的功能。该功能集中了所有出纳管理系统待生成凭证的单据，能实现不同类型的单据批量生成凭证。

↗ 费用共享常用单据

　　(1) 收款单。收款是企业经营活动、投资活动和筹资活动实现资金流入的一种表现，通过收款完成企业的收益。收款的类型包含但不限于以下几种：预收款、代收款、员工还款、集团资金下拨等。

　　(2) 付款单。相对于收款而言，付款是企业资金相对流出的一种形式。常见的付款单有采购付款、预付款、应付票据兑付、费用报销付款、资金上划、资金调拨等。

　　(3) 记账凭证。会计核算处理系统是以证—账—表为核心的有关企业财务信息加工的系统。会计凭证是整个会计核算系统的主要数据来源，是整个核算系统的基础。系统支持手工新增凭证和从其他业务系统生成凭证。

8.2　实验练习

案例一　收款业务

↗ 审批规则

金蝶财务共享应用实践平台案例——出纳收款并生成凭证

　　(1) 适用范围：财务共享服务中心集中结算收款业务时，填写收款单，自动生成记账凭证并指定现金流量后进行提交、复核、审核。

(2) 主要审批规则：

❑ 已收到款项须提供银行结算票据；

❑ 收款单结算方式与银行结算票据须一致。

↗ **实验数据**

为支持环球日化集团本部新产品研发，环球日化集团于 7 月 4 日，下拨 20 万元研发专项资金。7 月 5 日，环球日化集团本部的银行账户网银收到下拨资金。本部出纳陈晓陶(cxt+学号)提交资金下拨收款单到财务共享服务中心审批。

↗ **流程图**

收款业务流程，如图 8-4 所示。

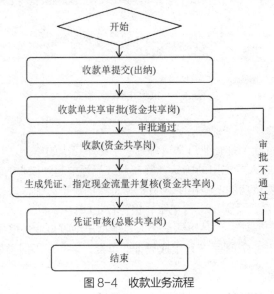

图 8-4　收款业务流程

↗ **操作指导**

1. 收款单提交

发生收款业务时，出纳岗填写收款单，并保存、提交。环球日化集团本部出纳陈晓陶进入金蝶 EAS 网页端，用户名为"cxt+学号"，密码为空，单击【登录】按钮，进入我的工作台页面。依次单击【应用】—【财务会计】—【出纳管理】—【收款单新增】选项，进入收款单新增页面，如图 8-5 所示。

收款业务

图 8-5　收款单新增

在收款单新增页面，根据案例背景录入相关信息。选择收款类型为"资金下拨"，设置业务日期为20××-07-05，选择收款账户为"招商银行高新园支行+学号"，结算方式为"网银支付"；【付款方信息】页签下往来类型为"其他"，付款单位为"环球日化集团+学号"；【收款明细】页签下实收金额为200 000，对方科目为"2011 吸收存款"；添加资金调拨申请单附件。录入完成后依次单击【保存】【提交】按钮，并记录单据编号，如图8-6所示。

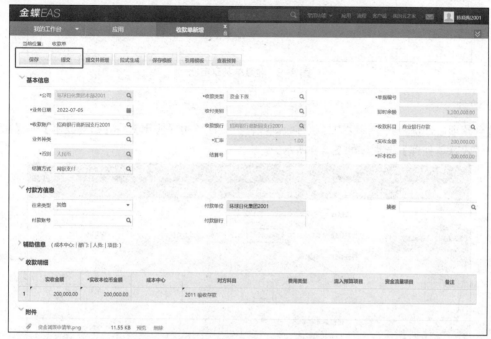

图 8-6　收款单录入完成并提交

2. 收款单共享审批

资金共享岗欧阳杨共享审批收款单。欧阳杨进入金蝶EAS网页端，用户名为"oyy+学号"，密码为空，单击【登录】按钮，进入我的工作台页面。依次单击【应用】—【财务共享】—【共享任务管理】—【共享任务池】选项，进入共享任务池页面，如图8-7所示。

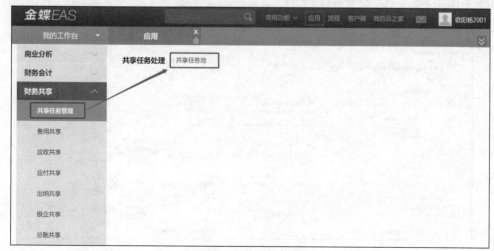

图 8-7　共享任务池

在共享任务池页面，依次单击【我的任务】—【出纳收款单审核】—【更多】—【获取任务】选项，获取收款单。单击相应单据(通过单据编号确认)，进入单据处理页面。

资金共享岗根据财务审批规则审批该案例，本案例审批通过，单击【提交】按钮，如图 8-8 所示。

图 8-8　收款单共享审批

3. 收款

收到款项后，资金共享岗欧阳杨执行收款操作。依次单击【应用】—【财务共享】—【出纳共享】—【收款单处理】选项，如图 8-9 所示。

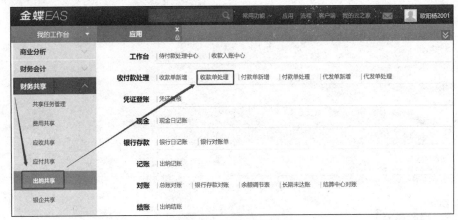

图 8-9　收款单处理

进入收款单序时簿页面，选择公司为"环球日化集团本部+学号"，设置日期为 20××-07-01 至 20××-07-31，单击【确定】按钮，筛选收款单。勾选相应单据(通过凭证编号确认)，单击【收款】按钮，如图 8-10 所示。

图 8-10　收款单收款

4. 生成凭证、指定现金流量并复核

资金共享岗欧阳杨将收款后的收款单生成凭证。在收款单序时簿页面，勾选相应单据(通过单据编号确认)，单击【生成凭证】按钮，然后依次单击【操作】—【联查】选项，进入关联查询页面，可查询凭证，如图 8-11 所示。

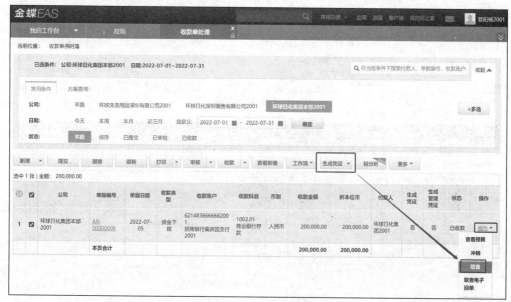

图 8-11　收款单生成凭证

单击【下游单据】中对应的凭证，下方显示凭证列表，刚关联生成的凭证处于"暂存"状态，单击对应的"凭证字号"，进入凭证查看页面。

在凭证查看页面，单击【修改】按钮，进入凭证编辑页面。修改第一行分录科目为"1002.01 商业银行存款[招商银行高新园支行+学号]"，第二行分录科目为"2011 吸收存款"；设置记账日期为"20××-07-05"，录入完成后依次单击【保存】【提交】按钮，如图 8-12 所示。

图 8-12　凭证录入完成并提交

系统自动弹出现金流量指定窗口，选择主表项目为"吸收投资收到的现金"，单击【保存】按钮，进入凭证编辑页面，如图 8-13 所示。

现金流量指定完成后，系统自动提交凭证。在凭证编辑页面复核该凭证，依次单击【更多】—【复核】选项，完成凭证复核，并记录凭证编号，如图 8-14 所示。

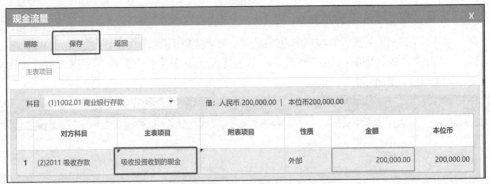

图 8-13　凭证指定现金流量

图 8-14　凭证复核

5. 凭证审核

总账共享岗樊江波审核凭证。樊江波进入金蝶 EAS 网页端，用户名为"fjb+学号"，密码为空，单击【登录】按钮，进入我的工作台页面。依次单击【应用】—【财务共享】—【总账共享】—【凭证查询】选项，进入凭证查询页面，如图 8-15 所示。

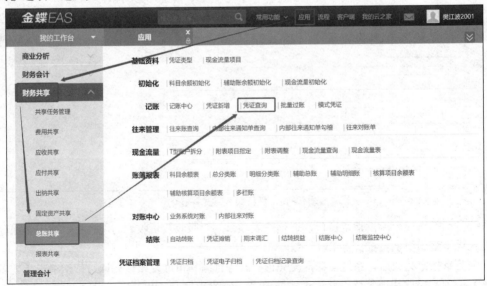

图 8-15　凭证查询

选择公司为"环球日化集团本部+学号"，设置日期为 20××-07-01 至 20××-07-31，单击【确定】

按钮，筛选凭证。勾选相应凭证(通过凭证编号确认)，单击【审核】按钮，如图 8-16 所示。

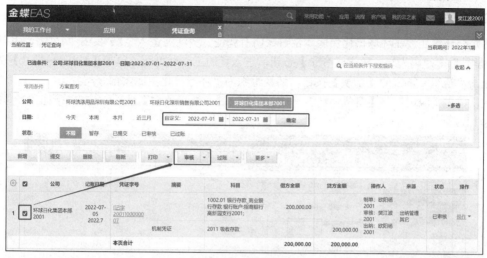

图 8-16　凭证审核

案例二　结转损益

➐ 实验数据

环球日化集团本部总账会计樊江波(fjb+学号)结束环球日化集团本部 20××年 1 月的所有业务，生成结转损益凭证并过账，如表 8-1 所示。

表 8-1　结转损益方案

方案编码	方案名称
001.学号	结转损益方案+学号

➐ 流程图

结转损益业务流程，如图 8-17 所示。

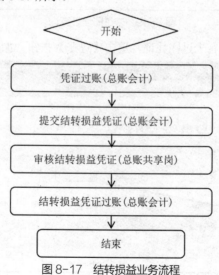

图 8-17　结转损益业务流程

↗ 操作指导

1. 凭证过账

总账会计樊江波在环球日化集团本部过账所有凭证。樊江波进入金蝶 EAS 网页端，用户名为"fjb+学号"，密码为空，单击【登录】按钮，进入我的工作台页面。单击【樊江波+学号】头像，然后单击"组织"下方的【切换】按钮，切换组织为"环球日化集团本部+学号"。

依次单击【应用】—【财务会计】—【总账】—【总账工作台】选项，进入总账工作台页面，如图 8-18 所示。

图 8-18　总账工作台

在总账工作台页面，单击【未过账>】选项，进入凭证查询页面，如图 8-19 所示。

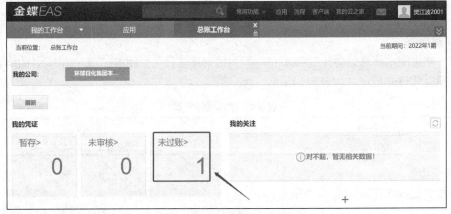

图 8-19　未过账凭证查询

在凭证查询页面，勾选所有未过账凭证，单击【过账】按钮，如图 8-20 所示。

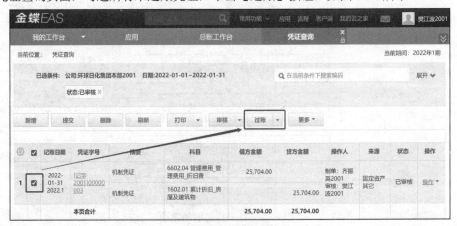

图 8-20　凭证过账

2. 提交结转损益凭证

本部总账会计樊江波在环球日化集团本部新建结转损益方案并生成结算损益凭证。依次单击【应用】—【财务会计】—【总账】—【结转损益】选项，进入结转损益页面，如图 8-21 所示。

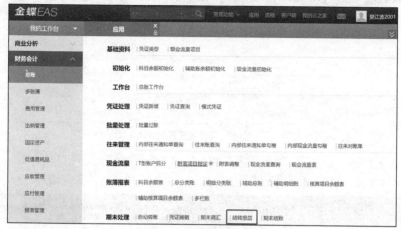

图 8-21 结转损益页面

在结转损益页面，单击【新增】按钮，新增结转损益方案，如图 8-22 所示。

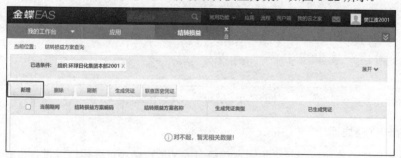

图 8-22 结转损益方案新增

根据实验数据新增结转损益方案。选择公司为"环球日化集团本部+学号"，方案编码为"001.学号"，方案名称为"结转损益方案+学号"；【凭证信息】页签下的本年利润科目为"本年利润"；勾选"全部损益科目结转"，录入完成后单击【保存】按钮，如图 8-23 所示。

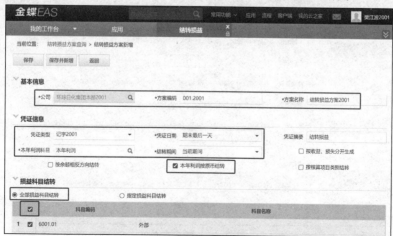

图 8-23 结转损益方案录入完成并提交

单击【返回】按钮，进入结转损益页面，勾选相关结转损益方案，单击【生成凭证】按钮，然后单击已生成凭证记字号，进入凭证查看页面，如图 8-24 所示。

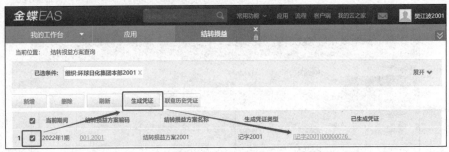

图 8-24　生成凭证

单击【修改】按钮，进入凭证编辑页面，在凭证编辑页面，输入记账日期为 20××-01-31，业务日期为 20××-01-31，依次单击【保存】【提交】按钮，并记录提交后的凭证编号，如图 8-25 所示。

图 8-25　凭证录入完成并提交

3. 审核结转损益凭证

总账共享岗樊江波审核环球日化集团本部提交的结转损益凭证。樊江波进入金蝶 EAS 网页端，用户名为"fjb+学号"，密码为空，单击【登录】按钮，进入我的工作台页面。依次单击【应用】—【财务共享】—【总账共享】—【凭证查询】选项，进入凭证查询页面，如图 8-26 所示。

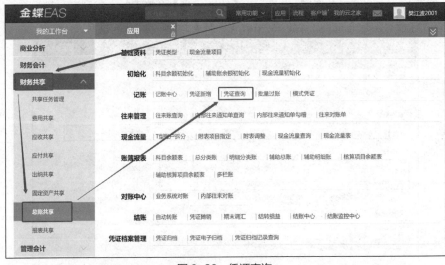

图 8-26　凭证查询

在凭证查询页面，选择公司为"环球日化集团本部+学号"，设置日期为20××-01-01至20××-01-31，单击【确定】按钮，筛选凭证。勾选相应凭证，单击【审核】按钮，如图8-27所示。

图8-27 凭证审核

4. 结转损益凭证过账

本部总账会计樊江波过账结转损益凭证。依次单击【应用】—【财务会计】—【总账】—【凭证查询】选项，进入凭证查询页面，如图8-28所示。

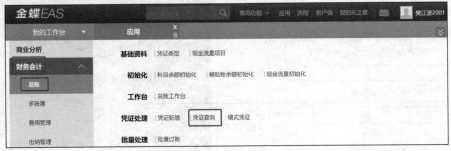

图8-28 凭证查询

在凭证查询页面，选择公司为"环球日化集团本部+学号"，设置日期为20××-01-01至20××-01-31，单击【确定】按钮，筛选凭证。勾选相应凭证，单击【过账】按钮，如图8-29所示。

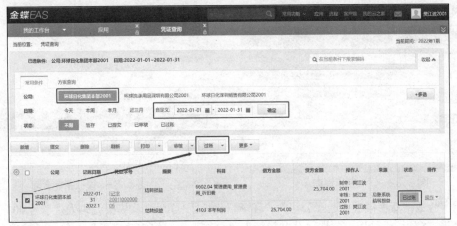

图8-29 凭证过账

案例三 报表

↗ 实验数据

报表共享岗刘长欢(lch+学号)在环球日化集团导入三大报表模板作为公共报表模板,环球日化集团本部总账会计樊江波(fjb+学号)新增并计算 20××年 1 月三大报表,如表 8-2 所示。

表 8-2 报表模板

模板编码	模板名称	是否为公共模板	是否允许下级组织修改模板
学号.001	报表模板+姓名	是	是

↗ 流程图

报表业务流程,如图 8-30 所示。

↗ 操作指导

1. 报表模板制作

报表共享岗刘长欢登录金蝶 EAS 客户端,导入报表模板并审核。刘长欢进入金蝶 EAS 客户端,用户名为"lch+学号",密码为空,单击【登录】按钮,进入系统平台界面,如图 8-31 所示。

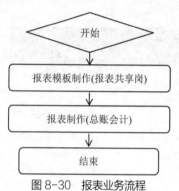

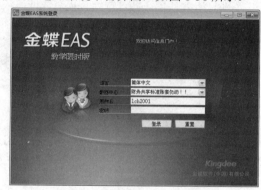

图 8-30 报表业务流程　　　　　　图 8-31 金蝶 EAS 客户端登录

在系统平台界面,选择组织为"环球日化集团+学号",依次单击【财务会计】—【报表管理】—【报表编制】—【模板制作】选项,进入模板制作界面,如图 8-32 所示。

在模板制作界面,单击工具栏中的【新增】按钮,新增模板,如图 8-33 所示。

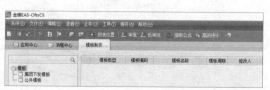

图 8-32 模板制作查询　　　　　　图 8-33 模板新增查询

根据实验数据新增模板。选择公司为"环球日化集团+学号",模板编码为"学号.001",模板名称为"报表模板+学号";勾选"公共模板""允许下级组织修改模板",单击【确定】按钮,进入公共模板-新建界面,如图 8-34 所示。

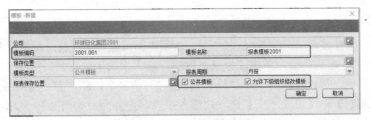

图 8-34　公共模板新建

在公共模板-新建界面，依次单击【文件】—【导入】选项，导入文件名为"报表模板-公共模板"的文件，如图 8-35 和图 8-36 所示。

图 8-35　公共模板导入查询

图 8-36　公共模板导入页面

模板导入成功后，在公共模板-新建界面，单击【保存】按钮后，依次单击【工具】—【审批】选项，进行公共模板审批如图 8-37 所示。

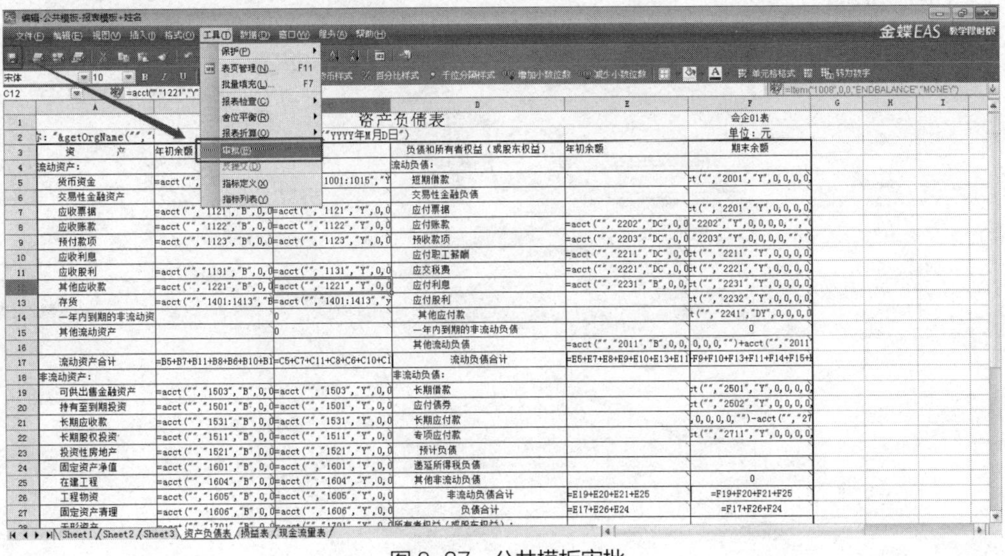

图 8-37　公共模板审批

2. 报表制作

本部总账会计樊江波登录金蝶 EAS 客户端，新增本部报表。樊江波进入金蝶 EAS 客户端，用户名为"fjb+学号"，密码为空，单击【登录】按钮，进入系统平台界面，如图 8-38 所示。

在系统平台界面，选择组织为"环球日化集团本部+学号"，依次单击【财务会计】—【报表管理】—【报表编制】—【报表制作】选项，进入报表制作界面，如图 8-39 所示。

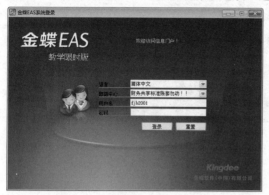

图 8-38　金蝶 EAS 客户端登录

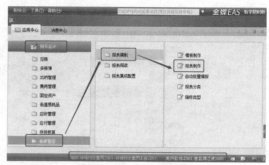

图 8-39　报表制作查询

在报表制作界面，单击工具栏中的【新增】按钮，新建报表，如图 8-40 所示。

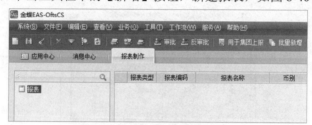

图 8-40　报表新增查询

根据实验数据新建报表。报表名称为"三大报表+学号"，期间为 20××年第 1 期，勾选"选用普通模板创建报表"，模板为"学号.001--报表模板+学号"，单击【确定】按钮，进入报表新建界面，如图 8-41 所示。

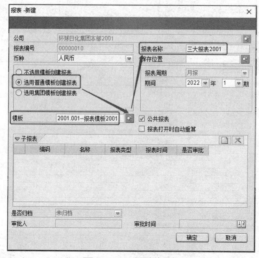

图 8-41　报表新建

在报表新建界面，单击工具栏中的【计算】按钮，如图 8-42 至图 8-44 所示。

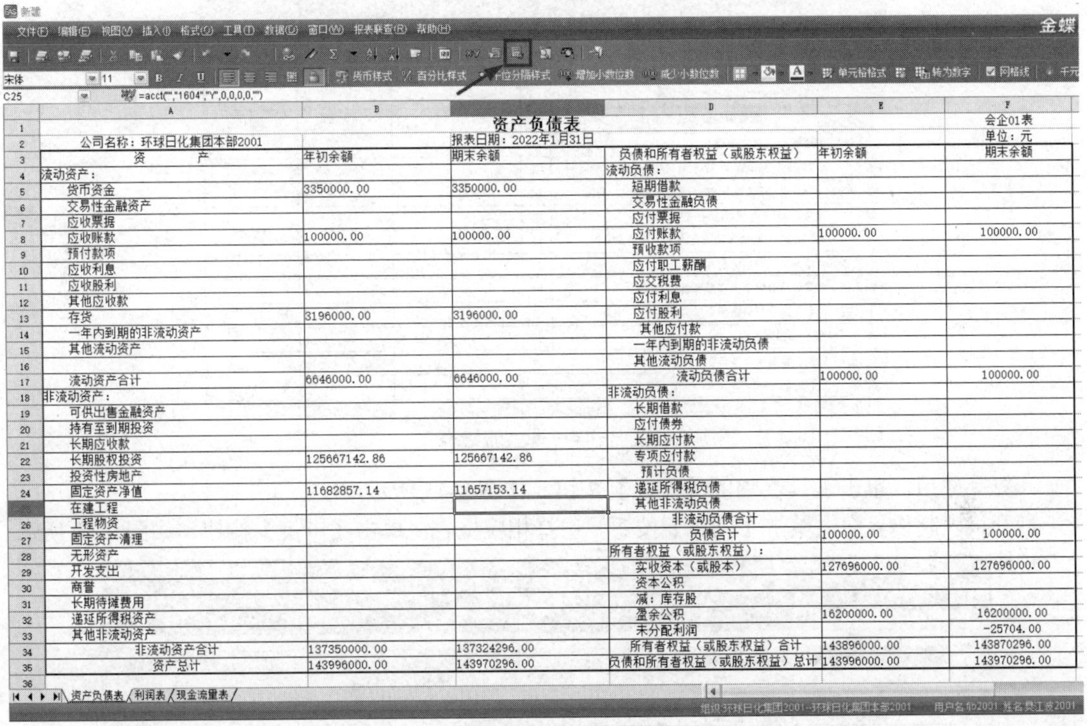

资产负债表

					会企01表
公司名称：环球日化集团本部2001		报表日期：2022年1月31日			单位：元
资　　产	年初余额	期末余额	负债和所有者权益（或股东权益）	年初余额	期末余额
流动资产：			流动负债：		
货币资金	3350000.00	3350000.00	短期借款		
交易性金融资产			交易性金融负债		
应收票据			应付票据		
应收账款	100000.00	100000.00	应付账款	100000.00	100000.00
预付款项			预收款项		
应收利息			应付职工薪酬		
应收股利			应交税费		
其他应收款			应付利息		
存货	3196000.00	3196000.00	应付股利		
一年内到期的非流动资产			其他应付款		
其他流动资产			一年内到期的非流动负债		
			其他流动负债		
流动资产合计	6646000.00	6646000.00	流动负债合计	100000.00	100000.00
非流动资产：			非流动负债：		
可供出售金融资产			长期借款		
持有至到期投资			应付债券		
长期应收款			长期应付款		
长期股权投资	125667142.86	125667142.86	专项应付款		
投资性房地产			预计负债		
固定资产净值	11682857.14	11657153.14	递延所得税负债		
在建工程			其他非流动负债		
工程物资			非流动负债合计		
固定资产清理			负债合计	100000.00	100000.00
无形资产			所有者权益（或股东权益）：		
开发支出			实收资本（或股本）	127696000.00	127696000.00
商誉			资本公积		
长期待摊费用			减：库存股		
递延所得税资产			盈余公积	16200000.00	16200000.00
其他非流动资产			未分配利润		-25704.00
非流动资产合计	137350000.00	137324296.00	所有者权益（或股东权益）合计	143896000.00	143870296.00
资产总计	143996000.00	143970296.00	负债和所有者权益（或股东权益）总计	143996000.00	143970296.00

图 8-42　资产负债表

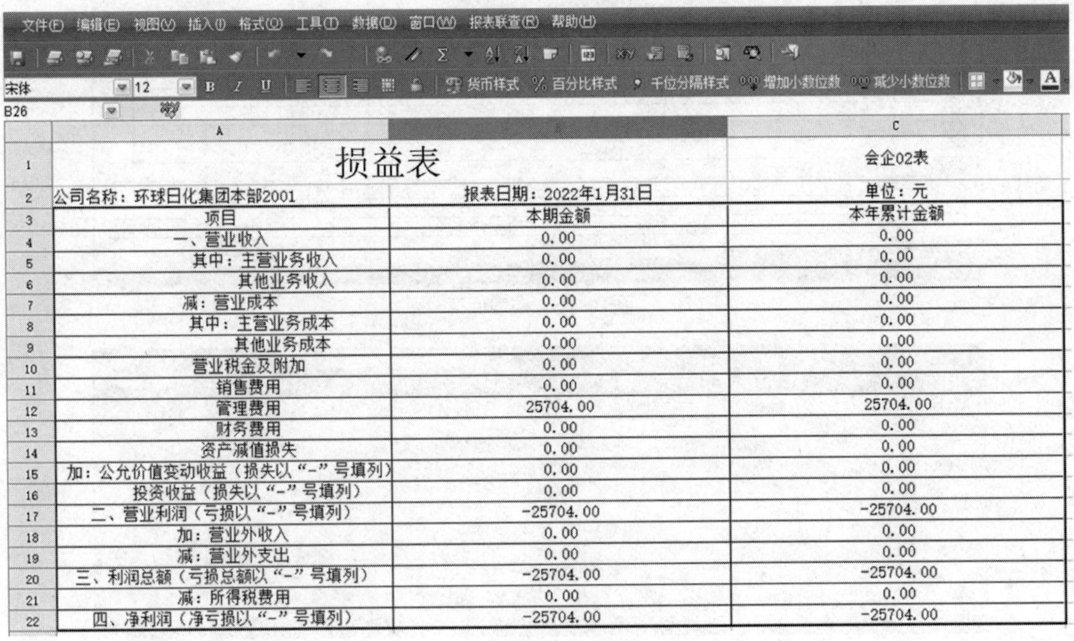

损益表

		会企02表
公司名称：环球日化集团本部2001	报表日期：2022年1月31日	单位：元
项目	本期金额	本年累计金额
一、营业收入	0.00	0.00
其中：主营业务收入	0.00	0.00
其他业务收入	0.00	0.00
减：营业成本	0.00	0.00
其中：主营业务成本	0.00	0.00
其他业务成本	0.00	0.00
营业税金及附加	0.00	0.00
销售费用	0.00	0.00
管理费用	25704.00	25704.00
财务费用	0.00	0.00
资产减值损失	0.00	0.00
加：公允价值变动收益（损失以“-”号填列）	0.00	0.00
投资收益（损失以“-”号填列）	0.00	0.00
二、营业利润（亏损以“-”号填列）	-25704.00	-25704.00
加：营业外收入	0.00	0.00
减：营业外支出	0.00	0.00
三、利润总额（亏损总额以“-”号填列）	-25704.00	-25704.00
减：所得税费用	0.00	0.00
四、净利润（净亏损以“-”号填列）	-25704.00	-25704.00

图 8-43　损益表

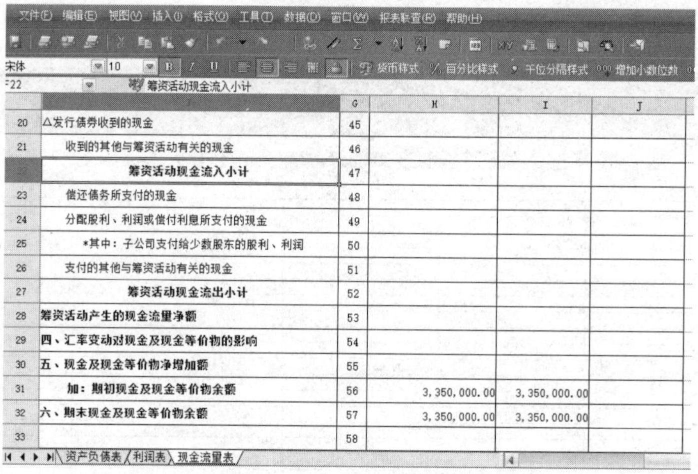

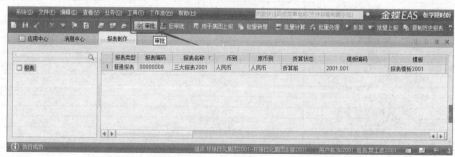

图 8-44 现金流量表

计算完成后，单击工具栏中的【保存】按钮，如图 8-45 所示。

打开报表制作界面，单击【刷新】按钮。选择相应报表，单击【审批】按钮，如图 8-46 所示。

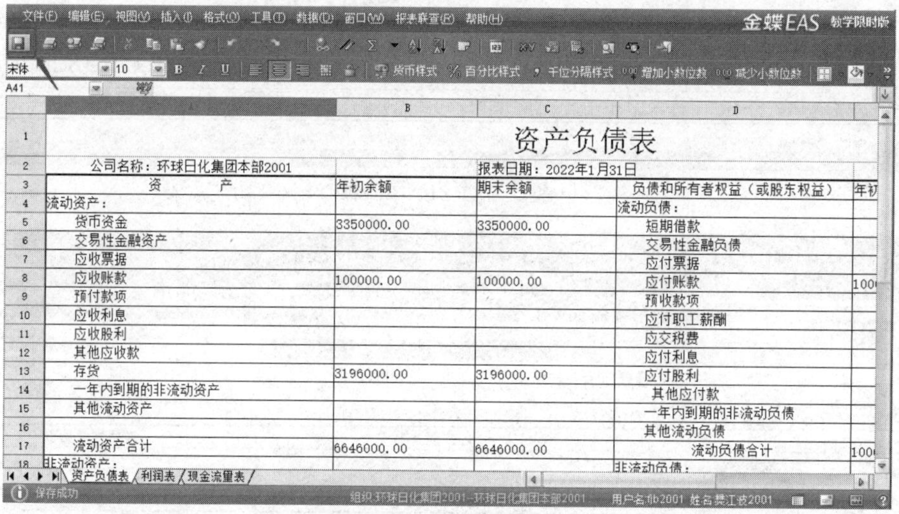

图 8-45 报表保存

图 8-46 报表审批

↗ 练习任务

8 月 20 日，环球日化深圳销售有限公司因税务问题，被税务局罚款 2 万元。环球日化深圳销售有限公司出纳张合凯(zhk+学号)提交付款单到财务共享服务中心审批。

第 4 篇

财务运营管理

第 9 章

共享运营管理

9.1 系统概述

运营管理是对提供的产品或服务进行设计、运行、评价和改进的活动。通过对价值链上的各项活动进行分析和设计，提高组织运作效益，协调组织活动并不断优化。具体的运营管理流程，如图 9-1 所示。

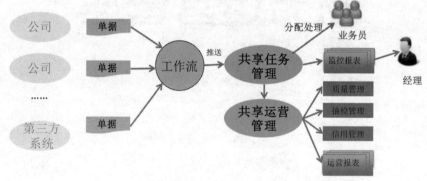

图 9-1 运营管理流程

运营管理常见的活动包括：制定科学高效的运作体系，养成规范良好的作业习惯；确保工作按制度执行，不断检查执行的效果；随着组织的发展不断优化，创新工作流程。

9.1.1 质量管理

1. 模块简介

在质量管理模块，由质检管理员对质检方案进行管理，执行质检方案后可分配质检任务给质检员进行质检，主要对在共享任务池中审核完成的单据进行抽检，实现对整个流程的质量监控并实现风险可控。另外，如果启用信用管理功能，质检结果会影响提单人的信用评级及共享审核人的绩效评估。

2. 名词解释

(1) 质检管理员：负责共享任务处理的质量稽核管理，主要职责为维护质检不合格原因、维护和执行质检方案、维护样本库，以及质检任务分配和管理。

(2) 质检员：质检工作的执行者，在系统中的主要职责是对质检任务进行检查并录入结果、对有问题的质检任务跟踪整改。

(3) 质检任务池：由质检员在任务池中对质检任务进行检验并录入检验结果，对有问题的质检任务跟踪整改情况。

(4) 质检方案：由质检管理员建立的抽检规则，可手工执行或者自动执行。

(5) 质检样本库：质检管理员执行质检方案后所抽取数据的总称。

3. 质检管理员的日常操作

质检管理员的主要职责是维护质检不合格原因、维护和执行质检方案、维护样本库，以及质检任务分配及管理。使用质检管理员账号登录金蝶 EAS 网页端，依次单击【财务共享】—【共享运营管理】—【共享质量管理】选项，可进入质检管理员日常操作页面。

质检管理员可操作的主要功能包括：不合格原因管理；质检方案管理；执行质检方案；启用/禁用质检方案；设置质检方案的执行调度；查询质检样本库；查询质检任务；分配样本库；删除样本库；关闭样本库；导出样本库；分配质检任务；删除质检任务；导出质检任务。

4. 质检员的日常操作

质检员的主要职责是对质检任务进行结果录入。质检员主要在质检任务池接收和处理质检任务，且只能处理自己名下的质检任务。使用质检员账号登录金蝶 EAS 网页端，依次单击【财务共享】—【共享运营管理】—【共享质量管理】—【质检任务池】选项，可进入质检员日常操作页面。

质检员可操作的主要功能包括：录入质检结果；查看单据；查看影像；查看审批记录；导出质检任务。

5. 质量管理流程总图

质量管理流程，如图 9-2 所示。

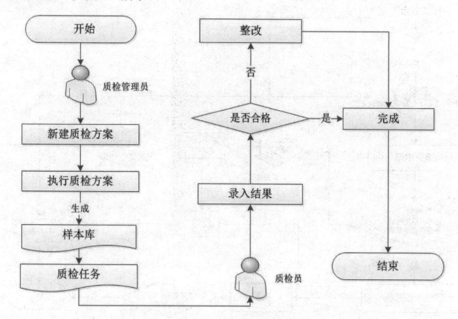

图 9-2 质量管理流程总图

9.1.2 信用管理

1. 模块简介

信用管理功能目前主要是针对用户的信用管理，用户的信用等级会影响用户提交报销流程时走不同的共享审核流程，而且信用等级的升降级与共享审核、质检、抽检的结果录入有关联。

2. 名词解释

信用管理员：对提单人的信用及共享信用规则进行管理，主要职责是维护信用等级、设置信用参数、设置信用升降级规则、维护信用档案、查看信用日志。

3. 信用管理员的日常操作

有信用管理权限的用户称为信用管理员，其可查询信用档案及查询信用分数升降级日志。 使用信用管理员账号登录金蝶 EAS 网页端，依次单击【财务共享】—【共享运营管理】—【信用管理】选项，可进入信用管理员日常操作页面。

信用管理员可操作的主要功能包括：查询信用档案；查询信用变更日志；设置信用参数；设置信用等级；设置信用升降级规则。

4. 信用管理流程总图

信用管理流程，如图 9-3 所示。

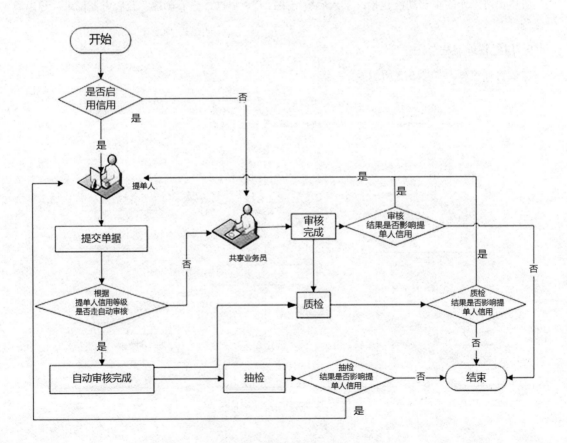

图9-3 信用管理流程总图

9.2 质量管理设置

9.2.1 用户角色权限

↗ 用途与目的

使用质量管理功能需要设置质检管理员和质检员两个角色。质检管理员的主要职责为维护质检不合格原因、维护和执行质检方案、维护样本库、质检任务分配和管理。质检员的主要职责是对质检任务进行检查并录入结果、对有问题的质检任务跟踪整改。质检管理员和质检员需同时分配 EAS 功能权限及用户才能使用。

↗ 栏位说明

角色设置字段说明，如表 9-1 所示。

表 9-1 角色设置字段说明

数据项	说明
编码	用户手工录入，不可以为空，也不能重复
名称	用户手工录入，不可以为空，也不能重复
角色类型	必录，可选质检管理员或质检员
单据类型	必录，为每种单据的类型
描述	非必录

↗ 操作说明

质检管理员和质检员都无须分配组织，建好后的质检管理员和质检员再分配给用户使用。

用户 sscadmin 登录金蝶 EAS 网页端，依次单击【财务共享】—【共享任务后台管理】—【权限管理】—【角色管理】选项。

质检管理员新增的单据类型如图 9-4 所示。

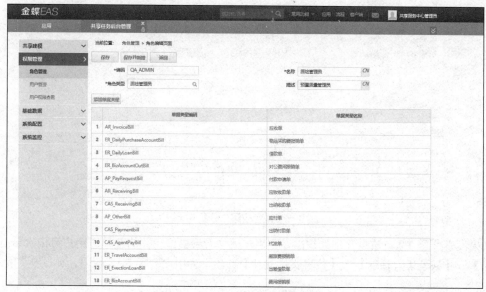

图 9-4 质检管理员新增的单据类型

质检员新增的单据类型如图 9-5 所示。

图 9-5 质检员新增的单据类型

如果只分配 EAS 功能权限而没有分配角色权限，那么会出现如图 9-6 所示的提示。

图 9-6 角色权限未分配提示

如果没有分配 EAS 质量管理的权限，则用户无法看到质检相关的菜单。用户可依次单击【企业建模】—【共享运营管理】—【共享质量管理】选项，为用户分配 EAS 权限，如图 9-7 所示。

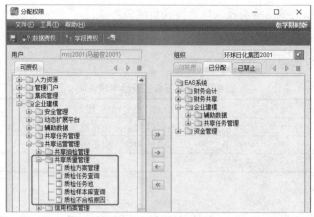

图 9-7　角色权限分配

9.2.2　质检样本库编码规则维护

↗ 用途与目的

样本库编码指执行质检方案时生成样本库时的编码，用于标识每次执行生成的样本库。

↗ 操作说明

用户 user 登录金蝶 EAS 客户端，依次单击【企业建模】—【业务规则】—【编码规则】—【规则定义】选项，再依次单击【企业建模】—【共享服务管理】—【样本库】选项，新增样本库的编码规则，如图 9-8 所示。

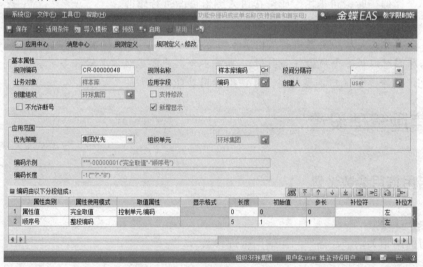

图 9-8　样本库编码规则新增

9.2.3　质检不合格原因维护

↗ 用途与目的

质检不合格原因即质检录入不合格时选择的原因，进行质检时必须先维护批退原因，后续通过不合格原因确定对制单人信用等级及共享审核人员绩效考核。

↗ 栏位说明

质检不合格原因字段说明，如表 9-2 所示。

表 9-2　质检不合格原因字段说明

数据项	说明
编码	用户手工录入，不可以为空，也不能重复
名称	用户手工录入，不可以为空，也不能重复
描述	非必录

↗ 操作说明

质检管理员登录金蝶 EAS 网页端，依次单击【财务共享】—【共享运营管理】—【质量管理】—【质检不合格原因】选项，根据归纳整理的不合格原因录入数据，如图 9-9 所示。

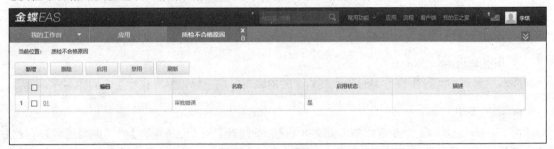

图 9-9　不合格原因录入

修改不合格原因时，可单击编码链接进入编辑页面进行修改。

删除不合格原因时，未被引用的不合格原因可以删除成功，已被引用的则不可以删除。

注：不合格原因是质检员在进行质检录入时选择的原因，录入结果可以选择多个不合格原因，一个不合格原因可以被多个质检任务引用。如果不合格原因已经被质检任务、信用升降级设置中使用，则不允许删除，如果想不再使用，可使用禁用功能。

9.3　信用管理设置

9.3.1　启用信用参数设置

↗ 用途与目的

要使用信用相关功能，需要启用信用管理参数。

↗ 操作说明

用户 administrator 登录金蝶 EAS 客户端，依次单击【系统平台】—【系统工具】—【系统配置】—【参数设置】选项，启用信用管理参数路径为依次单击【企业建模】—【共享服务管理】选项，在参数列表中将参数名称设置为"启用共享服务信用管理"，将参数值设置为"是"，如图 9-10 所示。

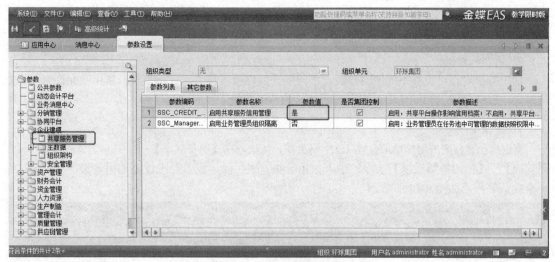

图 9-10　信用管理参数启用

9.3.2　分配信用权限

↗ 用途与目的

用户要使用信用管理的功能，需要分配 EAS 功能权限才能使用。

↗ 操作说明

用户 administrator 登录金蝶 EAS 客户端，依次单击【企业建模】—【安全管理】—【用户管理】选项，打开用户管理界面。选择需要分配信用管理权限的用户后，单击【分配权限】按钮。授权路径为依次单击【企业建模】—【共享运营管理】—【信用档案管理】选项，分配该权限，如图 9-11所示。

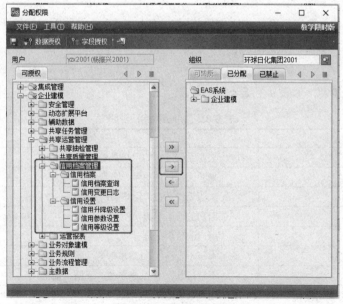

图 9-11　用户权限分配

9.3.3 信用等级设置

↗ 用途与目的

信用等级设置可设置不同信用等级和不同的分数范围。其中，信用等级设置中只允许有一个默认等级，默认等级为初始化信用档案时所默认的信用等级。

↗ 操作说明

有信用档案权限的用户登录金蝶 EAS 网页端，依次单击【财务共享】—【共享运营管理】—【信用管理】—【信用等级设置】选项，进入信用等级设置页面。根据需求设置信用等级，且只允许有一个默认等级，如图 9-12 所示。

	编码	信用名称	信用分数范围从	信用分数范围到	默认分数	默认等级	描述
1	1	优秀	90	100	90	是	
2	2	良好	80	89	80	否	
3	3	及格	60	79	60	否	
4	4	差	0	59	0	否	

图 9-12 信用等级设置

9.3.4 信用档案初始化

↗ 用途与目的

信用档案初始化主要用于系统初次使用信用功能时，对系统中的用户初始化信用等级，为系统建立一套信用档案。

↗ 栏位说明

信用档案字段说明，如表 9-3 所示。

表 9-3 信用档案字段说明

数据项	说明
用户账号	来源系统所在的用户账号
用户名称	来源系统所在的用户账号
组织	来源系统所在的用户的所属组织
信用等级	用户的信用等级
信用分数	用户的信用分数
本年不合格次数	本年不合格次数(共享审核、质检、抽检)
不合格总次数	不合格总次数(共享审核、质检、抽检)
来源系统	用户来源的系统

↗ **操作说明**

有信用档案权限的用户登录金蝶 EAS 网页端，依次单击【财务共享】—【共享运营管理】—【信用管理】—【信用档案查询】选项，进入信用档案查询页面。单击【初始化】按钮，完成信用档案的初始化，如图 9-13 所示。

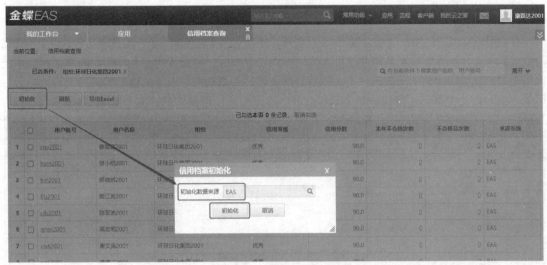

图 9-13　信用档案初始化

注：已经初始化的系统不能再重新初始化。

9.3.5　信用档案修改

↗ **用途与目的**

信用档案支持手工修改用户的信用等级。

↗ **操作说明**

有信用档案权限的用户登录金蝶 EAS 网页端，依次单击【财务共享】—【共享运营管理】—【信用管理】—【信用档案查询】选项，进入信用档案查询页面。选择需要修改信用等级的用户，单击用户账号链接，进入信用档案修改页面，进行用户信用等级修改，如图 9-14 所示。

图 9-14　信用档案修改

9.3.6 信用参数设置

↗ 用途与目的
用于设置影响信用的单据类型，以及影响信用的数据种类。

↗ 操作说明
有信用档案权限的用户登录金蝶 EAS 网页端，依次单击【财务共享】—【共享运营管理】—【信用管理】—【信用参数设置】选项，进入信用参数设置页面。单击【增行】按钮，新增影响信用的单据类型。设置影响信用的数据种类，包括共享审核、共享抽检、审计质检，默认为"否"，不启用就不参与自动更新信用等级分数和等级结算，如果要启用可把它修改为"是"，如图 9-15 所示。

图 9-15 信用参数设置

注：共享审核，只对人工审核的结果起作用；共享抽检，只对自动审核的抽检结果影响信用等级和信用分数；审计质检，由于只是对审核通过的单据进行抽检，所以只对降级有影响，合格的不加分，不合格的降级或减分。

9.3.7 批退原因设置

↗ 用途与目的
用于管理功能配置可选的批退原因。设置任务类型时为其选择适用的原因，以及业务员在处理任务时审批不通过须选择批退的原因等。

↗ 栏位说明
批退原因字段说明，如表 9-4 所示。

表 9-4 批退原因字段说明

数据项	说明
编码	用户手工录入，不可以为空，也不能重复
名称	用户手工录入，不可以为空，也不能重复
描述	非必录

↗ 操作说明

新增批退原因。用户 sscadmin 登录金蝶 EAS 网页端，依次单击【财务共享】—【共享任务后台管理】—【基础数据】—【批退原因管理】选项，进入批退原因管理页面。单击【新增】按钮，输入必填信息，单击【保存】按钮，新增批退原因，如图 9-16 所示。

图 9-16 批退原因新增

建好的批退原因，在使用时还需在功能配置上分配相应的原因才能使用。依次单击【财务共享】—【共享任务后台管理】—【共享建模】—【任务类型】选项，在任务类型序时簿中选择【批退原因】选项。在批退原因页面单击【添加批退原因】按钮，新增需要的批退原因，如图 9-17 所示。

图 9-17 任务类型分配批退原因

配置好后，在审批单据时，勾选【审批不通过】选项可以查看批退原因，如图 9-18 所示。

注：批退原因是共享服务统一维护和公用的基础数据，一个原因可以被多个任务类型引用。如果某原因已经被业务类型使用，则不允许删除。业务类型随时可根据需要删除其所引用的原因，在分析报表中，原因选择"不限"依然会把这部分任务纳入统计。

图 9-18　批退原因查看

9.3.8　信用升降级设置

信用升降级设置有两种控制方式：按照信用分数的加减来决定信用等级；按照信用规则来升降级，这里选择前者。

↗ 栏位说明

信用分数升降级设置字段说明，如表 9-5 所示。

表 9-5　信用分数升降级设置字段说明

数据项	说明
每单新增分数	每单给提单人信用增加相应的分数，信用分数达到该信用等级的上限后自动向上升级
减分数据种类	信用参数设置中"影响信用的数据种类"启用时才显示，不启用则不显示，通过如下 3 种原因对应的分数来减分： 共享审核批退原因； 共享抽检不合格原因； 审计质检不合格原因
每单最高减分	每单给提单人信用减少相应的分数，信用分数达到该信用等级的下限后自动向下降级

↗ 操作说明

有信用档案权限的用户登录金蝶 EAS 网页端，依次单击【财务共享】—【共享运营管理】—【信用管理】—【信用升降级设置】选项，进入信用升降级设置页面。切换到"按照信用分数升降级"页面配置，增加加分及减分数据项，如图 9-19 所示。

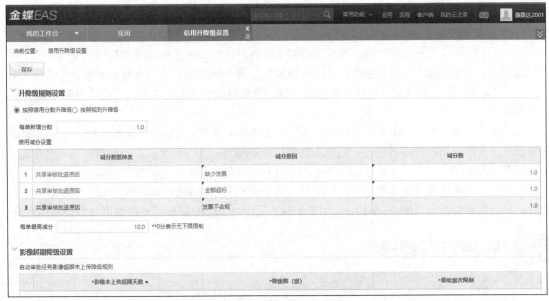

图 9-19　信用分数升降级设置

按照信用分数升降级，即用户的信用分数达到升级或降级的标准自动升级或降级。

每次共享审核、共享抽检、审计质检录入结果后，立刻根据结果对提单人的信用分数进行加减并升降级。具体的升降级规则如下。

1. 按信用分数升降级规则

(1) 根据参数设置中的"影响信用的单据类型设置"来确定单据来源，以及数据过滤规则来确定数据对象。

(2) 每次加分后，如果个人信用分数已经达到上一等级下限，就修改个人信用等级上升一级，如未影响等级则不更新。例如，目前某人信用分数为 79 分，信用等级为 C 级，加一分后变成 80 分，而 80 分属于 B 级，此时修改用户信用等级为 B 级。

(3) 每次减分后，如果个人信用分数已经达到下一等级上限，就修改个人信用等级下降一级，如未影响等级则不更新。

(4) 如果加分超过 100 分，则不再增加分数，级次也不再增加，保持最高级次。

(5) 如果减分会导致出现负数，则不再减少分数，级次也不再降低，保持最低级次。

(6) 减分时，取所有原因对应分数合计值，如果设置了减分下限，则所减分数不超过减分下限，超过时取下限分数。

2. 按信用分数升降级算法

1) 共享审核

❏ 共享审核最末级审批通过后，提单人的信用分数增加。

❏ 共享审核审批不通过，提单人的信用分数根据所选批退原因设置的对应分数减少，如没有可减分的批退原因，则不减分。

❏ 共享审核的加减分只针对人工审核的单据，自动审核通过的单据不包含在内。

例如：

提单人当前的信用分数为 90 分，共享业务员在共享任务池中审核任务不通过且批退原因在信用升降级配置中时，批退原因对应的减分为 10 分，此时该任务的单据对应的提单人的信用分数减至 80 分。

2) 审计质检
- 审计质检结果录入为合格：如果前期共享审核时已经加过分，则不增加信用分数。
- 审计质检结果录入为不合格：如没有可减分的不合格原因，则不加分也不减分；如果存在减分项，则先减掉按设置增加的信用分数，然后根据所选不合格原因设置的对应分数减少。

例如：

当前用户信用分数为 90 分，质检时抽到的人工审核的单据，共享审核影响信用，每单加 5 分，如果该单据在共享审核时审核通过，提单人的信用分数增加，为 95 分，质检结果录入为合格时就不再加分，还是 95 分；如果质检录入为不合格且有减分的原因时，不合格原因减 10 分，则需要先扣减之前共享审核通过的分数 5 分，再扣减质检不合格原因对应的分数 10 分,总共扣减 15 分，此时用户的信用分数为 80=(95-5-10)分,如果无减分原因,则无须减分,用户的信用分数还是 95 分。

9.4 质检方案管理

9.4.1 质检方案

↗ 用途与目的

质检方案是质检管理员用来维护抽取单据的规则，可以设置抽取某种单据类型、某个组织或者某个时间段的单据，还可以按单据上的字段来抽取，抽取完的任务还可以选择自动分配或者手工分配给质检员。另外，质检方案不仅支持手工执行，而且可以设置调度自动执行，如每月月末执行抽取一次。

↗ 栏位说明

质检方案字段说明，如表 9-6 所示。

表 9-6 质检方案字段说明

数据项	说明
编码	用户手工录入，不可以为空，也不能重复
名称	用户手工录入，不可以为空，也不能重复
单据类型	按 F7 选择，可选的单据类型为质检管理员权限范围内的单据类型
描述	非必录
任务分配方式	质检完自动分配：执行质检方案后抽检任务自动分配给质检员 手工分配：执行质检方案后需质检管理员手工分配给质检员
任务期限	样本库创建日期到计划完成时间的时间段
质检方式	按比例抽检：符合抽检条件的单据按照一定的比例进行抽检 按样本数抽检：符合抽检条件的单据按照一定的数量进行抽检
时间范围类型	人工审批的单据以终审时间为范围，自动审批的以影像上传时间为范围
抽选组织	抽选的组织为单据上的财务组织
比较属性	比较属性为单据上的字段，可按单据字段进行过滤抽取，需配置规则字段及工作流

↗ 操作说明

1. 操作前提

(1) 抽取的时间范围，如果抽取的是共享审核的单据，那么时间范围为最终审核通过的时间。

(2) 抽取的对象是共享终审完成的任务，包含审核类、记账类、下推、处理类的任务。

2. 操作步骤

新增质检方案。质检管理员权限用户登录金蝶 EAS 网页端，依次单击【财务共享】—【共享运营管理】—【共享质量管理】—【质检方案管理】—【质检方案新增】选项，进入质检方案新增页面。填入抽检规则，如图 9-20 所示。

图 9-20　质检方案新增

启用/禁用质检方案。选择要启用或者禁用的质检方案，单击【启用】或【禁用】按钮，如图 9-21 所示。

图 9-21　质检方案启用/禁用

注：

(1) "禁用"状态的质检方案可以修改，"启用"状态的质检方案则不允许修改，只能查看。

(2) 已生成样本库并且有质检任务的质检方案不允许删除。

(3) 质检方案只有启用才能立即执行或者按调度执行，"禁用"状态的质检方案不允许执行。

9.4.2　质检方案执行

质检方案执行主要有两种方式，手工立即执行或者按照调度设置执行。

↗ 操作说明

质检管理员执行质检方案，生成样本库。质检管理员权限用户登录金蝶 EAS 网页端，依次单击【财务共享】—【共享运营管理】—【共享质量管理】—【质检方案管理】选项，进入质检方案管理页面。

立即执行，是指建好后的质检方案立即执行。在质检方案管理页面，单击【立即执行】按钮，可立即执行质检方案。执行后将可以查看是否抽取到单据，如图 9-22 所示。

图 9-22　质检方案立即执行

调度设置执行，是根据指定的时间系统自动执行质检方案，单击【调度设置】按钮，设置后会按照设置的条件执行调度，如图 9-23 所示。

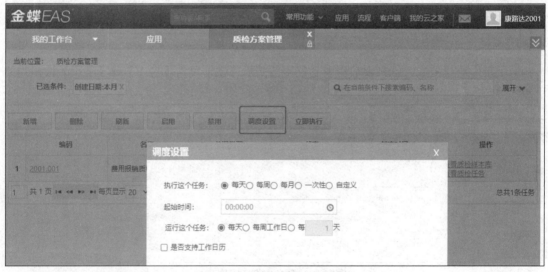

图 9-23　质检方案调度设置执行

注：

(1) 调度设置执行质检方案的时间，可安排在每天几点或者每月的某个时间点，执行这个调度也支持自定义时间或者按工作日时间来运行。

(2) 调度设置好后，必须启用才会按照调度执行，如果是禁用状态，则不会按照调度执行。

9.4.3 查看样本库

↗ 用途与目的

质检方案执行后可在质检方案管理页面查看生成的样本库，查看当前质检方案执行后的样本库，也可查看所有生成的样本库，可删除、分配、导出、关闭样本库中的质检任务。

↗ 操作说明

质检管理员权限用户登录金蝶 EAS 网页端，依次单击【财务共享】—【共享运营管理】—【共享质量管理】—【质检方案管理】选项，查看质检样本库。在质检方案管理页面查看质检样本库与质检样本库页面一致，只是默认查询条件不一样。查看样本库，默认选择当前质检方案的样本库，单击【查看质检样本库】链接进入查看样本库页面，如图 9-24 所示。

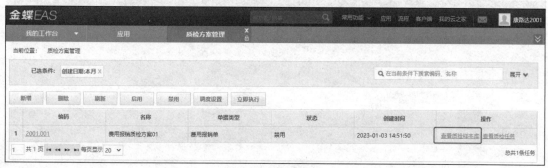

图 9-24 查看样本库

注：

(1) 打开质检样本库查询页面，默认查询本月的数据，也可根据创建日期、方案名称、状态来查询。

(2) 未分配状态的样本库可执行自动分配，将样本库的质检任务分配给质检员。

(3) 只有已完成的样本库才能关闭，未分配及未处理的样本库不能关闭。

9.4.4 查看质检任务

↗ 用途与目的

质检方案执行后可查看抽检出的质检任务，也可查看所有的质检任务。

↗ 操作说明

质检管理员权限用户登录金蝶 EAS 网页端，依次单击【财务共享】—【共享运营管理】—【共享质量管理】—【质检方案管理】选项，查看质检任务。在质检方案管理页面单击【查看质检任务】链接，默认为当前选择的样本库的质检任务，操作路径如图 9-25 所示。

查看质检任务，打开默认的是所选的样本库的质检任务，也可查看所有的质检任务，如图 9-26 所示。

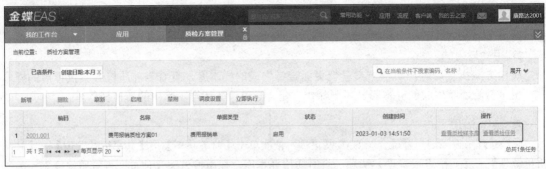

图 9-25　查看质检任务

图 9-26　质检任务查询

注:

(1) 打开质检任务查询页面,默认所选的查询条件为接收日期为本月,样本库为最新的创建时间的样本库,状态为"处理中"的任务。

(2) 质检任务还可以根据创建日期、质检方案、样本库、质检员、状态、检验结果来查询。

(3) 处理中的任务根据接收日期来查询,其他状态按创建日期查询。

(4) 未分配的质检任务可执行任务分配,可以把质检任务分配给质检员进行检验。

(5) 已分配的质检任务未处理完成也可以重新分配质检员。

9.4.5　质检结果录入

↗ 用途与目的

由质检员录入质检任务的结果(合格或者不合格)不合格时要选择不合格的原因。

↗ 操作说明

质检员权限用户登录金蝶 EAS 网页端,依次单击【财务共享】—【共享运营管理】—【共享质量管理】—【质检任务池】选项,默认打开的是"处理中"状态的质检任务,如图 9-27 所示。

步骤二、点击主题链接进入质检结果录入界面，界面如下图所示：

图 9-27　质检任务池

单击主题链接，进入质检结果录入页面，如图 9-28 所示。

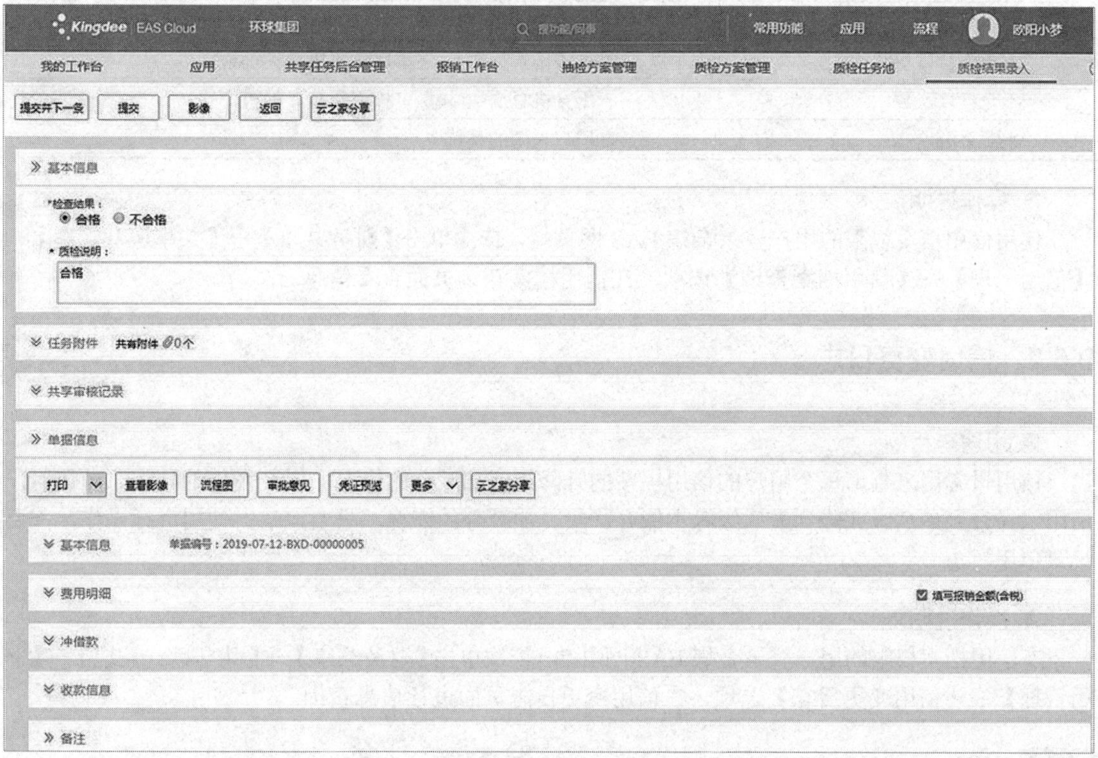

图 9-28　质检结果录入

质检结果录入页面显示检查结果和质检说明必填项。录入质检结果为合格或不合格，如果录入质检结果为不合格，需选择不合格的原因。

注： 在质检结果录入时，可录入质检结果、查看附件、查看共享审核记录、单据信息及审批记录。未关闭的质检任务可以重复录入质检结果，"处理中"及"已完成"状态的质检任务均可录入质检结果。

9.5 信用档案管理

9.5.1 信用档案查询

↗ 用途与目的

信用档案查询主要用于查询用户的信用档案,包括信用等级、信用分数、不合格次数等。

↗ 栏位说明

信用档案字段说明,如表 9-7 所示。

表 9-7　信用档案字段说明

数据项	说明
用户账号	来源系统所在的用户账号
用户名称	来源系统所在的用户账号
组织	来源系统所在的用户的所属组织
信用等级	用户的信用等级
信用分数	用户的信用分数
本年不合格次数	本年不合格次数(共享审核、质检、抽检)
不合格总次数	不合格总次数(共享审核、质检、抽检)
来源系统	用户来源的系统

↗ 操作说明

使用信用档案权限的用户登录金蝶 EAS 网页端,依次单击【财务共享】—【共享运营管理】—【信用管理】—【信用档案查询】选项,在信用档案查询页面查看信息。

9.5.2 信用变更日志

↗ 用途与目的

信用日志用来查询每个用户的信用档案的升降级或加减分的情况,以及发生的原因。即使用户信用已经升到最高级或降到最低级等不能升降级、加减分的情况,只要应该对信用进行操作,都要记录信用日志。

↗ 操作说明

有信用档案权限的用户登录金蝶 EAS 网页端,依次单击【财务共享】—【共享运营管理】—【信用管理】—【信用变更日志】选项,在信用变更日志页面进行信息查询。

9.6 运营分析报表

运营分析报表,是用于运营分析的统计报表。

9.6.1 任务进度统计表

↗ 用途与目的

任务进度统计表主要用来统计各种任务处于待分配、处理中、已完成三种状态的分布情况。

↗ 操作说明

用户登录金蝶 EAS 网页端，依次单击【财务共享】—【共享任务管理】—【共享任务处理】—【共享任务池】—【任务进度统计表】选项，或者【财务共享】—【共享任务管理】—【统计报表】—【任务进度统计表】选项，进入任务进度统计表页面，如图 9-29 所示。

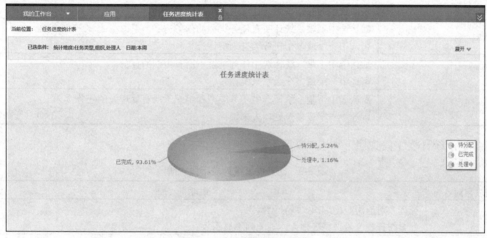

图 9-29　任务进度统计表

饼图展示的是根据过滤条件查出的所有数据的待分配、处理中、已完成数据的分布情况。页面下方的列表则按照用户所选的统计维度，分类展示数据分布情况。单击表格里统计维度任意列的链接，可打开当前分类下的数据分布饼图，如图 9-30 所示。

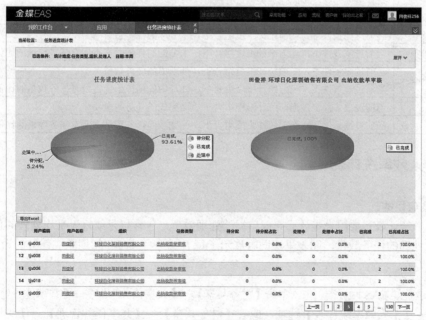

图 9-30　任务进度统计表(按统计维度)

任务进度统计表过滤条件说明，如表 9-8 所示。

表 9-8　任务进度统计表过滤条件说明

过滤条件	说明
统计周期	按天：统计每天的任务处理量、平均工作量、每小时的任务处理量 按月：统计每月的任务处理量、平均工作量、每小时的任务处理量
日期	根据统计周期不同，日期也提供了不同的选项 按天来统计时，一般不超过一个月来计算
外部系统	默认不限，单据所属来源系统，可选一个或多个系统来查询
统计维度	提供任务类型、组织、处理人三个统计维度，可多选，至少选择一个统计维度 统计表中的数据按照统计维度来进行分类统计
任务类型	默认选中不限，统计所有任务类型的任务 可选中一个或多个任务类型来统计
组织	默认选中不限，统计选中任务类型下所有组织的任务 可选中一个或多个组织来统计
处理人	默认选中不限，统计选中任务类型和组织下所有处理人的任务 可选中一个或多个处理人来统计

任务进度统计表字段说明，如表 9-9 所示。

表 9-9　任务进度统计表字段说明

报表字段	说明
用户编码	处理人对应用户的编码，统计维度之一 如果统计维度没选择处理人，则此列不显示
用户名称	处理人对应用户的名称，统计维度之一 如果统计维度没选择处理人，则此列不显示
组织	统计维度之一，按照任务类型对应的组织进行统计 如果统计维度没选择组织，则此列不显示
任务类型	统计维度之一，按照任务类型进行统计 如果统计维度没选择任务类型，则此列不显示
待分配	当前过滤条件下，当前统计维度组合下，未分配的任务数量
待分配占比	当前过滤条件下，当前统计维度组合下，未分配的任务数量占所有任务数量的比例
处理中	当前过滤条件下，当前统计维度组合下，处理中的任务数量
处理中占比	当前过滤条件下，当前统计维度组合下，处理中的任务数量占所有任务数量的比例
已完成	当前过滤条件下，当前统计维度组合下，已完成的任务数量
已完成占比	当前过滤条件下，当前统计维度组合下，已完成的任务数量占所有任务数量的比例

9.6.2　个人效率统计表

↗ 用途与目的

个人效率统计表主要用来统计已完成单据的处理效率，包含每月或每天平均处理的任务数量、平均每小时处理的任务数量，图表里还同时展示了每天或每月按时和超期完成任务的数量。

↗ 操作说明

用户登录金蝶 EAS 网页端，依次单击【财务共享】—【共享任务管理】—【共享任务处理】—【共享任务池】—【个人效率统计表】选项，或者【财务共享】—【共享任务管理】—【统计报表】—

【个人效率统计表】选项，进入个人效率统计表页面，如图 9-31 所示。

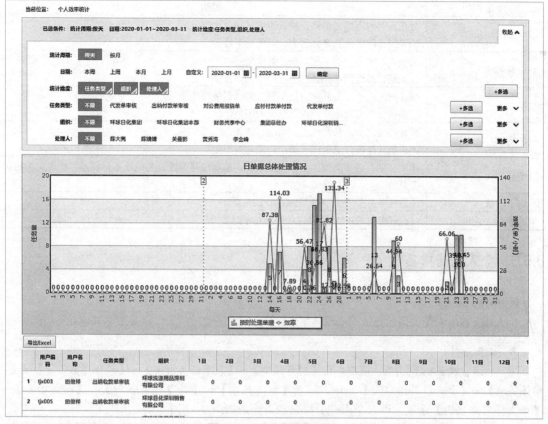

图 9-31 个人效率统计表

个人效率统计表过滤条件说明，如表 9-10 所示。

表 9-10 个人效率统计表过滤条件说明

过滤条件	说明
统计周期	按天：统计每天的任务处理量、平均工作量、每小时的任务处理量 按月：统计每月的任务处理量、平均工作量、每小时的任务处理量
日期	根据统计周期不同，日期也提供了不同的选项 按天来统计时，一般不超过一个月来计算
共享中心	过滤条件之一，默认选中不限，当前用户有权限的共享中心
外部系统	默认不限，单据所属来源，可选一个或多个系统来查询
统计维度	提供任务类型、组织、处理人三个统计维度，可多选，至少选择一个统计维度 统计表中的数据按照统计维度来进行分类统计
任务类型	默认选中不限，统计所有任务类型的任务 可选中一个或多个任务类型来统计
组织	默认选中不限，统计选中任务类型下所有组织的任务 可选中一个或多个组织来统计
处理人	默认选中不限，统计选中任务类型和组织下所有处理人的任务 可选中一个或多个处理人来统计

个人效率统计表字段说明，如表 9-11 所示。

表 9-11 个人效率统计表字段说明

报表字段	说明
用户编码	处理人对应用户的编码，统计维度之一 如果统计维度没选择处理人，则此列不显示
用户名称	处理人对应用户的名称，统计维度之一 如果统计维度没选择处理人，则此列不显示
组织	统计维度之一，按照任务类型对应的组织进行统计 如果统计维度没选择组织，则此列不显示
任务类型	统计维度之一，按照任务类型进行统计 如果统计维度没选择任务类型，则此列不显示
日或月	按照日期、任务类型、组织过滤条件，根据统计维度分类统计本日或本月处理完成的任务总数
平均工作量	完成任务总数/统计的天数或统计的月数
平均效率(单/小时)	完成任务总数/完成所有任务耗费总小时数

9.6.3 个人任务排名表

↗ 用途与目的

个人任务排名表是根据任务量和处理效率来计算当前业务员的排名，以及展示其他业务员的排名。

↗ 操作说明

用户登录金蝶 EAS 网页端，依次单击【财务共享】—【共享任务管理】—【共享任务处理】—【共享任务池】—【个人任务排名表】选项，或者【财务共享】—【共享任务管理】—【统计报表】—【个人任务排名表】选项，进入个人任务排名表页面，如图 9-32 所示。

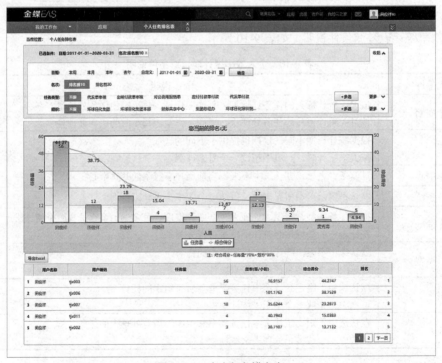

图 9-32 个人任务排名表

个人任务排名表过滤条件说明，如表 9-12 所示。

表 9-12 个人任务排名表过滤条件说明

过滤条件	说明
日期	取数的日期范围
名次	取排名的前多少名，系统提供取前 10 名和 20 名两种
业务类型	默认选中不限，所有业务类型一块排名，可选中一个或多个业务类型来取数排名
组织	默认选中不限，所有组织一块排名，可选中一个或多个组织来取数排名

个人任务排名表字段说明，如表 9-13 所示。

表 9-13 个人任务排名表字段说明

报表字段	说明
用户编码	排名业务员对应用户的编码
用户名称	排名业务员对应用户的名称
任务量	按过滤条件获取，处理完成任务总数量
效率(单/小时)	完成任务总数/所有完成任务耗时总小时数
任务排名得分	排名得分=(100/参与人数)×(参与人数−排名名次+1)
效率排名得分	排名得分=(100/参与人数)×(参与人数−排名名字+1)
综合得分	综合得分=任务排名得分×70%+效率排名得分×30%，百分比可由系统管理员在共享任务后台的参数管理中修改
排名	根据综合得分最终获取的名次

9.6.4　任务质量统计表

↗ **用途与目的**

任务质量统计表主要用来统计处理任务过程中的各种异常，包括审批不通过、挂起、退回重扫的分布情况。

↗ **操作说明**

用户登录金蝶 EAS 网页端，依次单击【财务共享】—【共享任务管理】—【共享任务处理】—【共享任务池】—【任务质量统计表】选项，或者【财务共享】—【共享任务管理】—【统计报表】—【任务质量统计表】选项，进入任务质量统计表页面，如图 9-33 所示。

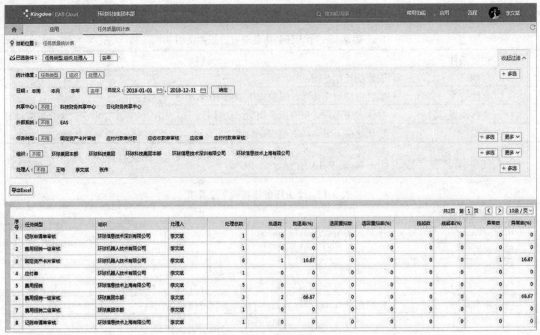

图 9-33　任务质量统计表

任务质量统计表过滤条件说明，如表 9-14 所示。

表 9-14　任务质量统计表过滤条件说明

过滤条件	说明
统计维度	提供业务类型、组织、处理人三个统计维度，可多选，至少选择一个统计维度 统计表中的数据按照统计维度来进行分类统计
日期	默认选中本周，可根据需要选择其他选项或者自定义统计时间
业务类型	默认选中不限，统计所有业务类型的任务 可选中一个或多个业务类型来统计
组织	默认选中不限，统计选中业务类型下所有组织的任务 可选中一个或多个组织来统计
处理人	默认选中不限，统计选中业务类型和组织下所有处理人的任务 可选中一个或多个处理人来统计

任务质量统计表字段说明，如表 9-15 所示。

表 9-15　任务质量统计表字段说明

报表字段	说明
业务类型	统计维度之一，按照业务类型进行统计 如果统计维度没选择业务类型，则此列不显示
组织	统计维度之一，按照业务类型对应的组织进行统计 如果统计维度没选择组织，则此列不显示
处理人	统计维度之一，如果统计维度没选择处理人，则此列不显示
处理总数	当前业务类型/组织/处理人中，完成处理的任务总数
批退数	当前业务类型/组织/处理人中，审批不通过的任务总数
批退率	批退率=批退总数/处理总数 当前业务类型/组织/处理人中，审批不通过的任务占处理完成任务的百分比

(续表)

退回重扫数	当前业务类型/组织/处理人中，曾经退回重扫的任务总数
退回重扫率	退回重扫率=退回重扫数/处理总数 当前业务类型/组织/处理人中，曾经退回重扫的任务占处理完成任务的百分比
挂起数	当前业务类型/组织/处理人中，曾经挂起的任务总数
挂起率	挂起率=挂起数/处理总数 当前业务类型/组织/处理人中，曾经挂起的任务占处理完成任务的百分比
异常数	当前业务类型/组织/处理人中，批退、退回重扫、挂起的任务总和
异常率	异常率=异常数/处理总数 当前业务类型/组织/处理人中，有异常的任务占处理完成任务的百分比

9.6.5 任务质量明细表

↗ 用途与目的

任务质量明细表主要用来查询审批通过和曾经发生过异常的任务明细。

↗ 操作说明

用户登录金蝶 EAS 网页端，依次单击【财务共享】—【共享服务管理】—【共享任务处理】—【共享任务池】—【任务质量明细表】选项，或者【财务共享】—【共享服务管理】—【统计报表】—【任务质量明细表】选项，进入任务质量明细表页面，如图 9-34 所示。

图 9-34　任务质量明细表

任务质量明细表过滤条件说明，如表 9-16 所示。

表 9-16　任务质量明细表过滤条件说明

过滤条件	说明
日期	默认选中本周，可根据需要选择其他选项或者自定义统计时间 过滤日期为任务的处理日期
业务类型	默认选中不限，查询所有业务类型的任务 可选中一个或多个业务类型来查询

(续表)

组织	默认选中不限，查询选中业务类型下所有组织的任务
处理人	默认选中不限，查询选中业务类型和组织下所有处理人的任务 可选中一个或多个处理人来查询
处理方式	选择所有或不同处理方式的已完成处理的任务
批退原因	审批不通过的原因，处理方式选择"审批不通过"时该条件显示

任务质量明细表字段说明，如表 9-17 所示。

表 9-17　任务质量明细表字段说明

报表字段	说明
业务类型	任务所属的业务类型
组织	任务所属的组织
用户名称	处理任务的业务员
主题	任务主题
批退原因	任务审批不通过的原因，只在处理方式选择审批不通过时才显示
接收时间	任务分配到业务员的时间，只在处理方式选择审批通过、不通过、打回时才显示
处理时间	任务处理的时间
耗时	耗时=处理时间－接收时间，只在处理方式选择审批通过、不通过、打回时才显示
优先级	任务的优先级

第 5 篇

财务共享RPA应用

第 10 章

财务共享RPA概述

当前人工智能技术的快速发展与数智化转型的呼声，正合力推动企业加快生产力变革，改变现有工作方式，越来越多的机器人员工上岗，赋能人工去创造更高价值的活动，实现人"机"协作的新工作模式。RPA 机器人的广泛应用可以替代或协助人工完成高度重复性、大批量、规则明确、逻辑性强的日常事务操作，为企业的战略发展提效增速。

10.1 RPA 的概念

RPA(robotic process automation)即流程自动化机器人，又可以称为数字化劳动力(digital labor)，是一种新兴的智能软件工具。它是指在不影响现有的 IT 基础设施的情况下，通过模拟并增强人类与计算机的交互过程，融合现有的 AI 技术，实现工作流程的自动化处理工具，如图 10-1 所示。

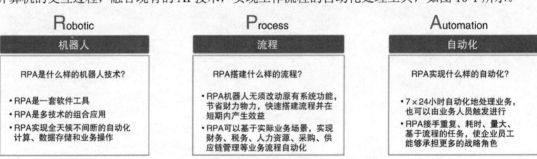

图 10-1 RPA 的概念

RPA 的核心是通过自动化、智能化技术来"替代人工"进行重复性、低价值、无须人工决策等固定性流程化操作，从而有效提升工作效率，减少错误。RPA 的工作特征如图 10-2 所示。

图 10-2 RPA 的工作特征

10.2 RPA 的优势及价值

RPA 不仅可以模拟人类与计算机的交互过程，还可以融合现有先进技术，比如语音识别、规则引擎、光学字符识别、机器学习及人工智能等前沿技术，通过数据检索与记录、图像识别与处理、平台上传与下载、数据加工与分析、信息监控与产出等功能组合来实现一系列流程自动化的目标。根据 RPA 定义可知，RPA 的实质是软件程序，不是实体机器人。设计 RPA 机器人运行脚本时，通常只需基于用户操作界面，通过设置、拖拽、组合软件中的组件等方式即可实现业务流程自动化运行，不会破坏企业原有的 IT 结构，因此 RPA 具有对企业现有系统影响小、基本不编码、实施周期短，而且对非 IT 技术的业务人员友好等功能特性。

同时，RPA 机器人基于明确的规则和逻辑来代替人工执行耗时且重复的任务操作，运行过程中，RPA 严格遵守程序规则设定，可以 7×24 小时不间断工作，因此 RPA 也具备准确度高、效率高、人工成本低等功能特性。

基于 RPA 功能特性，其价值及优势如图 10-3 所示。

提升工作效率
使用RPA机器人可以实现7×24小时不间断工作，并且执行效率高

推动流程优化
RPA机器人基于标准化的流程执行，应用RPA即固化流程的过程，有助于改善公司流程

释放员工潜力
使员工从最繁重、重复的事务性工作中解脱出来，承担更多的战略角色，投入到更有价值及创造性的工作中去

人力成本
通过RPA实现人工工作任务的自动化操作，同时可解决人力资源短缺问题

合规性与安全性
避免手动操作产生的错误，同时流程嵌入合规，防止敏感数据接触，有效防止不合规的非法业务操作

信息化开发成本
实施周期短、投入见效快
RPA机器人可以快速搭建自动化流程，无须改动原有系统功能，节省大量财力物力，并在短期内产生效益

图 10-3 RPA 价值及优势

10.3 RPA 的发展及应用

随着企业核心业务的快速发展，业务范围和服务内容不断扩张，现代企业面临着诸多问题和挑战。同时，现代科技的发展与越来越激烈的竞争环境，也要求企业不断进行数字化转型，寻求新的发展机会。在众多数字化转型方案中，RPA 作为企业数字化转型的重要推动者，引起行业和企业的广泛关注。

随着 AI 技术的发展和应用，RPA 机器人在 OCR 图像识别、文本理解和人机交互等方面取得重大突破。RPA 能够模拟人工、登录不同系统，通过 NLP(自然语言理解)、OCR(图像识别)等 AI 技术实现跨系统的非结构化文本抽取、数据读写、数据交换等，无须再使用 API 接口做烦琐的系统改造工作。同时，RPA 应用的场景通常为大量重复(让 RPA 有必要)且规则明确(让 RPA 有可能)的业务流程。因此，只要符合 RPA 的场景特性，那么 RPA 几乎可以应用于任何行业的任何业务场景。

目前，RPA 应用领域相当广泛，财税、金融、物业、电商、地产、保险、医疗、制造、供应链、人力资源等各个行业均有相应的应用场景，在企业生产、经营、管理等各个环节发挥着重要作用。

RPA 在部分行业的应用场景如图 10-4 所示。

图 10-4　RPA 在部分行业的应用场景

　　RPA 机器人的广泛应用可以替代或协助人工完成高度重复性、大批量、规则明确、逻辑性强的日常事务操作，为企业的战略发展提效增速。当前人工智能技术的快速发展与数智化转型的呼声，正合力推动企业加快生产力变革，改变现有工作方式，越来越多的机器人员工上岗，赋能人工去创造更高价值的活动，实现人"机"协作的新工作模式。

　　Gartner 在《2020 年十大战略技术趋势》中预测，RPA 将成为超级自动化技术发展的开端。到2023 年底，90% 的大型和超大型组织都将以某种形态部署 RPA，高于 2019 年的 55%。

　　据安永对大中华区财富五百强企业做的 RPA 调研报告中发现：有 78% 的受访企业已开启了 RPA机器人进程，近 7 成的企业表示希望扩大 RPA 机器人的应用规模。

　　德勤全球 RPA 调查报告显示：平均每个机器人提供了 20% 的全职人力工时，提升了 92% 的合规性，增进了 90% 的质量和准确性，提高了 86% 的生产率，降低了 59% 的成本。

　　RPA 相比其他数字化转型方案更具备实践性和落地性，从企业不同层面出发，自下而上帮助企业进行数字化转型，改变现有模式，为企业打造"数字化劳动力"。

第11章

财务共享RPA的应用场景

案例　RPA 网银付款机器人开发及设计

↗ 应用场景

付款业务是财务工作中最重要的流程之一，也是风险较大的业务流程之一。得益于信息化技术的发展，现代企业大量的往来交易业务都可以通过网银实现。但对于中大型集团性企业来说，企业可能存在诸多银行账户，涉及大量交易对象及多种支付方式和明细指令。

环球日化集团本部共 10 人获得资质证书，公司将退还一半的培训费给员工。本部出纳陈晓陶(cxt+学号)提交的付款单已通过财务共享服务中心审批，财务共享服务中心资金共享岗登录公司网银集中结算支付退款。

在传统工作模式下，网银付款业务主要依赖于人工操作，财务人员在进行网银付款时须频繁切换多个往来账户进行付款操作，并将交易结果手工返填回待付款明细表。整个步骤烦琐耗时，效率较低，同时人工操作差错率较高，给企业资金管理带来潜在风险。

面对诸多痛点，财务共享服务中心结合现实需求，希望借助 RPA 技术实现网银付款机器人，协助人工承担大量的小额支付业务，将财务人员精力从繁复的重复操作中解放出来，去参与更有价值的资金管理工作。

↗ 实验数据

RPA 机器人根据"付款信息表"逐笔核对是否已付款，已付款的无须操作，未付款的则登录网银进行付款，并回填付款结果及日期。

↗ 流程图

在现有人工网银付款的流程基础上，利用 RPA 网银付款机器人进行人工替代的运行，其流程如图 11-1 所示。

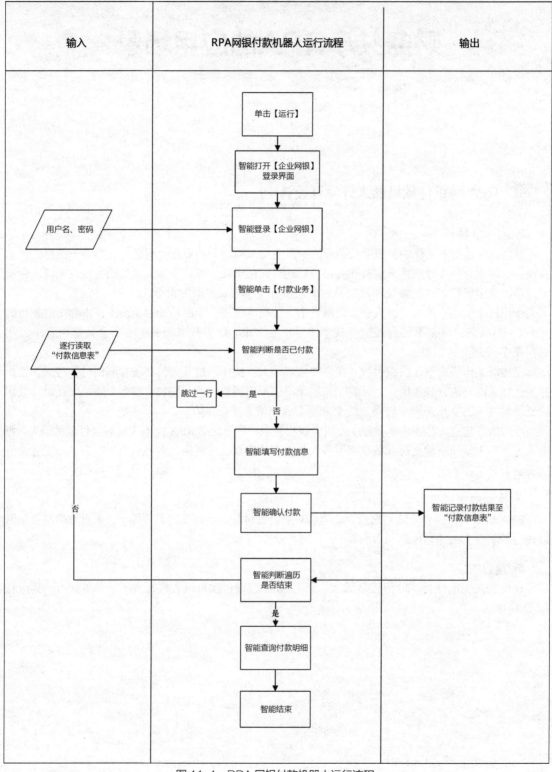

图 11-1　RPA 网银付款机器人运行流程

↗ 操作指导

(1) 单击【运行】，运行 RPA 网银付款机器人；

(2) RPA 智能打开企业网银平台；

(3) RPA 智能填写用户名、密码，并智能登录网银；

(4) RPA 智能单击【付款业务】；

(5) RPA 智能逐行读取"付款信息表"；

(6) RPA 智能判断是否已付款；

(7) RPA 智能填写付款信息；

(8) RPA 智能单击【付款】；

(9) RPA 智能记录支付结果至指定文件路径"付款信息表"；

(10) RPA 智能判断是否遍历结束；

(11) RPA 智能查询付款明细；

(12) RPA 智能提示流程结束。

读者可扫描二维码，了解财务共享 RPA 应用——网银付款机器人。

财务共享 RPA 应用——网银付款机器人

↗ 思考及练习

1. 手工登录公司网银，模拟财务人员进行网银支付的流程。

2. 思考企业在进行网银付款过程中，需要录入哪些关键信息？

3. 思考若按照上述流程设计和开发网银付款机器人，需要用到哪些组件？

4. 根据上述流程设计和开发 RPA 网银付款机器人。

参考文献

[1] 张庆龙，聂兴凯，潘丽靖. 中国财务共享服务中心典型案例[M]. 北京：电子工业出版社，2016.

[2] 张瑞君，陈虎，胡耀光，常艳. 财务共享服务模式研究及实践[J]. 管理案例研究与评论，2000(6).

[3] 张敏. 中兴通讯财务共享模式研究[J]. 财会通讯，2018(5).

[4] 陈琳. 管理转型与财务转型的本质及趋势[J]. 金蝶软件(中国)有限公司，2020.

[5] 陈琳. 疫情来袭，共享中心的挑战、对策及机遇[J]. 金蝶软件(中国)有限公司，2020.

[6] 金蝶软件(中国)有限公司大企业事业部. 智能财务白皮书[R]. 广东. 金蝶软件(中国)有限公司，2020.

[7] 陈虎，陈东升. 财务共享服务案例集[M]. 北京：中国财政经济出版社，2014.